ちくま学芸文庫

セクシュアリティの歴史

ジェフリー・ウィークス
赤川 学 監訳
武内今日子　服部恵典　藤本篤二郎 訳

筑摩書房

目次

セクシュアリティの歴史

【凡例】

・原注は（　）で示し、巻末にまとめた。

・訳注は本文中に〔　〕で挿入、あるいは「＊」で示し、傍注とした。

序文・謝辞

セクシュアリティの歴史（history of sexuality）に対する私の関心は、十九世紀後半の英国における政治・社会観の歴史を調べていたときに始まった。私が目を通したその時代のラディカルな社会主義の執筆者もセクシュアリティに大きな関心を抱き、当時のフェミニストの考え方や、新たな同性愛意識の最初の蠢《うごめ》きや、初期の性科学、つまり欲望に関する新たな科学から強い影響を受けているということは、避けようもなく明らかだった（もっとも歴史家は何世代にもわたって、なんとか気づかないでいられたのだが）。したがって私が執筆人生を通して、セクシュアリティに対する諸観念や、セクシュアリティという観念そのものが十九世紀末にいかに登場し、社会・政治思想を形成したかに興味を持ち続けてきたとしても、特段驚くにはあたらない。

ある意味で本書は、その関心を保ち続けている。本書は、部分的には性の歴史

（学）（sexual history）という考え方に関するものであり、その考え方がいかに登場したか、すなわち、十九世紀におそらくいささか恥ずかしげに登場し、二十世紀前半に息を潜め、秘匿もされた性の歴史という観念が、一九六〇～七〇年代になって当時の文化社会的激動をきっかけに発展し、自らを変化させ始めたかに関するものである。しかし性の歴史は、単に観念に関するものではない。それは高度に実践的な企てであり、アーカイヴ〔公文書、保存記録、記録保管場所などの意味がある〕検索から新たなアーカイヴの設立、曖昧なテキストの解釈から新しい知識の創造、過去の痕跡暴露から現在の歴史叙述、優れた名著の完成からウェブサイト構築やドキュメント映画の制作に至る、一連の技法と実践を含んでいる。性の歴史は今日、高度な理論とコミュニティ（共同体）の歴史の両面を、つまり象牙の塔の専門主義と民主的実践の双方を内包している。それは、より上位の歴史学的実践においても大きな存在感を示し、性政治の実践における歴史的存在になっている。

性の歴史に関する簡潔な概要にすぎない小著が、完全に包括的であることは不可能である。だから私は、いくつかの鍵となる主題に絞ることにした。主体の「発明」と批判的な性の歴史学の展開、同性愛の歴史化と性／ジェンダーの見解の相違、ジェンダーと権力関係、抑圧と抵抗の諸次元の交差性、性の歴史の主流化と「近代セクシュアリティ」の登場、性の歴史のグローバル化、コミュニティの歴史が有する意義である。これらの主題を探究することによって、性の歴史を実践するという、より広がりある冒険に対する洞察を読者が得られることを、私は望んでいる。

執筆は、その本質からして孤独な作業であるものの、歴史実践は必然的に共同作業となる。なぜなら私たちの仕事は、あまたの他人の仕事の上に築かれているからである。私はこれまでの著作で、友人や同僚や共同研究者への謝意を表明してきたが、ここですべてのお名前を繰り返すことはしない。しかし多年にわたり、さまざまな形でお世話になったすべての方々に対する最大の感謝を述べたい。また何人かの方にはアイデア、文献、知的刺激、論文執筆のお誘い、批判的評価、事務的援助や感情的支援を通して本書の執筆に特別な御厚意をいただいた。ピーター・アグレトン、デニス・アルトマン、スー・ブルーレイ、マリエラ・カストロ・エスピン、マット・クック、ダニエル・デフェート、メアリ・エヴァンズ、ロバート・フレンチ、ブライアン・ヒーフィー、クレア・ヘミングス、ジャネット・ホランド、ジョナサン・ネッド・カッツ、ブライアン・ルイス、カリン・ルエツェン、ダニエル・マーシャル、ロンメル・メンデス＝ライト、ヘンリエッタ・ムーア、ケン・プラマー、ポーラ・セキエラ、フレデリック・サイモン、キャロル・スマート、マーク・スタイン、グラハム・ウィレットに感謝できることは幸せだ。また本書に対して肯定的かつ建設的なコメントをくださった匿名の読者の方々にも感謝しなければならない。彼らから得た示唆を取り入れようと試みてはいるにせよ、むろん最終的な結果に対する責任はすべて私が負っている。

私のパートナー、マーク・マクナスティは常にかけがえのない支援をしてくれた。彼なしにはこの本はありえない。

本書執筆中に私の母が亡くなった。父の死から三十八年後であった。二人がいないことは寂しいが、彼らを深く尊敬しているし、すべてを可能にしてくれたことに感謝したい。本書を彼らの思い出に捧げたい。愛とともに。

イントロダクション

セクシュアリティの歴史は何についての歴史なのか

一九七〇年代にセクシュアリティの歴史について書きはじめたとき、それは未開の領野に向かって冒険するようなものであった。それは人もまばらな場所であった。際立った特徴もなければ、信頼できる地図もなかった。ほとんど誰も訪れようとはしなかった。[1]今日、セクシュアリティの歴史は盛況となっている。その領域はよく整備され、人々は声高に語り、多数の指導書があり、高度に発展したグローバルなつながりがある。セクシュアリティの歴史は、周縁から主流へと大きく飛躍した。本書では、いかにしてそのような事態が生じたか、そして、私たちがセクシュアリティとして知る複雑な歴史現象について考察し、セクシュアリティを生きるにあたって獲得できるものを示唆したい。

二十世紀の大半にかけて、セクシュアリティの歴史は比較的珍しいものであり、「性（sex）の科学」としてのセクソロジー（性科学）の登場に続いて、十九世紀終盤に確立した自称「科学」のパラダイムで成り立っていた。セクソロジーの創始者たちは、自分が始めたことの意義を自覚しており、セクシュアリティに関する法則と個人と社会の生活に与える影響を理解することによって、セクシュアリティ研究に科学的基礎づけを与えようとしていた（第2章を参照）。その目的は、理性と科学知識を通して、性の正義の発展に寄与することであった。「科学を通して正義へ」——それは性科学、性改革、同性愛権利擁護のパイオニアであるドイツ人、マグヌス・ヒルシュフェルトがモットーとして掲げたものである。この課題を通して、初期のセクソロジストはセクシュアリティに関する歴史的な理解、とりわけ彼らが著作や臨床実践の中で「発見した」性的カテゴリーや、性的／ジェンダー的な類型の真理についての理解増進を宣言した。顧みれば彼らの性科学は、一九七〇年代までの後続世代における歴史家志望の人々にとって、所与の枠組みであった。

初期の性の歴史家は、野心的な取り組みとは裏腹に、職業上の歴史学の実践においては周縁的なものにとどまり続けた。主流に近づくことはほとんどなく、学界の用心深い森の中では長らく侵犯者として扱われた。一九七〇年代に登場した新世代が、性科学の覇権と歴史学の実践に同時に挑戦を試み始めた頃、理論と知識のオルタナティヴという名のもとに、新しい社会運動とアイデンティティの影響下にあった新世代の彼らも、最初はアカデミアの冷淡さを、特に歴史学分野で経験した。一九七〇年代から八〇年代にかけて性の歴史に取り組んだ初期の執筆者の大半が、研究生、学部生、女性もしくはゲイ解放運動の独立系学者や活動家であったことは注目すべきである。

　大きな変化があった。創始者の多くは上級教授となった。そのテーマはグローバル・ノースのほとんどの大学の学部・大学院レベルで教えられ、グローバル・サウスでもますます増加している。一般のセクシュアリティ、とりわけ性の歴史に関する出版社の著作目録は膨大なものになった。主要雑誌もしくは専門誌では、学問の生産ラインに沿って論文が大量生産され、モノであれ仮想現実であれ無数のアーカイヴがあり、ウェブサイト、ブログ、Vログ〔ブログの動画版〕、リストサーヴ〔自動メーリング・リスト・サービス〕、オンラインの討論グループや社会的ネットワークのページが、性の歴史学に寄与している。国内外を問わず会議、セミナー、ワークショップが開催され、（しばしば航空機を使って）トランスナショナルな（＝国境を越えた）学者のコミュニティが存在する。ここに存在しているのは、新たな民主的歴史学を発展させるという一九七〇年代の創始者たちの誓いを具現化したような、創造的な草の根歴史学である。毎年、北米、英国、豪州では何千人もの人々が、LGBTの歴史やLGBT月間やそれに類似したものを言祝《ことほ》ぐイベントに出席している。またトランスナショナルな歴史学への新たな関心と、グローバル・サウスにおける地域的、地方的、国家的な性の歴史構築に伴い、性の歴史学のグローバルな共振運動がさらに認識されつつある（第6章）。セクシュアリティについて書くことは歴史学的な企ての必須要素となり、社会学、社会人類学、文学、哲学、政治学、法学、文化地理学から、近年の文化、ポストコロニアリズム、ジェンダー、人種／民族、LGBTとクィア・スタディーズの混合形態に至るまで、一連の学問によって種がまかれ、実りある成果を得ている。

しかしこれらすべての企てや喧騒のなかにも、厄介な問いが浮かんでくる。つまりセクシュアリティの歴史とは、実は何についての歴史なのかという問いである。性の歴史は明確な、または確固たる対象のない熱狂的活動のように感じられる。性の歴史家は異性愛、市民的価値観、正常性、平均性、普通さといった観念と同程度かあるいはそれ以上に、アイデンティティや非アイデンティティ、同性愛、クィア性、性的倒錯（paraphilia）、倒錯、顚倒、侵犯、破壊、抵抗に関心を持っている。彼らは出生力、生殖、産児制限、中絶といったテーマに取り組みつつ、独身生活、マスターベーション、幻想、エロチカ、ポルノグラフィ、純潔といったテーマにも取り組む。取引としてのセックスワークも、結婚（同性の場合も異性の場合もある）もテーマにするし、独身生活もパートナーのいる生活（カップルもあれば複数愛もある）もテーマにするし、同棲も別居もカジュアルセックスも禁欲もアセクシュアリティ〔他者に性的に惹かれないこと〕もテーマにする。性の歴史家は、伝統家族、拡大家族、核家族、選択家族を含む家族の編成と文化を研究するのと同様に、地上のもの、内心のもの、サイバー空間のものを含むネットワーク、友人関係、サブカルチャーについても研究する。彼らは、個人的／公共的生活の境界が浸透しつつ変化しつづけるさまにも関心を持ち、秘密と嘘とクローゼットと同程度に、公共的な声明や展示やカミングアウトにも関心を持つ。彼らは性の健康や不健康にも興味を持つ。性感染症、エイズ（HIV/AIDS）、「性依存症」、避妊具、精力薬の歴史的な使用法にも関心を持つのだ。

セクシュアリティの歴史は、権力構造と密接に結びついている。ジェンダーなしにセクシュアリティについて考察することはできない。それは男性性、女性性、シスジェンダー、トランスジェンダー、インターセックス、半陰陽、バイジェンダー、形成途上のすべての性の可能性と意味を含んでいる。セクシュアリティーズ（sexualities）〔セクシュアリティの複数性を表すための用語〕とその歴史は、人種、階級、年齢、宗教、ならびに地理、都市／

農村地域、サイバースペースの増大とも交差している。性的なるものの歴史では、不完全な情熱に意味を授け、秩序と規律を与える言語を把握する必要があるとともに、人々がことのほか敏感になる感情と情動、すなわち愛情と欲望、希望とプライド、痛みと怖れ、恥と侮辱、勝利と屈辱、トラウマ、パニック、性差別、同性愛嫌悪、両性愛嫌悪、トランス嫌悪、他者に対する恐懼《きょうく》、ナショナリズム、原理主義をも取り扱わなければならない。感情は、それ自身の歴史をもつ構造やアッサンブラージュに囚われており、同性愛に対する恐怖は異性愛規範（heteronormative）の構造に、そして女性嫌悪はジェンダー化された抑圧に囚われている。歴史的なセクシュアリティーズは地域的、国家的、トランスナショナル的、世界主義的にしてグローバルである。複雑な歴史、すなわち身体の歴史と、身体の再構築を有する性文化がある。レズビアン、ゲイ、バイセクシュアル、トランスジェンダー、クィア（LGBTQ）の権利、再生産（生殖）の権利に賛成、あるいは反対する運動とキャンペーンの歴史があり、子どもを守るために性暴力と性売買、さらに宗教的、社会的に保守的で原理主義的な集団に反対する運動とキャンペーンの歴史がある――NGO、行政、トランスナショナルで国際的な組織の運動がある。それらにはすべて固有の遍歴があり、他の性の歴史と複雑に絡み合っている。支配、階層秩序、規制、多元的主観性と、個人的あるいは集合的な主体性の様式パタンがある。それゆえセクシュアリティとその歴史は、常に、必然的に政治的なものとなる。もちろん政治性は、学問的客観性の名のもとにしばしば巧妙に曖昧にされるけれども。

そして一九七〇年代以降の新しい歴史の鍵になるのは、「セクシュアリティ」そのものの歴史である。それは上述したものすべてを単に加算したものではなく、概念としての、一連の言説としての、真理を具現化するものとしての「セクシュアリティ」である。

単一の歴史学では、もちろんこの小著でも、この広大で常に発達しつつある知の大陸をカバーできない。その代わりに私は、出現・発展しつつある性の歴史が、エロティックなものを新たな方法で考える可能性を生み出していることに注目したい。つまり性に関する観念と信念と実践を、より念入りに記述された歴史の文脈に置くことである。私の目的は、性に関する過去と現在を理解する努力を無にする自然主義/本質主義/生物学的決定論を回避しながら、セクシュアリティの歴史を、根本的に社会的かつ人間的、つまり完全に歴史的なものとして理解する方法を開く、「批判的な」性の歴史の重要性を示すことである。この作業を通して、過去と未来とが意義深い創造的対話をなしうることを示唆したい。

ナラティヴ（物語）

過去の分析は、現在の私たちの先入見や知覚に影響されるが、過去は現在に生き続けているものでもある。この複雑で混乱した現在は、極めて歴史的なものだ。私たちは日常生活における生ける歴史のなかに暮らし、呼吸しながら、私たちの文化の深層意識・無意識の一端であるところの意味、カテゴリー、法律、構造、制度、信念、偏見、差別、嫌悪、抑圧、闘争、具体例、記憶にも影響される。私たちはこの歴史的負荷を受け入れ、抵抗し、無視し、変革を試みるが、完全に忘却することは難しい。私たちは自分自身の歴史を作るが、自分自身の選択が可能な状況でそうすることは稀《まれ》である。人々には自由意志があるかもしれないが、完全に自由な主体であるわけではない。

セクシュアリティは、特に生ける過去を積載しているが、その理由は、セクシュアリティが、私たちは誰であり、どこから来て、どこに位置しているかという感覚ならびにアイデンティティとジェンダーと社会的承認、さらにこの世界に存在することについての深い感情や現在のあり方と密接に結びついているからである。セクシュアリティは深く論争的でもある。セクシュアリティと親密性は、価値に関する批判的論争の対象ともなっているのだ。それは伝統的なものと新しいもの、信仰と世俗、多数派と少数派の対立に関する論争であり、男と女、男と男、女と女、家族と個人的欲望、大人と子ども、高齢者、障害者、希少あるいは異なる心身能力を持つ人との関係に関する論争であり、性的であること、ジェンダー、エスニック／人種的な多様性の意味と含意に関する論争であり、リプロダクティブ・ライツ（生殖に関する権利）、新しい生殖技術、コミュニケーションとつながりなどの新たなデジタル様式に関する論争でもある。これらの価値を巡る論争は政治的対立に持ち込まれ、性に関する問題は、前代未聞の規模でますますグローバル化・ネットワーク化する世界の政治過程の中心に移動してきた。それゆえ、いま現在人々が生きている、歴史的で親密な生活の変動を理解しようと試みる人は、過去の真実を記録する以上のことを否応なしに行っている。彼らの介入を通して、現在についての特定の価値観に基づいたナラティヴを主張してもいるのである。

ナラティヴは、一連の信念と前提と、適切に選択された証拠を通して、「リアリティ」がいかに構築・構造化されるかについて知るためのひとつの例である。ナラティヴは強力である。なぜなら読者に対して巧妙に提供されたものが「真実の歴史」であるという、無意識の前提を持ち込んでくるからだ。しかし、まさにその選択するという行為が、複雑で競合する歴史を曖昧にしてしまう。性の変動に関する強いナラティヴは、現在の学問を形成しているという点で特に強力であり、それらの、多くの場合隠された前提を理解することで、私たちは何が失われているのかに気づくことができるのだ[2]。

　進歩の物語は、十九世紀後半と二十世紀初頭の性科学と性改革の先達が有していた、性の変動は善意と合理的思考の産物であるという楽観主義に起源をもつ。一九五〇年代から六〇年代にかけては性の近代化に関する抑制気味で慎重な物語が登場し、西洋の大部分で起こった、性改革を目指す自由主義《リベラリズム》の潮流に強い影響を与えた。一九六〇年代後半までには、より強力な解放運動家《リベレーショニスト》の物語が登場し、性の自由を社会革命に直結させた。この解放運動政治の精神は、性の近代化を宣言する慎重な自由主義とは異なっていたが、重要なつながりもあった。両者ともに、セクシュアリティは、社会が抑圧した善をもとめる強力な力であるという理論的前提を共有していたのだ。このナラティヴの主な問題は、その背後に不可避論と決定論を前提としていることにある。もちろん進歩的発展の物語について語るべきことは多々ある。というのも、もしあなたが豊かな西洋のどこかに住んでいるならば、何百万人もの日常生活には、劇的ながらおおむね有益な変化が存在したはずだからである。しかしそう述べたところで、その変化は自動的で、不可避で、中立であることを意味しない。その物語は、より大きな自由と同じくらい規制強化にもつながりうる。そして世界の大部分では、親密生活の根本的な変化はごく稀にしか生じておらず、厳しい抑圧のもとに置かれたままだ。

　進歩的ナラティヴの合わせ鏡になるのは、衰退主義者の物語である。その重要な特徴は、現在の悲惨な状態に対する嘆きである。すなわち家族崩壊、高い離婚率、若者の性化《セクシュアライゼーション》、心ない好色事件、愛の商品化、社会のポルノグラフィ化、同性愛の過度な可視化、露骨な性教育とメディア、価値の弱体化、社会関係資本の崩壊、エイズによって劇的になった性病の増加などである。それらは、信仰と安定と家族の価値の黄金時代と比較しながら語られる。進歩的な考え方は、無知や偏見や資本主義の搾取から解放されれば、エロティックなものはそれ自体、善なる肯定的な力であると想定しており、衰退主義あるいは社会保守主義の見解、つまり伝統的な党派政治へのコミットメントを超えた社会保守主義は、エロティックなものは、伝統家族と（異性愛の）婚姻に基礎づけられなければ、悪というよりはむしろ、政治的に危険であると想定するものである。

　第三の大きなナラティヴは、見かけ上の変化はあるにせよ、根本的には何も変わらないという歴史を提供する傾向がある。これは、表面的には強烈な変化が付随していたとしても、現存する権力構造という観点からみると連続しているという物語である。すべてを包囲するという、近代社会における権力の性質を示唆するために、ミシェル・フーコーの仕事を利用する強力な説明（の様式）があり、その説明は意義深い変化に抗する現代社会のしたたかさ《レジリエンス》を理論化する「統治性（governmentality）」という概念に重きを置いていた[3]。同じように、フォーマル化とインフォーマル化[4]の理論家は一九五〇年代以降、西洋社会で主流となった感情の「統制された脱統制化」を強調してきた。

この連続性の物語にはラディカル・フェミニズム版もあり、それはいくつかの変化を是認するにせよ、特に男女間の権力関係という観点からみた場合の連続性を強調する。フェミニストによる性の歴史の発展において、連続性の物語がどのような影響を及ぼしたかを後にみることになるだろう（第4章）。連続性の物語における「クィア」というサブ物語《セット》は、同性愛と性的多様性に関する態度に大きな変化があったことを認めるが、異性愛規範的な文化がどれだけ根本的に変化したかについては疑問を呈している。ゲイ・アイデンティティは後期資本主義社会に容易に回収される疑似エスニック・アイデンティティ以上のものではないのか。同性婚は単に異性愛的価値への同化にすぎないのか、と（第3章を参照）。

現在に対するクィアからの批判は、ネオ・マルクス主義、反資本主義、反グローバリゼーション的な連続性のサブ物語と重なり合い、グローバル経済の新自由主義的再構造化と日常生活の不安定化・再配置がもたらす衝撃に焦点をあてる。新しい女性の権利は、女性に対する地球規模の経済的・性的搾取とバランスを取らねばならない。IMF（国際通貨基金）と世界銀行の構造的再調整の政治は、何百万人をも貧困状態に置き、性的自由と親密生活の発展を妨害する。これらのサブ物語は、個人化傾向が有する力を認識しているにせよ、それを資本主義的発展の後期段階の要求への適応とみている。たしかに多くの人々がより聞かれた寛容の徴しとして歓迎したLGBTQの法改革や制度的達成は、新自由主義の戦略的要請と完全に共犯関係にあるとみられている。(5)

これらすべての立ち位置には、少なくとも、ごもっともというべき要素がある。だからこそ、これらの物語は歴史家と共鳴する。しかしこれらすべてが重大な欠陥に苦しんでいる。進歩の物語は、歴史の複雑性と、私たちを現在へと導いた苦悶に満ちた不揃いな道のりを極めて容易に忘却してしまう。衰退の物語は、決して存在することのなかった黄金時代を称賛する。連続性の物語は、隠された権力構造のしたたかさを誇張したがる上に、セクシュアリティは決定的な力、最も人気のものを挙げれば「家

「父長制」「資本主義」「新自由主義」「異性愛規範」などの直接的な所産であるという、潜在的な決定論を体現してしまう。そうすることで、連続性の物語は、世界の大半における伝統的道徳秩序を解体した社会的・法的・文化的変化と、個人が日常生活の中で作り上げることができた本当の変化を最小化してしまう。

私としては、批判的な性の歴史は、性の歴史を制限する、これらナラティヴの閉鎖性を超えていかねばならないと考えている。単一の歴史を提供したくないし、多数のナラティヴが存在することを強調したい。批判的な性の歴史は、セクシュアリティが不可避的に常に権力関係の網の目に絡め取られていることを認識するが、包括的な決定要因（という発想）を拒絶し、集合的・個体的主体の闊達さを強調する。それは深層構造の「長期持続《ロングデュレー》」、つまり埋め込まれ、具現化された伝統を理解するとともに、万華鏡が振られ、新しいパタンが発生するときの絡まり合いと批判的瞬間を把握しようとする。なによりも、セクシュアリティの深遠な歴史性を強調する多元的な歴史を発達させる。過去の秘密をこじ開ける魔法の鍵は存在しないにしても、批判的な性の歴史は、私たち人間がセクシュアリティを制作する、極めて多様な方法を理解するのに役立つ。

本書の要約

第1章「性の歴史を組み立てる」では、一九七〇年以降の、新しい批判的なセクシュアリティの歴史（学）の発展に寄与した要素についてみていく。理論的な展開から身体の物質性や主観性や感情に至るまで、世代を跨ぐセクシュアリティーズから時間の複雑性に至るまでの要素について、である。第2章「性の歴史の発明」では、十九世紀から一九七〇〜八〇年代までの性の歴史の進化を跡付ける。本章で私は、焦点が根本的に変化したと主張する。それは、性的なものに関する科学的、つまり生物学的ないし心理学的概念に基礎づけられた歴史的アプローチから、社会的・文化的な再概念化への移行である。これは後に構築主義的アプローチとして知られる方法への道を開いた。それは通常、ミシェル・フーコーの著作と結びつけられているが、少なくともフェミニズムやゲイ／レズビアン運動によって形成されたオルタナティヴな知識による批判的な貢献を軽視していることを示唆したい。第3章「同性関係の歴史を問い直し、クィア化する」では、レズビアン／ゲイの歴史として知られるようになったものの展開と、一九九〇年代以降、クィアの歴史へと変化する中で、その歴史に向けられた理論的課題についても深く掘り下げる。特に同性愛者、ゲイ、レズビアンという概念の歴史化がすでに達成されている現状では、これらの段階区分はある意味で間違っていると、私は述べたい。この新しい歴史のクィア化が本当に成し遂げたのは、現存するカテゴリーを超えることだ。つまり、おなじみの概念の出現とその存在条件に焦点をあてるだけでなく、これらのカテゴリーを前にして、あるいはそれを超えて生きることの意味に焦点をあてる。第4章「ジェンダー、セクシュアリティ、権力」は、ジェンダー化された世界における性の歴史の意味に関する、第二波フェミニズム内部の論争から始める。歴史に関する論争は「セックス戦争」として知られるようになったものの核心にあり、根底にある政治的・文化的分断を強調する。それは単一の女性運動という考え方を決定的に粉砕するものだった。権力に関する異なる理解がこれらの論争、つまり女性の性的支配と従属ならびに抵抗可能性に関する歴史的理解にとって中心的な要素となる。この章ではセクシュアリティの交差的な性格、特に性的ないしジェンダー的な意味とアイデンティティを形成する際に人種と階級が果たす重要性を探究する。この章では、男性性と男性のセクシュアリティの歴史的理解に関する新しいアプローチの重要性を活用すべきと結論したい。

第5章「性の歴史の主流化」では、セクシュアリティに関する近代的・西洋的観念の創造における五つの主要素に焦点をあてる。十八世紀の「近代的セクシュアリティ」の出現、文化の「異性愛化」、一九六〇年代以降の「性革命」、八〇年代初頭のエイズ危機、最後に新千年紀の替わり目における親密生活の意味の深遠な変化である。その中でも同性婚の出現は劇的な象徴となる。

第6章「性の歴史のグローバル化」では、セクシュアリティについての著作の「トランスナショナル」な転換から始めて、グローバル・サウスに対する、そしてグローバル・サウスにおける態度を形成し続けている、セクシュアリティとジェンダーの植民地としての歴史と、ポストコロニアルな世界の内部から生じた、挑戦的で新しい性の歴史の登場について深掘りするつもりである。西洋では早くからそうだったように、ここでも同性間の実践に対する態度が性言説の中で主要な役割を果たしており、多くの国で国家支援型の同性愛嫌悪と絡み合っている。これらの問題はグローバルな言説における性に関する人権の発展、さらに特に大論争となったＬＧＢＴＱの権利と深くつながっている。この章では、人間であるとはどういうことかについて見解が対立することを捉え、そのことが人権と性に関する正義の意味にどのような影響を与えるかをみていく。最後の第7章「記憶、コミュニティ、声」では、一九七〇年代から八〇年代にかけての新しい社会史のルーツのひとつに焦点を戻し、コミュニティと民主的な歴史実践にルーツをもつ歴史知識の重要性を強調する。この章では、記憶がコミュニティの実践における重要な要素であり、性に関するアーカイヴを設置し、過去に否定された人たちに声を与えることを通して、記憶は創造され開花することを論じる。

第1章　性の歴史を組み立てる

批判的な性の歴史（学）にむけて

批判的な性の歴史（学）の核心にあるのは、セクシュアリティが根本的に社会的で、それゆえ歴史的構造であるという考えである。それは、エロティックなものは社会が対応すべき自然現象であるという伝統的見解に挑戦する。その場所で歴史家は、私たちが慣習的に生物学的真実とみなしてきたものが、文化によって形成され、複数の多様なアイデンティティと主体性と信念と行動とイデオロギーとエロティックな実践が複雑な統一体となる方法に力点を置いてきた。それは歴史的な統一体であって、自然の統一体ではない。

歴史家は一九七〇年代から、セクシュアリティは「社会的に構築」されていると論じ始めた。この慎ましい考えは、当時の社会学や社会人類学には次第に身近になっていたが、歴史家の間では論争的なものであった。いわゆる「構築主義－本質主義」論争に続く、苦悶に満ちた激烈な論争については第2、第3章でより十全に扱うことにしよう。ここでの私の論点は、個々の事例について論じることではなく、批判的な地図を描いてみることである。社会構築主義は、他の歴史概念と同様に、誕生と生存と消滅があり、ビッグバンのエコーのごとき来世というものがある。*この新しいアプローチは、その概念が――少なくともその〔「社会的に構築された」という〕言葉遣いが示唆する、いささか機械論的な意味で――「時代遅れ」になったあとにも残り続ける、強力かつ挑戦的な二つの課題を提起した。第一に、それは十九世紀以降のセクシュアリティについて論じる基盤となっていたカテゴリーと概念に疑問符を付し、問題視した。同性愛、異性愛、両性愛、トランスヴェスティズム（異性装）、倒錯、マスターベーションなどの概念と多くの性的変異体にそれぞれの歴史があることが示されてきた。敵対的かつ相補的なものとしての男性性／女性性という観念にも、特定の出現条件がある。ジェンダーは強力だが不安定なカテゴリーであり、その意味も変化する。なによりもセクシュアリティという中心概念自体がもはや、身体とその可能性と快楽について考える上での固定的な特徴とはみなされていない。それは「歴史的に発明された」ものなのだ。第二に、これらの概念や観念が特定の歴史を持つとしたら、セクシュアリティに単一の歴史があると信じることは不可能になる。多くの歴史があり、それぞれの系譜と出現条件と効果がある。つまり多くのセクシュアリティーズがあるのだ。セクシュアリティという概念は科学的なテキストと日常的用語法の中で使われたもので、普遍的というにはほど遠く、文化的に特殊であり、歴史家の仕事は、その特殊な意味を嘲笑し、自明視されていることを疑い、連続性と同じ程度に断絶性を理解しようと努めることである。そのようなアプローチは、ある意味では、さほど新規なものではない。一般に歴史家は、階級、国家、人種、エスニシティなど、表面上は固定したカテゴリーの意味の変化を分析することに通暁している。なぜジェンダーとセクシュアリティだけが永遠の真実性を持たなければならないというのか。

しかしそのような挑戦は、苦痛を伴いながら形成してきたアイデンティティを信奉する多くの人々を不安にし、そのアイデンティティは、挑発的な歴史家からは「虚構」だと――仮に「必要な虚構」だとしても――言われるのである。(1) あまたのレズビ

＊ ビッグバンの後に発生して今も存在する、宇宙マイクロ波背景放射（CMB）として知られる、さまざまな周波数の電磁波。

アンとゲイの活動家は、この自分たちの歴史の明白な否定に激怒したし、多くの歴史家はこれらの活動家に賛同し、同性愛者のアイデンティティが時を超えて固定・永続するという観念に基づいて別の歴史を作り出した。男女の本質的な差異という観念に基づくフェミニズムの歴史記述にも同種の衝動が見受けられる。家父長制は非歴史的な現実なのか、性的な潜在能力の特殊な組織化なのか。これらはあまりに一般的であり、かえって使い勝手がよくない。現段階で言っておかねばならないことは、構築主義的な考えに影響された歴史家は、彼らの同業者と同様に、性に関する正義を信奉しているが、マイノリティのアイデンティティを具体化したり、超歴史的構造を想像することが、正義にいたる道筋ではないと信じているということである。より重要なのは、彼らが問題にしたカテゴリーは中立的な記述ではないことを認めることだった。それらのカテゴリーは、権力の特殊な配置とヒエラルキーのもとで、宗教、医学、職業的心理学者、国家、ジェンダー、人種あるいはエスニック集団などの周りで出現して効果を持ち、支配、統治《ガバナンス》、規制、抵抗、侵犯、転覆、主体性の固有な形式を生み出したのである。セクシュアリティと権力は密接に結びついており、エロティックなものは、支配が作動する際に重要な媒介物であった。しかし権力の様式やセクシュアリティの様式は、異なる社会では異なる形をとり、文化の違いに対する鋭敏な理解を必要とする。

そのような複雑さを前提とすれば、近年の性の歴史家が過去に関する「根源的な不可知性」を強調したとしても、おそらく驚くに当たらない。そこでは、人々が他の時代にいかに自分たちをエロティックな存在とみなしていたかを知ることができると私たちが仮定することは危険なのである。[2]これはたしかに、歴史学という営み全体の実行可能性という問題を提起する。もし本当に過去について知ることができないならば、性の歴史を書こうとすることにどんな価値があるのか。実際に歴史家は、歴史の調査と著作をものするという行為自体が、過去と現在が偶発的に絡み合う複雑な方法を表現し、記述する証拠の形式を構築すると強調してきた。私たちは歴史をつくる過程のなかで、私たち自身の性的アーカイヴを作り出すのである。[3]この観点からは性の歴史は、他の時代、他の場所で、誰がいつどこで誰に何をしたかに関する説明であると同時に、セクシュアリティの表象の歴史でもある。これこそ私が共感する立場である。なぜならそれは、特定の文化と歴史的時代の中で存在した観念や概念や実践に対して近代的（西洋的）解釈を施すのではなく、それらの意味と有効性を解きほぐすからである。しかしだからといって一貫した歴史が不可能になるわけではない。ある構造やパタンが常に暫定的であることを認めさえすれば、過去に構造やパタンを見出すことができるはずだ。

理論的迂回路

晩年のスチュアート・ホール〔英国のカルチュラル・スタディーズの代表的理論家〕は、「理論は常に、なにか、より重要なものへたどり着く迂回路である」ということを、私たちに想起させた[4]。セクシュアリティの歴史は過剰な理論を背負っていると感じることもある。しかしこれらの問題の複雑さが示すように、私たちは理論を避けて通ることはできない。たとえ理論の回避を望んでいたとしても、である。そのリスクがどんなものであれ、理論的探究は、近年の性の歴史の著作では中心的なものである。もし性に関する知識がそれ自体、異なる文化で異なる方法で構築されるならば、重要なのは、いかなる知識の形式が、私たちが特定の状況で性的と理解する事柄を形成するかを理解することである。ミシェル・フーコーの『性の歴史』の導入部分が、一九七〇年代から八〇年代にかけて、特に英語圏の世界における、新しい性の歴史の初期の中心的偉業とされた主たる理由は、フーコーの著作が、性に関する知識が特定の歴史的状況で創造される方法に関する理論的洞察を提供していたようにみえたからである。セクシュアリティは、曖昧な身体の潜在能力を具体化する（成形する）意味と言説とナラティヴのある一定の機構の中で生きられている。

この特定の理論的傾向を有した取り組みは、それ自身、複雑で多彩であるが、現代の性に関する理論に対する、それ以外の大きな貢献を曖昧にし、周縁化するリスクがある。都市における性的下位文化と人間の性行動の研究、米国におけるキンゼイ以降の社会学や社会心理学、英国における同性愛役割と性的スティグマに関する先駆的な社会学、オランダとドイツにおける「文明化の過程」の「フォーマル化」と「インフォーマル化」の歴史があり、多くの理論的に鋭敏なフェミニスト、レズビアン、ゲイの論者が一九七〇年代以降、性に関する理論だけでなく歴史にも光をあててきた[5]。

これらの知的発展の顕著な特徴は、学際的にして領域横断的な性格である。一九七〇年代の先駆的なフェミニストとレズビアンとゲイの歴史家は、理論的な洞察を社会学と社会人類学に求めた。その後、文化地理学という思いもよらない方面から新たな関心が寄せられて、「倒錯の地理」、すなわちセクシュアリティの空間的組織化に関する歴史的研究が行われた。それは都市生活の快楽と危険、都市と農村の格差、性文化の布置に関するものである。当然のことながら、境界、国境、フロンティア、クローゼット、パフォーマンス空間、グローバルなもの、サイバー空間など空間的な比喩は性の歴史に多く存在する。

おそらく最も予想外だったのは、文学およびそれに関連する人文学研究の影響であった。初期の社会構築主義の中で最も広く引用された批評は、本質主義的思考と結びついた歴史家ではなく、詩人で文学理論家のイヴ・コゾフスキー・セジウィックからであった。もうひとりの詩人アドリエンヌ・リッチは、「強制異性愛」理論の初期の枠組みを提供し、後の「異性愛規範」理論への道を開いた。[6] 一九九〇年代のクィア理論に最も影響を与えた貢献者のほとんどはクィアの歴史に貢献したのだが、歴史家として訓練された経歴を持っていなかった。彼らは哲学、古典、そしてなによりも文学の分野から来ていた。

このことは、性の理論と性の歴史のために主張されてきた「転回」の奇妙な範囲を説明するかもしれない。さまざまな重要なテキストをすばやく検索すると、文化的転回、言語的転回、精神分析的転回、フーコー的転回、ポスト構造主義的転回、クィア的転回、情動的転回、唯物論的転回、歴史主義的転回、トランスナショナル的転回、ポスト人文主義的転回と人文主義的転回、ドゥルーズ的転回、倫理学的転回、反社会的転回など、ほかにもいろいろな転回があることがわかる。最悪の場合これらは、最新の理論的流行を追いかける極めて非歴史的なやり方を示している。最善の場合でもそれらは、性の歴史の形成に貢献した活発な理論的取り組みと知的折衷主義を示唆しているにすぎない。

この理論的な傾向を所与とすると、人類学者のキャロル・ヴァンスがかつて、最も重要な性器は耳の間にあると宣言したことは驚くには当たらない(7)。私たちが性的なるものについてどのように考えるかは、それがどのように生きられ、秩序づけられ、規制され、抵抗され、書かれるかを否応なく形成する。しかしセクシュアリティは、理論以外にも多くのことに関連する。それは身体と感情にも関連しており、セクシュアリティの歴史家は、これらが特定の社会歴史的文脈でどのように組み立てられているかをよりよく理解できるよう努めてきた。

身体

一九七〇年代以降、身体の社会的意味と備給〔エネルギーの投資〕への関心が爆発的に高まった。第二波フェミニズムの中心である、自己の身体をコントロールする女性の権利という考えは、政治的かつ文化的に緊迫した身体の重要性と、グロスが「女性の身体現実（corporeality）」と呼んだものを指し示していた(8)。最近では、ジェンダー絶対主義への重大な挑戦としてのトランスジェンダーの出現は、身体と意味の分離と、身体の潜在的な可変性を前面に押し出した。ミシェル・フーコーは身体の規制を、現代社会における統治と支配のモードの変化、彼が「生権力」と名づけたものを生み出した変化の中心とみなしたことで有名である。権力の技術は言説の規律化効果を通して、社会組織に奉仕するように肉体に圧力をかけた。「従順な身体」は人間という個体の生産と規制、および人口統制の焦点となっており、主体でもあり服従するものでもある社会的存在を生み出した。近代の技術は、身体が常にさまざまな方法で、食事や消費や広告や衣装やファッションや制服や美容外科や生殖技術や「性転換」やスポーツと身体訓練や医学を通して工作・再工作されることを可能にした。デジタル革命は、身体を地球の根っこから解放することはできず、それに織り込まれている。ダナ・ハラウェイ〔意識史とフェミニズムの研究者〕がデジタル時代の冒頭で示唆したように、私たちはすでにサイバースペースの相互作用によって形作られたサイボーグ、半人間・半機械であるのだろうか[9]。

しかし身体は、権力が作動する受動的な表面以上のものである。身体は同時に強い抵抗が行われる場所でもある。多くの身体変容は、個性の表現と個人のエンパワーメントでもある。障害のある人は周縁化に抵抗し、性的存在であることを確認し、ケーファー〔フェミニスト、クィア、障害理論の学者〕が「クリップ〔手足が不自由な人〕」解放と呼ぶ方向に動いている[10]。「性転換」への外科的介入の形態は、トランスジェンダーの人が身体とジェンダー・アイデンティティの調和感を達成する上で不可欠であった。特に十九世紀のヒステリーや、最近では摂食障害などの現象は、古典的には女性の病気とみなされてきたが（多くの男性が常にそれに苦しんでいるにもかかわらず）、部分的には身体転換によって一時的に解決されることがあるにしても、女性と身体の間に課された、矛盾に満ちた要求をめぐる闘争として読むことができる。身体はかつてほど従順ではないと、アンソニー・ギデンズ〔英国の社会学者〕は示唆している[11]。

豪州の社会学者レイウィン・コンネルが論じたように、「身体は社会的プロセスの対象となり、身体であることをやめることなく、歴史に持ち込まれる[12]」。身体化（embodiment）は、身体が歴史的実践によって形作られ、変化する能動的なプロセスを記述する。それを通してジェンダー、性的欲望、性的アイデンティティが形成され、身体の複数の可能性が利用されるが、それだけでなく、身体を個人生活、社会的世界、歴史的理解の能動的な要素に変換しもするのだ。

主観性と情動

もし物質的身体が、セクシュアリティがたどりうる可能性を提供するならば、主観性（subjectivities）と感情はセクシュアリティが生きられるベクトル（方向性）となる。

感覚（feelings）と感情（emotions）と情動（affects）は、十九世紀以来、セクシュアリティについて考える際に重要な要素であった。心理学は性科学の起源を構成する要素であり、精神分析理論は二十世紀の性に関する歴史に何度も現れた。また一九七〇年代に出現した、新しい性に関する学問においても、感情は不可欠のものであった。ジョン・ガニョン、ウィリアム・サイモン、ケン・プラマーなどの著者による、先駆的なセクシュアリティの社会学は、性の台本に重点を置いており、ジョージ・ミードに由来する相互行為学派の社会心理学によって支えられていた。[13] 他の多くの人と同じように、一九七〇年代の私は、性的アイデンティティと主観性を理解する方法としての、ラカンによるフロイトの「復権」と対決していることに気づき、二十一世紀になってジル・ドゥルーズとフェリックス・ガタリが社会理論家の間で流行するはるか前から、欲望に関する彼らの研究と戯れていた。[14] 先駆的な性科学者にとって、セクシュアリティは生物学と心理学の境界線にあったが、一般的には生物学が勝っていた。一九七〇年代以来一般的にそうであったように、セクシュアリティによって必然的かつ、常に引き起こされる、複雑で意志を持った矛盾する感情を包括的に説明する単純な生物学主義が拒絶されるならば、また歴史と心理社会的なものと感情を単に〔生物学に〕回収するのでなければ、対話は必要かつ望ましいものである。

主観性に関する問いは、この対話にとって中心を占める。新しい性の歴史における、同性間、あるいは女性の性的アイデンティティへの関心は、何が主観性を構成するのかという問い、とりわけ、一方に社会構造や概念や言説や信念があり、他方に自己とアイデンティティに関する個人的意識とそれに付随する感情があるとして、その両者の関係は何であるかという問いを常に引き起こす。言語の領域に位置づけられる言説は、主体に対処し、主体を構成するために作動するかもしれないが、その主体がどのように異なる主体の位置を取り、それと自分を同一視するかを保証することはできない。ジェンダーと性的アイデンティティに関連して、個人という主体は、彼らが誰であり、何であるかに関する単一のモデルによって完全に捕捉されることは決してない。欲望と同一化の可能性の多数性の中にこそ、アイデンティティを拒否する可能性が存在している。[15] ヘザー・ラヴ〔米国のジェンダー・セクシュアリティ研究者〕が書いているように、「非コード化された主観的経験は、公式の法律や実践やイデオロギーの歴史研究にとって重要な補助剤となる[16]」。

セクシュアリティの歴史家は、ウェールズの社会理論家レイモンド・ウィリアムズが「感情構造」と呼んだもの、つまり物事を行う独特の方法を形作る、感情とものの見方のパタン化にますます関心を持つようになった。同様に、ノルベルト・エリアスとピエール・ブルデュー以降の「ハビトゥス」、ジル・ドゥルーズとフェリックス・ガタリ以降の「欲望機械」、または、ジャスビア・プアーによって普及した「アッサンブラージュ」などの他の概念は、渦巻くがごとき感情が心理‐社会的現実を生成する明確なパタンへと構造化されることに関心を持っている。情動への方向転換におけるもう一人の重要人物はイヴ・コゾフスキー・セジウィックであった。彼女は米国の心理学者シルバン・トムキンスの仕事に大きく影響され、彼女が書いているように、「恥という話題に関するいくつかの有用なアイデア」を模索していた(17)。恥はクィアの理論家にとって鍵となるテーマとなり、英国よりも米国や仏国の歴史家の仕事に影響を与えた。セジウィックの心理学自体には普遍化の傾向がみられるが、現在と過去におけるセクシュアリティとジェンダーのマトリックス上の複雑な感情の探究を促進した。一九七〇年代にフェミニズムとゲイ政治の議題を推進した楽観主義が袋小路に陥ったと思われたため、これは一層、不可欠になった。いわゆるセックス戦争で明らかにされたフェミニズム内の分裂、特に米国での社会保守主義の抗しがたい台頭とエイズの影響は、一九九〇年代までのセクシュアリティーズの作品にいっそう陰鬱なムードをもたらし、歴史における感情と情動への関心がますます高まることとなった。恥と同様に、記憶と喪失とトラウマと衝動と悲嘆とアブジェクション*とメランコリー

〔憂鬱〕は、早急に歴史的関心を向ける必要があると感じられる話題になった。

世代

身体化や情動といった問題は、一九九〇年代に、新世代のフェミニストやクィアの理論家・活動家と密接に関連しており、歴史的実践をアイデンティティから引き離し、多様性、交差性の問題、特に人種と階級と愛情の複雑な絡み合いへの関心が高まるように再度方向づけた。ケン・プラマーは「世代のナラティヴ」について書いており、これを通して社会的世界の変化に由来する視座や立場が、過去と現在にまつわる異なる物語を生み出すとしている(18)。最も早い時期に性の歴史を宣言したのは、十九世紀末の科学的飛躍と知的発展、特にダーウィン革命の影響を受けて形成された性科学者の第一世代に触発されたものである。一九七〇年代以降の性の歴史の再生は、主にベビーブーマーによって行われた。彼らは第二次世界大戦後に生まれ、ますます豊かになった一九五〇年代に育ち、六〇年代に大学で教育を受け、同時代の文化革命によって尖鋭化し、七〇年代に開花した市民権と反戦運動と新しい社会運動から政治的な刺激

＊　おぞましいものの棄却。フランス現代思想家ジュリア・クリステヴァの概念。

を受けた。この世代は、科学の威圧的な主張に懐疑的であり、ジェンダーとセクシュアリティに関する硬直した規定に抵抗し、その後の五十年間における性的実践とモラルの大変革の担い手となった。この世代（の人たち）は、自分たちの経験と欲望と記憶と願望における真実を用いて、正当化を試みた。

ベビーブーム世代は、この世代自体が大きく分裂していたことを忘れてはならない。称賛も非難もされているが、この世代は、これらの時代に広まった社会の自由化に関して、伝統的価値観の名のもとに、家族や性の変化に反対して戦った社会的保守主義の強力な潮流を主導した人々の多くは、フェミニストやゲイ解放論者と同年齢層の人々で、同じ経験によって形作られたのだが、結局は根本的に異なる反応を示した。それは一八八〇年から九〇年にかけて活躍し、ヴィクトリア朝の道徳に反抗して自らを定義した性の理論家や改革者たちが、その世代の中ではごく少数のマイノリティであったのと同じことである。

同年代に属する人たちの中で分裂があっただけでなく、異なる性の世代が共存しており、それゆえ今日、あらゆる年代の保守的な伝統主義者、いまや年老いた（過激でなくなった?）過激派、性に関する恐れと反動によって特徴づけられるエイズ世代、性愛を探究する若者、リバタリアン（自由至上主義）、反体制派、リベラル、原理主義者たちが不安定な共存状態の中でごちゃまぜになっている。それぞれの世代、そしてそれぞれの世代の一部が、複雑で移り変わるセクシュアリティの世界に異なる理解をもたらしている。

理論というものはその寿命が限られているものであり、さまざまな観念、あるいは「転回」が仮借なく洪水のように生まれてくる。初期の、主に欧州の性科学者の観念は、一九四〇年代にアルフレッド・キンゼイに率いられた、米国の性科学者を主とする新しい潮流から、継続的に挑戦を受け続けた。一九七〇年代には、社会構築主義者がその直前の先人の「本質主義」を否定するようになった。先行者の価値観や観念を激しく否定するのは、各世代の主たる特徴であるようだ。性科学者は、自分たちをヴィクトリア朝時代の理想に対する挑戦者、ときには発明者と自己定義した。一九七〇年代のゲイ解放論者は、一九五〇年代と六〇年代のあまり攻撃的でなかった先行者を否定した。たとえ彼らが知識と政治の新しい形態、すなわち新しい歴史に至る道を切り開いていたとしても、そうしたのである。いまやクィア理論家は、ゲイの自由主義者を拒絶している。[19] そう、物語は続くのである。歴史の観点からみれば、彼らの違いはごくわずかであり、連続性の方がより重要であるように見えるかもしれない。ある世代を生き、その中で生きてきた人々にとっては、不連続性と新しいものの勝利は、自分が誰であり何であるかを定義する上で、より根本的なものに見えるのかもしれない。

現在の時間、過去の時間、未来の時間

批判的な性の歴史（学）は、私たちが自明視しているカテゴリーが歴史的、文化的に形成されるという特徴を重視するが、私たちが現在有している観念が時間に拘束され、過去を理解する際に限界となるという特徴を疑問に付し、問題視している。それは私たちが性に関する過去に埋没したり、過去を忘却しているというより、過去は、私たちの現在とは根本的に異なっている可能性があるということである。精神医学の著名な歴史家アーノルド・デビッドソンが観察するように、「私たちはずっと、本質的に異なる領域におけるセクシュアリティのカテゴリーの先行物を探し続け、よくて時代錯誤、わるければ理解不可能なものを生み出している」[20]。

時代錯誤を回避し、理解可能なものを見出すことは、性の歴史家にとって根本的な課題であり続けた。ミシェル・フーコーにとって有効な歴史とは、現在性の歴史であった。[21]歴史とは特定の現在のもとで、その現在と結びついた特定の理由で行われる実践である。多くの性の歴史家がここから受け取ったのは、歴史を歴史的現在として理

解する方法であり、歴史を過去の論理的通過点としてではなく、複雑で、生きられた現在における過去の痕跡の布置移動として理解することである。それは進歩の歴史よりも戦場調査を、慣習の歴史よりも批判的な歴史を提供するのである。そのようなアプローチは過去の他者性と開放性、過去と現在の不連続性を強調すると同時に、現在の偶有性と複数の時間フレームを照らし出す。

プラマーが論じるように、人間の時間軸（時間性）はナラティヴである。私たちは特定の場所で、特定の時間に、異なった時間軸を持って生きる他者とともに性生活を送る。どのような特定の時間であっても、時間軸には多数性があり、それらは繊細に絡み合い、異なる性の歴史を思考するにあたって深遠な意味を持ちうる。[22] 例えばジュディス／ジャック・ハルバースタム〔英語学とジェンダー研究の学者〕は有名な「クィアな時間」を、生殖や家族や異性愛規範性によって形成される時間と対立しながら、過去から発展したもの、異なるリズム、異なる論理、異なる必要と同一化に従うものとして定義している。彼女がいうには、「クィアな時間」は二十世紀末に劇的に出現した。それはエイズの影が未来の滅亡を暗示し、いま・ここの時点が強調された時期であった。[23]

異なる時間軸の共存を強調することは、私たちの過去に対する立場が理論的傾向と「真理」によって形作られるのと同様に、私たちの深層にある感情とコミットメントによって形成されていることを示すためにも重要である。一例を挙げれば、近年の性の歴史に反響しているのは、ノスタルジア（過去への郷愁）の浸透である。それは、黄金時代が時間の中に雲散霧消すると考える、つまり黄金時代は常に存在しなければならないと考える衰退主義者のみならず、時の経過を後悔する人々によっても形成されたものである。つまり、より侵犯的な性の急進主義の衰退を嘆き、実現する可能性がほとんどないユートピア復活を希望する論者にもみられるものである。それは、人間存在の真理を人間のセックスの中に見出すし、定義とカテゴリー化を行う性文化の開始を嘆き、それを厳密に定義しない性文化、すなわち一九五〇年代の前－ゲイ、前－同性愛の十八世紀、前ソドミーの古典世界と比較するフーコー主義者の一部にも伏在する見解である。それは、知や性的消費主義に支配されない文化を回顧するリベラル派の分析にも、より昔の模範的な家族、ジェンダー、性的価値観の衰退を嘆く社会保守派の中にも、強烈に存在する。痛ましいノスタルジーは、過去の生活よりも現在の不満を私たちに語りかけている気がしてならない。

しかしノスタルジアという特殊な例は、私がより広い意味で言いたいことを説明している。つまり私たちは、理性と同様に感情を伴った過去を扱っているということである。歴史家はこれを避けることはできない。私たちにできる最善のことは、過去を性の歴史実践の一側面として承認することなのである。それは現在に至る諸原因を探ったり、現代の信念や先入見をやみくもに過去に押し込んだりすることではなく、他の人生や他の価値観と、時間や場所を超えて接触するためにできる限り努力することである。私たちは自分たちが異なっていることを認める必要はあるが、それでもなお、時間の隔たりを超えて人間共通の希望を強調するような、同一化の瞬間を見出すことができる。つながりを作り、時間と空間を超える人間の振る舞いを作るのである。

第2章　性の歴史の発明

言葉の魔力

ジークムント・フロイトは、言葉と魔法はかつて同じものであり、言葉は今日でもその魔法の力の多くを保持していると述べている(1)。言葉は、私たちを興奮させ、方向づけ、痛めつけ、罰し、希望を与え、恐怖で満たすことができる。言葉は、私たちを位置づけ、私たちが何であり、また、何になりたいかを形作ることができる。そして観念や価値観の歴史的変遷を示す重要な指標となる。概念としての言葉がなければ、「人は何も見ることができない。そしてさらに明らかなように、概念がなければ何も言えない(2)」。だからこそ私は、本章を言葉や概念から始めているわけである。それらはセクシュアリティの歴史、そしてその歴史の歴史に対する、力強い洞察を与えてくれる。

初期の性科学者たちは、言葉や新しい意味の創造に熱心であった。これら先駆者たちのペンから、二十世紀のセクシュアリティの言語に革命をもたらした新語とカテゴリーと分類法と概念が目まぐるしく大量に生み出されてきた。「セクシュアリティ」という言葉自体は十九世紀初頭に英語として生まれたものであり、性的であること、つまり男性的または女性的であることに関連する性質を意味していた。セクシュアリティという言葉が、アイデンティティに――つまり指向や嗜好や実践を意味する、彼または彼女のセクシュアリティに――言及しているという感覚は二十世紀の創造であり、性的自己に対する新しい関心を示すものであった。

過去一世紀以上にわたって支配的な二項対立を区分してきた「同性愛」と「異性愛」という重要な用語は、一八六〇年代にハンガリー人カール゠マリア・ケルトベニー(カロリ゠マリア・ベンケルトとしても知られる)によって発明された。同性愛者を指す別の言葉として「倒錯」、「ウルニング」、「第三の性」、「中間型」といった言葉が微妙に異なる意味を含みつつ流通するようになった。(3) その他、「反感的性本能」や「両性愛」から「動物性愛」、「嗜糞症」や「小便愛」、「フェティシズム」や「窃盗症」、「露出症」や「サドマゾヒズム」、「こすりつけ(frottage)」や「慢性的(男性の)性欲亢進症」、「服装倒錯（eonism）」、「トランスヴェスティズム」など多くの新造語が増殖し、セクシュアリティというエロスの世界が新しい形式の言説で再定義されていった。これらの用語は、古い真理に新しいペンキを塗る以上のものであった。これらの用語は新しい真理の認識に基づいて、セクシュアリティの観念や、人々が自分自身や他人をどのように見ているのかが一変したことを表していた。

性科学は、この変革を主導した媒体であった。セクシュアリティと欲望に関する科学的研究を自称するこの学問は、十九世紀末の数十年間、驚くべき野心を持って発展した。最初の主要な性科学者であるウィーンの法医学精神科医リヒャルト・フォン・クラフト＝エビングは、『変態性欲心理（*Psychopathia Sexualis*）』の中で、自分の仕事はエロティックな生活の表出を「合法状態」に戻すことにほかならないと論じていた。カール・マルクス、エミール・デュルケーム、マックス・ウェーバーの手になる現代社会学が社会法則を明らかにしようとしたのと同じく、性科学は自然法則を明らかにし、記述し、分析することを自らの課題とした[4]。

セクシュアリティに関する新たな科学的熱意が最も早く現れたのは、十八世紀のマスターベーションに関する理論家たちであった。サミュエル・ティソ〔スイス人の医師〕がオナニズムを非難したことは決定的な転換点となった。あなたがしたことは、神の命令に背《そむ》いた以上のことである。それは世界に対して、自分がどんな種類の人間であるかを宣言するものなのだ、と。[5] その後も売買春、幼年期の性、ヒステリー、性的異常などについて、発展的な著作が続いた。カール・ハインリッヒ・ウルリヒス〔ドイツの法律家〕は一八六四年から七九年にかけて第三の性についての十二巻本を出版し、一八七〇年のカール・ウェストファーレ〔ドイツの精神科医〕による「反対・性衝動」の「発見」や、クラフト＝エビングの倒錯研究に影響を及ぼした。これらバラバラの痕跡を新しいアプローチとしてまとめあげたのはクラフト＝エビングであった。[6] その後、種の起源と性淘汰に関するチャールズ・ダーウィンの著作出版に伴う生物科学の新たな威信に後押しされて、エロティックなものに関する王道と邪道の研究者が続々と登場した。ジークムント・フロイトは性科学に大きな影響を与えた『性欲論三篇（*Three Essays on the Theory of Sexuality*）』（原版一九〇五年）の中で、クラフト＝エビング、英国のハヴロック・エリス、独国のマグヌス・ヒルシュフェルトなど九人の著者から特に影響を受けたと認めている。その他に刑学、法学、精神医学、心理学、人類学、医学など、さまざまな分野に多くの著者がいた。[7]

新しい自称・性科学は、個人の多様な経験の根底には複雑な自然のプロセスである「性本能」があり、これを理解することで現代世界の重要な問題に対する、より賢明な洞察が可能になるという確信に基づいていた。このため道徳的な狂気や逆淘汰といった旧来の理論と訣別し、それを生物学的および心理学的な説明の混合体に置き換えたのである。その過程でセクシュアリティは、知識の大陸として明確に浮かび上がってきた。すべての性科学者は、性本能の究極の目的は生殖であり、ジェンダーとセクシュアリティは生物学的な命令と結びついていることを認めていた。しかしこれらの先駆者たちの初期の研究は、極めて高度に性本能のヴァリエーション、あるいは、より不穏当な言い方をすれば性本能の倒錯性に関係していた。このため性的病理の分類と定義に大きな努力が払われ、後に大きな影響力を持つことになる新しい定義と性的分類法が生まれた。このような倒錯への集中は、当然ながら「正常」にも新たな光を投げかけることになった。フロイトは、正常への道のりは長く、危険含みであることを示すことになった。倒錯は、セクシュアリティという新領域を理解する経路というよりも、むしろ鍵であった。ある人のセクシュアリティを定義することによって、その人を特定する道が開かれたのである。クラフト＝エビングが言うように、「性的感受性の性質は、大部分が精神的個性に依存する」[8]のである。ある人の性的性質を知ることは、その人を知ることであった。セックスは性科学によって、そしてより広い社会で「私たち存在の真実」とみなされるようになったのである。

性科学者は、自分たちが長い間そこにあったにもかかわらず、無知によって見えなくなっていたものを発見していると考えていた。今日の歴史家は、性科学がこの新大陸の大部分の構成要素であり、性の類型を発見するというより、それらを新しい方法で概念化したり「発明」したりするのに役立ってきたと考える傾向がある。次章では、この問題を同性愛の歴史との関連でより詳細に検討しよう。ここで強調したいのは、クラフト＝エビング、ハヴロック・エリス、マグヌス・ヒルシュフェルトといった性科学者が、何もないところから性的類型を思いついたわけではないということである。歴史家たちが明らかにしているように、彼らの説明は、患者や相談者との対話の中で展開されたものであり、彼らは拡大し続ける症例の対象を供給し、教科書に掲載された、ときに難解でしばしばラテン語化された病因や分類に命を吹き込んだ[9]。倒錯者、マゾヒスト、サディスト、あるいはトランスヴェスタイト〔自分と異なる性別の服装を着用する人々〕は、すでに生きた歴史の中に存在していた。しかし性科学者が行ったことは、意味や出現しつつある性的アイデンティティが分節化されるための言語や言説形式の多くを提供し、それらを新しい階層秩序に位置づけることであった。彼らはしばしば、社会が邪悪で、罪深く、病気で、精神的に不十分として排斥してきた人々をよりよく理解するための支持者となった。主導的性科学者たちは、自分たちには二重の役割があるとみていた。

つまりセクシュアリティをより科学的に理解するというアプローチの擁護者であり、科学的理解を通じてセクシュアリティが引き起こす個人的・社会的問題に、いっそう人道的に対処する方法を提示する提唱者でもあるとみていた。

こうした「性の正義」を達成するための初期の努力は、たしかに両義的であった。多くの性科学者や改革者はより自由な法律や寛容な態度を求めただけでなく、制度の正常化、「治療」、特に同性愛の「治療」、女性の性的受動性に関する生物学理論、文化の違いに関する人種差別的な仮定、人口過剰や「精神薄弱」の増殖という「問題」に対処する優生学的解決を重視しており、最近の歴史家たちはこれらを詳しく解明している。

セクシュアリティの自然史

セクシュアリティの科学が登場する以前から、歴史家がセクシュアリティを完全に無視していたわけではなかった。(10) エドワード・ギボンがローマ帝国の衰退と没落を説明する要因として性的放蕩《ほうとう》を提示したことは有名であり、売買春やマスターベーションといった主要な社会問題についての初期の研究では、日常的に参照できる歴史的出典があり、入手可能であった。英語圏の国々は、仏語圏や独語圏の国々に比べてこの点ではるかに遅れており、セクシュアリティに全く触れずに議論するのが特徴的であった。初期性科学が登場する直前、アイルランドの歴史家W・E・H・レッキーが二巻本の『アウグストゥスからシャルルマーニュに至る欧州の道徳の歴史（*A History of European Morals from Augustus to Charlemagne*）』（一八六九年）を出版し、後の英国での研究の青写真となった。彼の著作はセクシュアリティに明確に言及することなく、道徳に対する態度変化に焦点をあてている。セクシュアリティのテーマそのものに直接触れることなく、罪と腐敗と恥と情熱と道徳的尊厳と贖罪などについて多く言及していたのだ。道徳を歴史の学術研究における正当な分野としながらも、性的行動のパタンは時代を超越したものであると仮定していた。一九五〇年代後半になってもこれは特徴的なアプローチであり、キース・トーマス〔ウェールズの歴史家〕による道徳の「二重基準」についての古典的研究など、英国におけるセクシュアリティの歴史への新しい関心のきっかけとなった重要な論考でさえそうであった[11]。セクシュアリティについて書くと道徳的に怪しまれるような時代にあって、道徳が性的実践の目印になったのである。

しかし性科学者にとっては、歴史におけるセクシュアリティについてもっと直截《ちょくせつ》に書くことが急務だった。性本能とその異常や変異を精緻に解明することは、彼らにとって重要な理論的突破口であり、歴史を通じて、それらが罪や意志の弱さや現代の腐敗の産物ではなく、生物学的・心理的現実の現れであることを証明する必要があった。それはまず歴史におけるセクシュアリティの力を強調することであった。個人における圧倒的な本能の力は、個人生活だけでなく社会生活をも形成するものであった。それは基本的に男性的な衝動であった。また生殖によって最終的に定義される、極めて異性愛的な衝動でもあった。

しかし第二に、「自然の継子《ままこ》」たちは、最近になって輝かしい詳細な描写がなされるようになり、歴史のプリズムを通して遡及的に見られるようになった。イワン・ブロッホは「セクソロジー」（少なくともドイツ語の sexualwissenschaft）という言葉の発明者としてよく知られているが、フロイトによって、倒錯／同性愛について病理学的解釈から人類学的解釈に移行したことで称賛されている。ブロッホの大著『現代の性生活（*The Sexual Life of Our Time*）』[12]は、あらゆる時代と文化と人種における性的異常の徹底的な目録であり、フロイトと同様にブロッホは、倒錯の特殊性よりも普遍的な性格を示唆した。要するに彼は、自然主義的アプローチを提示し、性科学のカテゴリーや類型を当然視する一方、それらに対する態度が特定文化の産物であることを認識したのである。これ〔自然主義的アプローチ〕は、歴史上の同性愛や倒錯を記録した初期文献、例えばケルトベニー、カール・ハインリッヒ・ウルリヒス、マグヌス・ヒルシユフェルト、ハヴロック・エリス、ジョン・アディントン・シモンズ、エドワード・カーペンターによって既に開拓されていた。

ハヴロック・エリスは、シモンズとの共著である『性の心理学研究（*Studies in the Psychology of Sex*）』の冒頭で性倒錯に関する研究を行った。これは最新の生物学的・心理学的理論に事例研究や詳細な歴史的事例を組み合わせたものであり、後に歴史上の同性愛を歴史的に探究する際の有力な材料となった。一九七〇年代の新しい歴史家の多くは、この本が初版刊行と同時に起訴されるという悲惨な結果に終わった後、かなり多くの改訂を経た後続版を用いて証拠や出典を探し始めた[13]。エリスが第一巻で採用したアプローチはその後の『研究』全巻を特徴づけるものであった。それらは基本的にセクシュアリティに対する反応の歴史であり、セクシュアリティがなぜ、どのように人間社会を形成したかを説明する試みではなかった。しかしそれは、自らの限界を超える潜在力を有していた。なぜならそれは程度の差こそあれ、明白だが曖昧にされた真実の証拠も提供したからである。それは欧州や北米の大都市圏でセクシュアリティがどのように思考され、規制され、恐れられ、生きてきたかということが、セクシュアリティが存在しうる唯一の方法でも必然的な方法でもないことの証左であった。性科学は科学的たらんと試みる詳細な研究のなかで、セクシュアリティのあり方にはさまざまな方法があることを確認していた。

　ブロッホやエリスの著作は、セクシュアリティに関する比較研究の発展、特に社会学や人類学との関連で、フィンランド生まれのエドワード・ヴェスターマークの研究と同じような強い影響を与えた。デイヴィッド・ハルプリン〔ジェンダー研究、クィア研究、批判理論の研究者〕は「同性の愛」という用語を最も早くから使用し、古代ギリシアの小児性愛を単なるギリシアの特殊性の例ではなく、歴史的現象として捉えた点でウェスターマークを評価している。[14]「ギリシアの愛」は多くの歴史家にとって特に興味深いものであった。なぜなら、それは明らかに古代文明の中心にあり、社会的に高度に受容されていた現象であったからである。J・A・シモンズは、私的に配布した初期の小冊子『ギリシア倫理学の問題（*A Problem in Greek Ethics*）』でこの現象を称賛し、エリスとの性倒錯に関する研究に取り入れた。ハンス・リヒトの『古代ギリシアの性生活（*Sexual Life in Ancient Greece*）』は、これをより拡張した研究であり、その社会ではあらゆる性倒錯が横行していたが、その文明には何の実害もなく、同性愛が広く実践・受容され、文化的に豊かであることを実証した。ケネス・ドーヴァーによるギリシアの同性愛に関する有名な研究はこのアプローチに従ったものであり、特にある点では、性科学が明らかにしようとしていた倒錯（perversion）と倒錯性（perversity）の重要な区別を行うことによって、前者を性本能のバリエーション、後者を状況的な行動の問題とみなし、自然で先天的なものは、風俗や悪徳の産物よりも寛容に扱うべきであることを示唆した(15)。

このように性の歴史には目的があった。それは改革者が過去の問題や過ちを示すことにより、現在における変革の主張を正当化することを可能にした。同性愛、避妊、売買春をテーマにした論者たちは、この目的のために歴史的知識を喜んで活用した。ナチス・ドイツから亡命し、マグヌス・ヒルシュフェルトと仕事をしていたドイツ人のマックス・ホダンの『近代道徳の歴史（*History of Modern Morals*）』は一九三七年、英国の社会主義者でフェミニストの産児制限運動家ステラ・ブラウンによって翻訳された。彼女は性改革、産児制限、中絶を積極的に支持する人物であった(16)。このような本は、改革者にとって有益なものだった。

このような歴史的著作には、科学と改革と歴史を進歩的アジェンダの不可欠な構成要素として結びつける安易な自然主義があった。これは支配的なアプローチとなったが、これと密接に関連する理論的な見込みをもちつつ、特にマルクスとフロイトの「結婚」を少々不安げに試みる他のアプローチも存在した。十九世紀末のドイツではすでにマルクス主義社会民主党の主要メンバーが——ヒルシュフェルト自身も支持者だった——性科学に深く関わっており、例えばオスカー・ワイルドの同性愛スキャンダルを史的唯物論の問題として理解しようと試みていた。なぜ明確な自然現象が支配階級からの敵意に従属しなければならないのかと。[17] フロイトはマルクス主義とは距離を置いていたが、文明とその不満の分析を通じて、壮大なスケールでありつつ深い歴史的洞察を提供した。

一九二〇年代からマルクス主義とフロイトの伝統を結婚させようとする真剣な試みが、程度の差はあれ行われ、その最も有名な成果であるヴィルヘルム・ライヒとヘルベルト・マルクーゼの著作では、セクシュアリティが主要な歴史的プレーヤーとして浮上した。難点は、概して理論的構成体が単なる歴史的証拠よりも優先されることであった。このようなアプローチの危険性は、後に人気歴史家ゴードン・ラットレイ・テイラーが『歴史における性（*Sex in History*）』で行った、ネオ・フロイト的解釈の中に表れている。「文明の歴史は、危険で強力な衝動とそれを制御するために人間が築いた禁忌と禁止のシステムとの長い戦いの歴史である」と。[18] テイラーは「母性」文化と「父性」文化の曖昧な交替という観点から、態度の変化を説明し、壮大だがかなり抽象的な社会変動の周期理論を残した。

ミシェル・フーコーが自身の（反フロイト的な）『性の歴史（*The History of Sexuality*）』

の序章で「抑圧の仮説」を批判する際に参考にした、文芸史家スティーヴン・マーカスの有名な研究『もう一つのヴィクトリア時代（*The Other Victorian*）』は、同様のフロイト的説明に依拠しており、後の歴史家たちに大きな影響を与えた。マーカスはフロイトの言葉を引用し、「おそらく我々は、性本能の要求と文化の需要とを調和させることはまったくもって不可能であるという考えを認めなければならない[19]」という趣旨の発言をしている。フロイトにとって文明は、人間の可能性を抑圧する必要があるという、人間の悲劇的なジレンマの表明であったが、その考えは偶発的な歴史的転換を「なんでもあり」で説明することになったのである。十九世紀のポルノグラフィに関するマーカスの説明もそうであり、例えば、「性衝動の圧倒的な要求と、大規模な変化によって破壊された社会構造との間のこのような葛藤」という観点から説明されるのである。

偉大な社会史家ローレンス・ストーンが学術的関心を性行動に移し、一九七七年に出版した自身の著作『家族、セックス、結婚（*The Family, Sex and Marriage in England 1500-1800*）』にも、同様の循環的な説明が見られた。「性的態度と権力関係の双方において、抑圧から寛容へ、そしてまた逆戻りという、巨大で謎めいた世俗的な揺動をおぼろげながら見分けることができる」[20]と。これらの揺動の説明は残念ながら不明瞭なままであった。

新しい歴史学

マーカスやストーンのような著作は、その弱点はさておくとして、一九六〇年代から七〇年代にかけて歴史の中のセクシュアリティに新たな関心が高まり、それをより理論的に説明しようとしてきたこと（ただし、明らかに性科学の伝統に根差したものであること）を示すものであった。このような関心の高まりは、部分的には公共的言説におけるセクシュアリティへの新たな関心事を反映していた。一九五〇年代に始まった性行動や態度の「大転換」は、戦後のベビーブーム世代に引き継がれ、家族や親密生活の伝統的パタンを揺るがし、新たな可能性を切り開いた。概して保守的な歴史家稼業の人々もアジェンダを拡大し始めた（第5章を参照）。例えば初期の「性革命」を探し出すという発想は、エドワード・ショーターの研究『近代家族の形成（*The Making of the Modern Family*）』における人口動態の変化の分析を通して追跡される。もっともそれ〔性革命〕は、現在では十八世紀後半と位置づけられているが。[21]

人口統計学に基づく歴史学は、ピーター・ラスレットが「我ら失いし世界」と表現したもの、すなわち親族や家族形態や世帯だけでなく、生殖パタンと結婚と「不義の愛」と婚外子と出生率に関する重要な導入口となることが判明した[22]。これらの研究の多くは、表向きの研究対象が別のところにあったとしても、性生活のパタンについて重要な洞察を与えてくれた。家族形態（ひいては性行動）の長くゆっくりとした進化を強調することは重要なことであり、それは明らかに長期持続に関する深い歴史を提供するフランスの「アナール」学派の影響に負うところがあるが、連続性と変化が複雑に絡み合うことを強く意識していた。例えばプロレタリア化、都市化、工業化が親密生活に与える影響といった変化である。長期にわたる家族パタンの再構成は、婚外子率のような劇的な変化が、少なくとも当初は伝統的パタンが破壊的な変動に直面した結果であったことを示した。

このような研究は、一九六〇年代後半からの社会史へのより広い転回の一部であり、政治的エリートの策略に圧倒的に焦点をあて、社会的・文化的経験をほとんど無視した歴史学の偏狭さに挑戦していた。一九六七年に『社会史研究（*Journal of Social History*）』、一九七四年に『ラディカル・ヒストリー・レヴュー（*Radical History Review*）』、一九七六年に『歴史ワークショップ雑誌（*History Workshop Journal*）』と『社会史（*Social History*）』が創刊された。新しい歴史学は、E・P・トムスンがその古典『イングランド労働者階級の形成（*The Making of the English Working Class*）』の中で、歴史学や歴史家が「見下されてきた人」と名付けたものから、普通の人を救い出そうとした[23]。そして階級闘争、労働、貧困層、犯罪、魔術、売買春、移住、奴隷制、人種史と世帯や家族について探究した。ラファエル・サミュエル〔オックスフォードの歴史学者〕に触発された歴史ワークショップ運動は、「下からの歴史」に新たな重点を置いた（第7章を参照）。一九六〇年代後半からの第二波フェミニズムとゲイ解放運動の台頭によって、「大文字のHのつく歴史（History）」によって疎外され隠されてきた人々の強調は、新しい運動から多大な影響を受けた若手研究者による新しい性の歴史への道を開くことになった。それとともにセクシュアリティ自体の自然主義的な意味づけに挑戦する意志が現れた。

一九七九年に『ラディカル・ヒストリー・レヴュー』の特別版で「歴史の中のセクシュアリティ」を特集した際（これを試みた最初の雑誌のひとつであった）、ロバート・A・パドグッグが述べたように、「セクシュアリティのカテゴリーをあらかじめ決められた普遍的なものとして捉えるアプローチでは、本当の歴史は消えてしまう」のである[24]。このアプローチが有するジレンマを解決しようと努める過程で、多くの若手歴史家たちは、セクシュアリティに関する社会科学のより広範な議論に引き込まれると同時に、特に一九七〇年代と八〇年代に性科学から直接受け継いだ「本質主義」のセクシュアリティ観として知られるようになったものへの批判を展開していた社会学者、社会心理学者、人類学者たちに魅了されていった。ジョン・H・ガニョンとウィリアム・サイモンはその著書『性行為（*Sexual Conduct*）』において、性科学の伝統の中心と考えられていた「衝動の縮減」モデル、つまり、「基本的な生物学的命令」が押し迫ってくるために、文化や社会の基盤によってそれをしっかりと統制しなければならないという考え方に異議を唱えた。この批判はより社会的で歴史的なセクシュアリティ理解、すなわち社会構築主義として知られるようになったものへの道を開いた。ガニョンとサイモンが無邪気に問いかけたように、歴史の中のいつとは特定できない時期に、セクシュアリティの重要性を発明する欲求があったというのは事実だろうか[25]。これは新世代の歴史家の多くにとって抗しがたい挑戦的課題であり、招待でもあった。

社会構築主義の登場

社会構築主義は、感情と欲望と絆（関係）が、私たちの住むさまざまな文化によって形成される、複雑で多様な方法への関心をその核心としている。またエロティックなものの歴史的・社会的な組織化にも関心がある。

この理論的立場には多くのルーツがある。象徴的相互作用論、エスノメソドロジー、ドラマトゥルギーといった社会学や社会心理学のアプローチからは、象徴的意味を形成する社会的相互作用、言語、パフォーマンスの重要性が強調され、ピーター・バーガー〔米国の社会学者〕が「現実の社会的構築」と呼んだものが登場した。社会人類学は、国際的にも急成長する都市においても、性文化には多様性と相対性があることを認識するようになった。戦後の性研究、特にアルフレッド・キンゼイとその後継者たちの研究によって性の多様性と「逸脱」の広範な普及が明らかになった。その後、ポスト構造主義や脱構築の理論が、固定された意味や構造を不安定化し、問題化した[26]。

このことからわかるように、潜在的な構築主義は多数存在した。それらは、いくつかの共通前提のもとにまとまっている。第一に、「性」と「社会」をあたかも別個の領域であるかのように設定することはもはや避けなければならない。ガニョンやサイモンと同様、ケン・プラマーは、セクシュアリティは「自然」の定義そのものにはほど遠く、極めて高度な社会文化的形成にしたがっていると主張していた。性行為が性の台本に組み込まれているからこそ、身体的行為そのものが重要になるのである[27]。第二に、性の形式と観念とイデオロギーとアイデンティティと実践の社会的可変性、そして異なる性文化の存在が強調されている。単一のセクシュアリティではなく、実際にはセクシュアリティーズが存在するのである。第三に、圧力と開放、抑圧と解放という二項対立の観点のもとで性の歴史を十分に理解できるという考えを捨てなければならない。セクシュアリティは人間活動に意味を与える多様な社会的実践の産物であり、社会的定義と自己定義の産物であり、定義し規制する権力を持つ者と、抵抗する者の闘争の産物である。ジョン・ボズウェルのような批評家は、社会構築主義者は「現実」よりも言葉や概念にこだわる「名目論者」であると不平を述べた[28]。これに対して構築主義者は、絡まり合い、特定の時期に何を性的と考えるかを形成している意味の網の目を理解することによってのみ、セクシュアリティを理解することができると主張するのである。「セクシュアリティ」は所与ではなく、社会的な意味や交渉、権力や闘争、規制や人間の主体性の産物である。

社会構築主義アプローチは当初、同性愛との関連で発展した。古典的な出発点は一九六八年に出版された英国の社会学者メアリー・マッキントッシュによる「同性愛者の役割（The Homosexual Role）」に関するエッセイであると広く考えられている[29]。この著作の影響は、一九七〇年代以降の一連の歴史研究にみてとることができる。この著作の重要性は、ある時代にあって新しい問いとは何かを問うているところである。つまり十九世紀後半から伝統的に行われてきたような、同性愛の原因は何かと問うのではなく、むしろ、なぜ私たちは原因を持つ状態として同性愛を捉えることに関心を持つのかと問うのである。マッキントッシュはこの新しい問いに取り組む中で、同性愛者を医学的・精神医学的なものではなく、社会的なカテゴリーとして捉えるという、新しい研究課題を切り開くアプローチを提案した。マッキントッシュは、同性愛者の行動と「同性愛者の役割」を明確に区別している。同性愛行動は広く行われているが、特徴的な役割は一部の歴史文化においてのみ発展したものであり、必ずしもすべての形態の同性愛活動を包含しているわけではない。同性愛者という、特殊で蔑視され処罰される役割やカテゴリーを作ることは、極めて特殊な歴史（彼女の歴史的事例は主に十八世紀のロンドンから来ている）において、その経験を監視し、社会秩序と伝統的な性的パタンを保護し維持するために計画された社会統制の一形態である。

こうした洞察は一部の若いセクシュアリティの歴史家たちによって熱心に取り上げられた。[30] しかし一九七〇年代後半になると、ミシェル・フーコーの研究に代表される新しい理論的要素が登場するようになる。[31] フーコーの『性の歴史』に関するエッセイは、しばしば構築主義アプローチの出発点と誤解されがちであるにしても、複数巻の研究の序章として計画されたものがその後に影響を与えたことは疑いようもない。ガニョンとサイモンと同様、フーコーは「セクシュアリティ」が「歴史的発明」であり、十八世紀に出現したが、十九世紀から強い意味を持つようになったと主張しているようであった。マッキントッシュのように、フーコーは特徴的な同性愛者という概念の出現を歴史的な過程として捉えたが、十九世紀後半を重要な時点としたのである。マッキントッシュと同様にフーコーは、心理学者や精神科医が性科学の伝統が主張するような欲望の客観的科学者ではなく、逆に社会的レッテル貼りの過程における診断者であったことを示唆した。フーコーにとって彼らは、十九世紀から二十世紀にかけてヒステリーの女性、性的な子ども、出産をせわしく調節する異性愛カップル、そして倒錯者や同性愛者といった新しい主体や主観性を生み出す性言説の形成における重要な担い手であった。これらの主体や主観性は、それぞれ権力－知における基軸であり、個体と人口を規制する新しい形の生権力と統治性の焦点であった。フーコーの歴史学の課題は、単一の説明を提供する壮大なマスタープラン（マルクス主義、フロイト主義、自由主義、あるいは保守主義）を描くことではなく、これらの新しい形態の知識と権力の系譜をたどることであった。フーコーはセクシュアリティが解放政治の焦点であるどころか、より現実的に規律と服従の場であることを示唆していたのである。しかし同時に、人は社会的な分類に受動的に反応するわけではなく、「権力あるところに抵抗がある」というフーコーの示唆は、こうした分類の転覆や支配層に対立する性的アイデンティティや主体性の可能性という問いを残したままであった。

しかしこうした新しいアプローチは、激しい論争を巻き起こした。ゲイ解放の影響を受けた多くの人々は、同性愛というカテゴリーを歴史化することで、同性愛が背負っているスティグマを説明し、それに挑戦する可能性を見出した。歴史の中で作られたものは歴史の中で変えることができるというわけである。しかしなかには、同性愛は自己意識と社会的アイデンティティに内在するものであり、彼らの本質に不可欠であると固く信じ、「同性愛者」が歴史的発明であるという考えに鋭く反論する者もいた。これが一九七〇年代から八〇年代にかけての、いわゆる社会構築主義者と本質主義者の論争の核心であった（第3章を参照）。

ほかにも問題はあった。ヴァンス〔人類学者。フェミニスト〕は、社会構築主義は当初、異性愛の構築にはほとんど注意を払っていなかったと指摘する。(32) 実際にレズビアンとゲイの歴史家の仕事は、同性愛を沈黙という規範に服する「他者」として構築してきた二分法の形成過程に新しい光を投げかけることになったのである。フーコーの『性の歴史』第一巻の初期の魅力のひとつは、まさに近代的な同性愛者の誕生を説明し、それをより広範な歴史の枠組みの中に位置づけることにあった。つまりカテゴリーとしてのセクシュアリティの発明を西洋思想の文脈に置くとともに、男性と女性、大人と子ども、正常者と倒錯者の関係変容を、この〔歴史的〕過程の構成要素として記述したのである。フーコー自身はこの過程のジェンダー的性質を十分重視していないと批判されたが、それを補って余りあるのが、異性愛を独自の複雑な歴史を持つ制度であり構造であると捉えたフェミニスト批評の展開である（第4章を参照）。

構築主義論争は社会学と歴史学の分野で始まったが、理論的・政治的（特にフェミニズム的）な介入の両方を進めるその後の展開は、ポスト構造主義や脱構築主義の文学研究、そしてクィア研究の出現に多くを負っている。歴史学や社会学が出来事の混沌から秩序やパタンを生み出すことを特徴としていたのに対し、これらのアプローチの主な特徴は文学テキストの中で表現され再構築された二項対立的な闘争を示すことにある。テキストは、ジェンダーとセクシュアルな争いの場として、またそれゆえに権力と抵抗の場として読み解かれる。イヴ・セジウィックの著作や米国の哲学者ジュディス・バトラーの著作は、セックスとジェンダーの「パフォーマティヴ」な性質を強調することによって本質主義／構築主義の二元論から脱却しようとする試みであった（しかしパフォーマティヴィティやパフォーマンスは実際には象徴的相互作用論やアーヴィング・ゴフマンの作品にすでに存在していた）。クィア理論家にとって倒錯者は、正常者の中心にいる〔獅子身中の〕虫であり、性的・文化的反抗と、二元論を動揺させ代替案を提案するために絶えず作動する侵犯的倫理を生じさせるものである。(33)

同性愛者／異性愛者の二元論に関する議論の多くは、認識された西洋の経験に基づき、ある種の歴史的発展の中に位置づけられたものであった。しかし当初から非西洋の性的パタンとの比較が構築主義的な視点に暗黙のうちに含まれていた。フーコーは論争的な形ながら、西洋の「性の科学」と非西洋の「性愛の術」を比較した。マッキントッシュのエッセイの出発点となったのは、文化によって「制度化された同性愛」のパタンが異なるという事実そのものであった。したがって構築主義的なアプローチが部族、イスラム、グローバル・サウス、地球全体といった他文化圏におけるセクシュアリティ研究全般に、また、とりわけ同性愛の研究に影響を与えたことは驚くにはあたらない（第6章を参照）。そしてこの比較枠組みは、とりわけヨーロッパにおいて顕著なのだが、重なり合いながらも異なる性文化の共存を明らかにするために、現代の西洋社会内でも適用され、ますます使われるようになってきている[34]。

歴史的・社会的構築主義は一九七〇年代以降、急速に進歩し変化してきた。初期の研究者が脱構築に躍起になっていた「カテゴリー」は、現代社会で増殖する「諸カテゴリー」になっている。「役割」は社会統制の主体である人々の命令に応えて、人々がその中に適応することが期待される整然とした枠であったが、今ではそれは「パフォーマンス」あるいは「必要な虚構」となり、その偶発性を探究することが必要となっている。かつて固定され、決定されているとされた「アイデンティティ」は、流動的で、関係的で、ハイブリッドなものとみなされるようになっている。人々は可能性の束であり、昨日までの自分と今日の自分、明日の自分とはかなり異なるというのである。アイデンティティは個人的な「語り」、つまり、人々が所属するさまざまな解釈共同体の中で互いに語り合う性の物語を中心に構築されると考えられるようになった。性的指向は遺伝、心理社会構造、環境圧力の産物である場合もあれば、そうでない場合もある。しかしセクシュアリティに対する社会的・文化的アプローチに影響を受けた人々にとっては、他の問いが中心であった。それは、さまざまな時代にさまざまな社会で存在した性的欲求、嗜好、指向の多様性を引き起こすものは何かということではなく、異なる歴史がセクシュアリティの異なる意味をいかに形成するか、そしてそれらが個人の主観性や生き方にどのような影響を与えたかということである。

第3章　同性関係の歴史を問い直し、クィア化する

同性愛の歴史とは何か？

同性愛は、長らく性の歴史の中心であった。同性間の愛の歴史的正当性を確立することは、ウルリヒス、ケルトベニー、シモンズ、カーペンター、ヒルシュフェルト、そして一九〇八年に最初の包括的な歴史書を出版したザビエル・メインに至るまで、同性間の実践に関する先駆的執筆者たちの主要な目的であった。ディディエ・エリボンによれば、仏国の小説家アンドレ・ジッドが一九二〇年代に出版した同性愛を擁護する古典的著作『コリドン』のはじめのページから、私たちは同性愛の歴史に投げ込まれる。(1)

第二次世界大戦後、歴史への浸透はさらに加速していった。忘れられた、もしくは

不明瞭な歴史の中に新たな意識の根をしっかりと定着させることは、米国のマタシン協会[*1]やビリティスの娘たち[*2]、英国の同性愛法改革協会（the Homosexual Law Reform Society）、オランダのCOC[*3]、仏国のアルカディ（Arcadie）といった先駆的な同性愛者の組織にとって、道徳的にも政治的にも重要な任務だった。クリストファー・ニーロン〔アメリカ文学、美学理論、知の歴史の研究者〕の的確な言葉を借りれば、歴史への「捨て子関係」があったのである。それは一方では公認された経験から追放されている感覚、他方ではその追放者を救済する人々に同一化する感覚を含んでいた[2]。

この特徴的なアプローチはまず、過去の偉大な人物の系譜を示し、同性愛を正当化することに焦点をあてた。ユリウス・カエサルからシェイクスピア、イエス・キリストからオスカー・ワイルド、サッフォーからスウェーデンのクリスティーナ女王に至るまで、歴史上の偉大な同性愛者を取り上げるのが、一般的な同性愛史の主流であった。ただしこれらの作品は、意味の変遷や歴史的文脈、複雑なアイデンティティ、あるいはタブーやスティグマが変化するという感覚を欠いていた[3]。その核には「同性愛者」（*the* homosexual）についての固定観念があり、たいていは男性で、同性愛者の中心的な特徴は時代や文化、あるいは場所を通じてほとんど変化しないとされたのである。しかし同性愛の新たな歴史を必要とする人々にとってさらに苛立たしかったのは、一九五〇年代から六〇年代にかけて最も同情を示していた現代のリベラル派でさえ、過去と現在の同性愛の話になると、弁解めいた口調になることだった。ふり返れば、一九七〇年代のラディカルな世代は、この戦後の仕事を少々厳しく批判しすぎたかもしれない。たしかにそのほとんどは、よく知られた題材の再利用ではあった。しかしそれは一九四〇年代から六〇年代の社会科学の著作に大きく貢献し、同性愛者に大衆がもつイメージを、病理化された生物学的あるいは心理学的異常から、認知された「社会的存在」[4]へと変化させることにつながったのである。独自の生き方と確固たる歴史をもつ「セクシュアル・マイノリティ」を構成するものとして同性愛者を記述したことは、新たな分類や個人的・集合的アイデンティティの出現につながった。

＊1　一九五〇年に米国で初めて同性愛者によってつくられた、ゲイ男性を主なメンバーとする組織。同性愛への差別を批判するよりも社会の規範に従順であったとされる。
＊2　一九五五年に米国で立ち上げられたレズビアンの組織。マタシン協会と同様、社会に同化していく戦略をとった。
＊3　Cultuur en Ontspannings Centrum（文化とレクリエーションセンター）。一九四六年にオランダで設立されたLGBT権利擁護支援団体。

しかし一九六〇年代後半から、新たな、よりラディカルなゲイ意識が劇的に出現すると、レズビアンやゲイのアイデンティティを支持すると同時に、より広範に性の歴史の分野を変革する、いっそう洗練された複雑な歴史的プロジェクトも現れた。ローラ・ドアン〔文化史、セクシュアリティ研究者〕が言うように、同性愛の歴史はこの分野の「重心」であった。二〇〇二年から〇八年にこの新たな分野を開拓した学術誌『セクシュアリティの歴史雑誌（*Journal of the History of Sexuality*）』に掲載された論文の半分以上が同性愛に関するものであり、異性愛者を扱った論文はわずか一本だけだった[5]。

これには間違いなく多くの理由があった。すなわち、研究を推し進める政治的コミットメントを促す切迫感、研究への熱意や深化、そして探究される時期や国、問題の範囲の広さである。しかし同性愛の歴史におけるさまざまな試みは、もっとも論争的で困難な問いとなりうる、以下の問いを探究する実験台にもなっていた。すなわち、同性愛の歴史とはいったい何なのかという問いである。もしセクシュアリティが正確な言及対象のない概念であるとすれば、それは同性愛になおさらあてはまった。なぜならそれは、宗教的タブー、道徳的嫌悪、心理的スティグマ化、社会的抑圧、大衆的な偏見にさらされ、極めて独特で多様な社会的・歴史的形態をもつのだから。

女性同士の同性間の関係は、同性愛という意味の広さに関する疑問をただちに提起した。医学の文献ではレズビアニズムに関するかなりの論争がなされていたにもかかわらず、二十世紀の大半の間、レズビアニズムは公的な議論において限定的な役割にとどまる傾向があった。[6] これは、同性愛の法的規制が圧倒的に重視され、その規制がオーストリアのような稀《まれ》な例外国を除いて、女性よりもむしろ男性に影響する傾向があったことが主な理由である。同性愛者の男性と女性の利害関心は同じでありうるのだろうか。これは同性愛には統一的な概念があるという考え方に関して、より深遠な問題があることを示していた。もしこの言葉が一八六〇年代以降にしか存在せず、二十世紀に知られるようになった言葉の大半が十九世紀後半の数十年に発明されたとすれば、現代の言葉や概念はそれより前の時期に用いることができるのだろうか。もし「ゲイ」が一九七〇年代の激動の政治の中で、レズビアンやトランスジェンダーの人々から、十分に包括的でないとしてすでに疑問を呈されていたとすれば、ジョン・ボズウェルのような歴史家は、その画期的な研究『キリスト教と同性愛（*Christianity, Social Tolerance, and Homosexuality*）』[7] において、初期キリスト教の歴史にこの語を正当な形で用いることができただろうか。ボズウェルらが示唆しているように、古代ローマと現代のニューヨーク、サンフランシスコ、ロンドン、ベルリン、アムステルダムの「ゲイ・コミュニティ」の間に、実際に連続性があったと想定することは、歴史的に妥当だったのだろうか。明確なアイデンティティがある場合と、アイデンティティを拒絶する場合とがある中で、過去の同性愛者と、現在のゲイやレズビアン（およびバイセクシュアル、トランス、そしていっそう多様化したクィアな人々）とはどのような関係にあったのだろうか。同性愛の包括的な歴史を期待することは、果たして可能だったのだろうか。

レズビアンとゲイの、過去と歴史的現在を回復する

一九七〇年代と八〇年代の先駆的なレズビアンやゲイの歴史家は、基本的に対象とする地域と傾聴する人々の点で、より広く包括的な歴史に取り組んでいた。これは、本質的にまず「歴史から隠された」人々の声を回復し、発見し、耳を傾ける作業だった。[8] この新たな歴史が「下からの歴史」の発展と密接に関連しており、純粋な草の根の歴史をもたらしたのは驚くにはあたらない。その後の多くの研究プロジェクトに影響を与えた先駆的なドキュメンタリー・コレクション『ゲイ・アメリカ史（*Gay American History*）』や『ゲイ／レズビアン・アルマナク（*Gay/Lesbian Almanac*）』は、ゲイ解放運動に根差した独立研究者ジョナサン・ネッド・カッツによって執筆された。[9] カッツは、あまりにも長い間レズビアンとゲイが歴史において不可視化され、「未知

の人々」であり続けてきたと論じた。新たな運動に参加することによって、「私たちは現在を歴史として経験し、私たちを歴史のつくり手として経験した。……私たちは同性愛を歴史的なものとして経験したのだ」[10]。これは、流れに逆らった歴史の実践、すなわち学問的でも政治的でもある民主的な集合活動を示している。一九七〇年代と八〇年代に米国のレズビアンやゲイのコミュニティに参加した人々にとって、オルタナティヴな歴史を語ることは、現在の苦闘を抵抗や生存をめぐる歴史に結びつける、自分たちのアイデンティティや物語、本質的なナラティヴに関連することだった。故アラン・ベルーベはカッツの著作から影響を受け、ゲイ・コミュニティの歴史を活動の一形態として捉えた。彼は米国を巡回し、草の根の歴史をスライドショーでダイナミックに表現することにかけて先駆的だった。一九七〇年代には、米国のさまざまな都市において草の根プロジェクトが数多く立ち上がり、これはレズビアンやゲイの生活の、文書による証拠やオーラル・ヒストリーを集めていった。なかには労働者階級の女性や、現代のラディカル・フェミニストが強く非難した「ブッチ－フェム」関係*

＊　労働者階級のレズビアン文化に由来し、ブッチは「男性的な役割」、フェムは「女性的な役割」を表す。

の記憶、集めなければ歴史的に不可視化されていたかもしれない資料（第7章参照）も含まれている。似たようなコミュニティに根差した活動は、英国、カナダ、オーストラリア、その他の地域でも行われていた[11]。

解放運動の研究は現在のものも含め、特に草の根活動の重要性や自己形成の強力な要素を明示的に強調したため、ゲイやレズビアンの歴史に着手する上で重要な方法となった。ジェームズ・ステイクレー、トビー・マロッタ、ジョン・デミリオ、そして私の研究は、活動の形態と特有の同性愛者アイデンティティの出現を複雑に絡み合ったものとして捉えた。私自身の研究は、定義と自己定義のプロセスをたどり、それに影響している法的、医学的、心理的、政治的、文化的なプロセス、そして英国における個人的な、あるいは集合的アイデンティティの確立や形成について探ってきた。デミリオは、ストーンウォール事件*以前に新たな草の根のマイノリティの意識が出現し、米国における新たな運動やアイデンティティの条件を形成したことを明らかにした。これらの研究は抑圧と闘争の進歩的な歴史という系譜を確立する一方で、アイデンティティ形成に結びつく要素を強調するものであった[12]。

このアプローチは、一九八一年にケン・プラマーが編纂し、その後の主題の論争的な試金石となった『現代の同性愛者の発明（*The Making of the Modern Homosexual*）』で要約されると同時に、すぐに問題視された[13]。アイデンティティの確立はこうした初期の歴史の中心的な特徴だったが、プラマーの書籍へのさまざまな寄稿が明らかにしたように、時期によって同性間の活動の意味は大きく異なっていた。加えて、ゲイ男性やレズビアン、バイセクシュアル、トランスジェンダーの人々が、新しい社会運動において共通の目的を混迷を極めながらも模索した中で、アイデンティティは単に有効であるだけでなく潜在的に争いの種となりうることが明らかになった。

一九七〇年代から八〇年代、女性同士の同性関係の歴史が発展するにつれ、レズビアンやゲイ男性の歴史は共通のタブーや偏見、差別によって結びついているかもしれないが、とりわけアイデンティティの重要性に関しては、それぞれに語られるべき別個の物語があることが次第に明らかになっていった。キャロル・スミス゠ローゼンバーグやリリアン・フェダマンといった歴史家が当初夢中で取り組んだのは、現代の性

＊　一九六九年六月二十八日未明、ニューヨークにある「ストーンウォール・イン」というゲイバーで、ゲイやレズビアン、トランスジェンダーなどの性的マイノリティの人々が、度重なるゲイバーへの警察の手入れに対抗するために起こした暴動のこと。同性愛者としてのプライドの高まりや同性愛者解放運動の組織化につながったと評価されてきた。

的分類にほとんど該当しないような女性同士の友情や支援のネットワークであった。スミス゠ローゼンバーグは、エロティックなつながりがあったとしても曖昧なものにとどまるような、十九世紀の女性同士のロマンティックな友情を細やかに描き出している。フェダマンはより明示的に、レズビアンの性的アイデンティティはすべての女性に広がる「連続体」*に性科学者が押し付けたものであり、それは親密で相互に支え合う友情において表現されるものだと主張した。この段階では、ゲイ男性にとってゲイは明らかに性的なアイデンティティであったが、多くの「女性を自認する女性」にとって、レズビアンは性的なカテゴリーと同程度には政治的／文化的なカテゴリーであった。これに対しては激しい対抗的な議論があった。すなわち、マーサ・ヴィシヌスのような歴史家は、女性間の親密な友情を記録する一方で、多くの女性関係が非常に性的なものだと指摘することもできた。ヨークシャーのハリファックス近くにあるシブデンホールの英国人地主アン・リスターによる一八二〇年代から三〇年代の日記は、女性間の関係に絡む極めてエロティックかつロマンティックな（そして財産にも関連する）耽溺を描いているが、これは一面では、ある課題を劇的に表現している。すなわちレズビアンの歴史家にとって中心的な課題は、このような感情的で性的なもつれがもたらす意味や主観性をいかにして解釈するかということだった。[14] これは、同性間のセクシュアリティの歴史的な出現を探究するうえで、より広く共鳴する問題であった。

同性愛者を脱構築し、再構築する

ここにいたって、メアリー・マッキントッシュの論考「同性愛者の役割」は、社会学的な主題を直接扱いながらも、レズビアンやゲイ／クィアの歴史への新たなアプローチの出発点となった。同性愛は歴史的に変化しうる、文化的に固有な社会的カテゴリーであり、さまざまな社会的役割やアイデンティティを生じさせたという彼女の主張は、政治的な熱気を帯びていたが、同一化や主観性の急速な変化に気づいていたゲイ理論家にはすぐに魅力的なものとして映った⑮。彼女の著作は男性同性愛に関してのみ扱っていたが、レズビアニズムの歴史についても同様に示唆的であるのは明らかだった。マッキントッシュの指摘はミシェル・フーコーの有名な仕事に十年先立ってな

＊　アドリエンヌ・リッチが唱えた「レズビアン連続体」をふまえた表現。リッチは、自らを異性愛者だと考えている女性も含めた広い同性関係と連続した概念としてレズビアンを捉えようとした。

されていた。フーコーの伝記作家であるディディエ・エリボンが明らかにしたように、フーコーの『性の歴史』第一巻は多くの要素から生み出された。すなわち、いわゆるラカン流のフロイトの復権への懐疑、フロイト－マルクス主義の解放レトリックに対する拒絶、そして新しいゲイ解放運動の解放的レトリックに関する深い懐疑である。社会構築主義的なアプローチを確立することがフーコーの目的ではなかったのは確かであり、彼がラディカルな解放主義者の象徴的存在となったのは、多くの点で非常に皮肉なことだった。(16) しかしフーコーの影響力を疑う余地はないだろう。特に「同性愛者」が特殊な類型の人間として現れたのは十九世紀後半、つまり人々がセクシュアリティに関してますます定義されるようになった新たな言説体制のもとにおいてであるという主張は、大きな影響力を持った。キリスト教の大半の時期、同性間の活動はソドミーという不定形のカテゴリーに分類されていた。今や同性愛は医学や心理学、刑罰制度、アイデンティティの新たな形態によってさらに定義され、固有の意味を持つようになった。すなわち、「かつて男色家《ソドミット》は性懲りもない異端者であったが、いまや同性愛者はひとつの種族なのである」(17)。

これは不可避的に、答えられないほど多くの疑問を生じさせた。ソドミーの迫害はどのくらい重大なものだったのだろうか。同性愛と「同性愛者」を認識できる概念はいつ生じたのか。これはどのように女性と関係しているのだろうか。歴史家の意見は食い違っていた。イタリア・ルネサンス期の近世都市は性のるつぼだったのか。あるいは十七世紀と十八世紀のオランダの都市やロンドンがそうだったのか。十九世紀後半がより重要だったのか。もしくは、それは一九四〇年代から五〇年代、現代の諸概念が十分に発達する以前なのか。このような知的混乱がアイデンティティの形成を理解する上で重要だと考えている人もいる。しかし彼らはゲイの生活とアイデンティティの連続性を無視しているため、危険な見当違いを冒しているようだと考える人もいる[18]。

その結果として生じた構築主義者／本質主義者の論争は、今では極端に思われるような対立や意見の相違を生み出した。これまで誰も、同性愛の実践や社会組織の形態が、多くの社会で異なる時期にわたって存在してきたという考えには反論してこなかった。その証拠は明らかだし、ますます多く記録されているためである。また「同性愛指向」（一九七〇年代と八〇年代にようやく本格的に登場した概念）が生物学や心理学、社会的要因によって引き起こされたかどうかについて、必ずしも基礎づけ主義の立場をとらなければならないわけではない。多くの歴史家はこれについて絶対的な立場をとる十分な資格がなく、それ以外のものは単なる信条にすぎない。結局のところ、多くのセックスの「専門家」は同意に達することができなかったし、いまだにできないでいる。歴史的な視座から重要なのは、個々の主体において何が同性愛を引き起こしているかではなく、因果の探究に関係なく、態度や概念、主観性が特定の歴史的状況において形成されている仕方なのである。(19)

今にして思えば、特に私たちが繰り広げた異なる知的・政治的なアジェンダを理解するようになると、議論を枠づけていたいくつかの激しい対立は行き過ぎていたように思われる。ジョン・ボズウェルはその好例である。彼は慎重に否定していたが、おそらくもっとも明確に本質主義者の立場を擁護していた人物だった。ボズウェルを理解するには、彼自身の知的コミットメントの複雑さを把握する必要がある。『キリスト教と同性愛』は、同性愛の歴史と同様に、ボズウェルが批判しながらも支持していたローマ・カトリックとの対話でもあった。この本はその後継書と同様に、キリスト教の伝統の中で、それほど反セクシュアル、あるいは反ゲイではない要素を回復しようとする一貫した努力の一部でもあるのだ。ボズウェルにとってキリスト教は、時を超えたコミュニティであり、同様に彼にとって「ゲイ」という概念はそれなしではコミュニティが不可能となるような連続体を表していた。たとえそのコミュニティが、まさに彼がニューヨークやサンフランシスコで親しんでいた急速に発展する男性ゲイ・コミュニティに似通っていたとしても。[20] 加えてこの本は、古典的・初期キリスト教のセクシュアリティに対する態度に関するより広範な歴史的議論にも貢献していた。フーコー自身、『性の歴史』の二冊の遺作でこれに取り組み、ピーター・ブラウンやベルナデッテ・ブルーテンのような歴史家が重要な貢献を加えることになる。[21]

ボズウェルのアプローチのいくつかの限界を浮き彫りにしたのは、このような幅広い議論であった。ブルーテンは女性のホモエロティシズムに対する古典的・初期キリスト教の態度の研究において、ボズウェルがレズビアニズムに無関心であることに注目した。ボズウェルと同様、ブルーテンはアイデンティティに関するフーコー派の見解に批判的であり、レズビアンの生活における連続性を認識していた。しかし彼女は、前期・初期キリスト教の態度において問題視されていたのは、性的実践よりもむしろジェンダーの倒錯であったと主張した。

これらすべての議論が示すのは、社会的な分類と、個々人の感性や主観性、同一化、社会的世界、生き方との関係を理解する複雑さであり、これはますます理論的に洗練されていく経験的研究によって明らかにされてきた。その多くは都市に焦点をあてている。アラン・ブレイはルネサンス期イングランドにおける同性愛に対する態度を探究した古典的研究〔『同性愛の社会史（*Homosexuality in Renaissance England*）』〕で、はじめは社会構築主義的アプローチを反駁しようとしたが、結論としては十七世紀ロンドンにおける同性間の活動の証拠を記録しつつ、同性愛固有のアイデンティティや役割はないと主張している。ランドルフ・トランバックは十八世紀ロンドンにおけるジェンダー実践の組織化における大きな変容として彼が捉えたものを極めて詳細に検討し、同性間の活動が認識される仕方を、出現しつつあるモダニティの一側面として再構成した〔『セックスとジェンダー革命（*Sex and the Gender Revolution: Heterosexuality and the Third Gender in Enlightenment London Volume One*）』〕。

急成長する性文化のるつぼとしての都市研究は、都市空間の匿名性の中に共存する同性間の活動をめぐってさまざまに異なる時間性と同一化のありようを劇的に示している。都市は「感覚の絶え間ない刺激」の場であり、つかの間の性的な出会いや性的なモダニティ、性的な可能性の実験室であった。[22] ジョージ・チョーンシー〔ジェンダー・セクシュアリティ史の研究者〕の『ゲイ・ニューヨーク（*Gay New York*）』はこのことについて二十世紀のモダニティの中心地から探究した古典的な研究書である。この著作は自己形成を強調することで構築主義者の議論に敬意を表しつつも、都市空間における多様性の共存を注意深く認識し、現在が自動的に過去の産物であると主張するいかなる目的論も回避している。すなわち、「『ゲイの世界』は実際には複数の社会的世界から成り、重なっているところも多いが、人種やエスニシティ、階級、文化様式、性的実践においてほかから独立し、分離されてもいる」[23]。この本は性的アイデンティティがいかにして常に暫定的で進行中であるのか、そして自分が何者でありどのようなセクシュアリティなのかがますます問われ、しかし場所や時間によって異なる仕方で重要になる社会において、いかにして変容するプッシュ要因とプル要因や、可能性と限界に従っているのかを示している。

十九世紀後半以来のニューヨークでの経験は、ベルリンやパリ、ロンドンといった他の国際的な大都市の研究と並行していた。マット・クックの『ロンドンと同性愛文化1885–1914（*London and the Culture of Homosexuality, 1885–1914*）』は、新イギリスクィア史（New British Queer History）と呼ばれるものの初期の例であり、文学研究だけではなく、レズビアン、ゲイ、クィア理論も駆使している。この本は新たな社会史と同様に、都市地理学も難なく導入している。クックの関心は、同性愛の「長期持続」ではなく、同性愛が特定の時期に都市文化の構造に織り込まれた複雑なあり方にある[24]。

クックが描いたロンドンは、危険と可能性、新たな意味と古いパタンの世界であり、列車や地下鉄の駅、劇場、ストリート、音楽ホール、パブリックハウス〔パブ〕、広場、トルコ風呂、小便所、公園、カフェ、ジェントルマンクラブ、セツルメント、教会、ホテル、店舗、兵舎などで男性同性愛に遭遇し、しかし完全に違法であった世界である。これは友情と気軽な性的出会いの世界、愛の本質について思索する高潔な哲学の世界、そして低俗な出会いの世界であった。これはモリス・B・カプランが『テムズ川のソドム（*Sodom on the Thames*）』で生き生きと描いた平原の町、新たなバビロンであり、そこには悪徳と美徳が隣り合って存在し、侵犯的ラディカリズムとヘレニズム的ロマン主義の両方の本拠地で、輝かしい演劇とオスカー・ワイルドの悲劇、同性愛解放の「原因」が密かに展開されていた。カプランとクックにとって、十九世紀後半にその議論を磨いていた性科学者や、一九七〇年代から共通する歴史的構造を打ち立てようとしていたゲイの歴史家によるはっきり分かれたカテゴリーは、都市のごった煮を前に崩れ去ってしまうのである[25]。

マット・ハールブルックの『クィア・ロンドン（*Queer London*）』の核心には、過去とは全く違うという感覚がある。この著作はほぼ同時代を扱ったチョーンシーの著作と多くの点で重なり合う。ここにもまた、固定化されたアイデンティティというよりも、多様な生活パタンの世界がある。すなわち「クィーン」[*1]と「クィア」、「ホモセクシュアル」と「トレード」[*2]が、しばしば無意識のうちに隣り合って生活し、関わり合っているのである。ここには、差別はあったが都市生活の狭間で生活も充実していた、失われた世界を振り返る著者のノスタルジーが強く感じられる。その敵となるのは、一九五〇年代から六〇年代に、尊敬に値する同性愛者として生まれ変わろうとした中流階級のクィアたちの出現によって、後の時代に適応の罠に自ら陥ろうとした人々である。[26] チョーンシーとハールブルックはいずれも、「現代の同性愛者」が戦後世界に本当に出現し始めたのは、歴史の論理からではなく、偶発的な出来事や抵抗と主体化の実践の結果からであったこと、そして「現代の同性愛者」は依然として性の複雑さの世界で多数の中の一人であったことを示唆している。

このように都市を強調することは生産的だが、現代の同性愛者の出現に関する歴史

＊1　quean。二十世紀前半には「queen」と同じ意味で使われていた。男性に性的な惹かれを抱き、言葉や服装、化粧などの振る舞いから女性的とされた男性のこと。ハールブルックの『クィア・ロンドン』において、都市における労働者階級の文化の一環として位置づけられている。

＊2　労働者階級の男性が公園などさまざまな場所で、多くの場合年上のより裕福な男性に声をかける形で商業的な性的関係を持つことを意味し、これは都市の路上で知性やタフネスを示す男性的な振る舞いとして解釈された。一九三〇年頃には単に男性間での性的な関係を意味するようにもなる。

的な説明をゆがめる可能性もある。十九世紀末から二十世紀半ばの、英国北部の非大都市圏の男性における同性同士の関係の近年の研究には、ウォルト・ホイットマン〔米国出身の詩人〕およびエドワード・カーペンター〔英国出身の詩人〕の多大な影響を受け、男性間の性的実践の流動性と男女間のジェンダー関係の硬直性のいずれをも示すものがある。米国の農村部、特に「ディープ・サウス」における同様の研究は、極めて保守的な支配的性的秩序において、また他の場所で出現しつつあるマイノリティのアイデンティティが実質的に存在しない中で、幅広い男性同性間の実践とMtF（male to female）トランスジェンダーに焦点をあて、ジェンダーおよび性的な非順応の生活文化を鮮やかに浮かび上がらせてきた[27]。

　これらの事例は、過去一世紀にかけて、同性愛の経験には複数の形態があり、それはゲイやレズビアンのアイデンティティを神聖視するのではなく、同一化や主観性、存在のあり方を多様化していくことにつながったことを思い起こさせてくれる。この複雑なクィア世界には、厳罰や、偏見の持続、医学的介入、場当たり的だが痛みを伴うことも多い法的なペナルティがあったが、活気に満ちた文化や自己形成も存在してきたのである。

クィアの挑戦

デイヴィッド・ハルプリンは、以下のような簡潔な言葉で「クィア」について観察している。「私たちがこれほど野心的な重荷、つまり多くの壮大な理論、政治的アジェンダ、哲学的プロジェクト、啓示的な意味を背負い込むなどと、誰が想像できただろうか」(28)。これは意図的に論争的だが、クィアに通底する意味の矛盾を示している。その概念としてのクィアは、それが扱おうとしている世界同様に流動的で曖昧である。そのルーツは同性愛を表す古い侮蔑語にあり、これは一九七〇年代に「ゲイ」が受容されたことでほとんど取って代わられ、苦い記憶の中に追いやられていた。この言葉は一九八〇年代後半、特に米国のエイズや反ゲイのバックラッシュの時期、新たな闘いの中でよみがえった。それは抵抗や反抗の新たな主張を象徴していた。その後、高度に理論的な介入――ハルプリンの〔前述の〕機知に富んだ主題である――がさらに進展し、レズビアンとゲイのアイデンティティの固定性や恣意性を疑問視するとともに、転覆や不調和、侵犯の政治を支持した。「クィアとは定義上、正常なものや、正当なもの、支配的なものとは対立する」。ハルプリンは『聖フーコー（*Saint Foucault*）』の「ゲイの聖人伝」の中でこのように述べ、高尚な理論から哲学者を立ち直らせ、ラデイカルな性の政治を追求しようとした[29]。これはクィアという概念を明確に批判的なものとして位置づけ、同時に、特にそれ自体の存在条件に関しては、ある種つかみどころのないものにしている。クィア理論のよく知られているわけではない系譜は、それが批判してきた社会構築主義やフーコー流の言説や権力の分析に深く結びつき、さらにはより広いポスト構造主義理論、ジャック・デリダの脱構築主義の著作やドゥルーズの欲望機械に足を踏み入れている。

しかし社会構築主義を超える動きは、多くのクィア理論家が明確に支持するものだった。イヴ・セジウィックは、フーコーや『同性愛の百年間（*One Hundred Years of Homosexuality*）』で熱心に構築主義アプローチを支持していたデイヴィッド・ハルプリンを批判し、その理由のひとつとして、性的アイデンティティは構築主義が示唆するよりも不安定なものであると述べている。実際にはゲイやレズビアンの歴史家の多くは、このことに異議を唱えなかったのだが。セジウィックの挑戦は強力で影響力があったが、振り返ってみると、これは理論的懐疑論よりも政治的プラグマティクスに根差しているように思われる。彼女の主著『クローゼットの認識論（*Epistemology of the Closet*）』は、文学の正典との対話であるだけでなく、エイズ時代における米国の性政治のあり方に熱烈に取り組むものでもある。彼女は本質主義者／構築主義者の行き詰まりを、マイノリティ化パラダイムと普遍化パラダイムという、鋭さは劣るが異なる二元論で置き換えようとしている。前者は、同性愛が小規模で自立した、そして多かれ少なかれ固定化された少数派の特徴であると仮定するものだ。対して後者は同性愛を、セクシュアリティのスペクトラムを横断しながら人々の生活を形成する主題とみなすものである。彼女自身は、明らかに普遍化アプローチを支持しており、十九世紀後半から二十世紀初頭の主要な思考様式や文学作品の多くが、ホモ／ヘテロ定義の風土病的危機によって構成され、分断されていると主張する。しかし彼女がこの定義を拒否する究極の理由は、一九八〇年代の米国における反ゲイ政治を彼女が批判したことからも明らかであるように、構築主義が不必要な面倒を背負い込み、社会保守主義者や原理主義者の煽動家が「同性愛が社会的に構築されているならば、社会的に再構築したり元に戻すことが可能だ」と主張することを許していたからであった。彼女は、ポストコロニアル理論家ガヤトリ・スピヴァクが定義した「戦略的本質主義*」の一形態を事実上採用している。この点には一理ある。すなわち、多くの性についての活動

* ジェンダーや人種、階級などによってカテゴリー化された対象が、政治的主張の立脚点として自らその本質を措定しようとすること。

家は、理論的に受け入れられない立場を自分が擁護していると感じている。セジウィックの議論の難点は、「社会的に構築される」ことの二つの異なる意味を明確にするよりも、むしろ混同しているところにある。ひとつは、個人の意味やアイデンティティが、個人の水準において、いかに社会的に形成されるかを探究するものである。しかしこれは、歴史家や社会科学者が用いるような構築主義的な議論とは必ずしも結びつかない。彼らはカテゴリーや、権力構造、言説が、いかにして歴史的に固有の意味を生み出すのかに関心を持っているのであり、特定の指向の原因に関する問いを最終的には保留しているのである。

他にも力点の違いがある。一九七〇年代と八〇年代のレズビアンとゲイの歴史の先駆者たちが主に同性愛者のカテゴリーの発展に関心を示してきたのに対し、クィア・アプローチは、そもそもカテゴリーを生み出した二元論的区分の持つ権力や、異性愛規範的な価値観や構造の埋め込みに、より関心を寄せてきた。異性愛規範性という概念は、部分的には、異性愛のパノラマ、異性愛の強制、異性愛マトリクス、異性愛の前提など、その後さまざまな形で登場した強制的異性愛という考えを再形成したものである。しかしそれはまた、フーコーが近代において性的な意味や言説が生かされる枠組みとして、主権的な権力よりも規範の定着に重点を置いたことに由来するものであった。この強調は挑戦的とはいえ生産的であったが、二元論的区分の力を脱構築するよりもむしろ再主張し、場合によっては、歴史的文脈に関係なく、いまや社会組織の主要な力学とみなされている異性愛規範性という考えを普遍化するという奇妙な効果を生んだのである。(30)

二元論を超えて

セジウィックやバトラーに依拠し、「パフォーマティヴィティ」、すなわち性的あるいはジェンダーのアイデンティティを〝すること〟を強調することは、性の歴史の発展に重要な影響をもたらした。特に一九九〇年代からトランスジェンダーとして知られるようになったものへの関心は、クィア史研究者の主要な関心事となった。それは性的なカテゴリーだけでなく、特に男性と女性、男と女、男性性と女性性といった、それまでの基本的な区分を不安定化した。フェミニスト理論家は、米国の性科学者ジョン・マネーとロバート・ストラーの研究に基づき、基本的な生物学的指標に基づく「セックス」と、歴史的に変容する社会的カテゴリーとみなされる「ジェンダー」との間に重要な区別を設けた。クィア理論家はさらに先に進んだ。ジュディス・バトラーにとって、セックスはジェンダー関係の中で生み出される観念であり、それは「自然なもの、オリジナルなもの、必然的なものの効果を生み出す」ために私たちが絶え間なく行い、再演している社会的実践である。[31] この観点からすると、トランスジェンダーはセックス／ジェンダーの秩序を根本的に転覆させ、急進的な反体制の強力な源となった。『既得権益（*Vested Interests*）』の著者マージョリー・ガーバーにとって、トランスヴェスティズムは「文化を構造化し、混乱させる可能性の空間」（強調は引用者）であり、単に男性と女性というカテゴリーの危機だけでなく、「カテゴリーそのものの危機」を反映しているのである。[32]

トランスヴェスタイトやトランスセクシュアルは、一九六九年六月のストーンウォール暴動におけるゲイ解放運動の萌芽に深く関わっていたが、運動が発展するにつれて、主流のゲイ政治との関係は不安定で曖昧なものとなっていった。この両義性は新しい運動の最初の歴史的記述や、コミュニティの歴史にも反映されている。アラン・ベルーベの有名なスライドショー「レズビアン・マスカレード」は、表向きは男性としてパスしているレズビアンに関するものだったが、同じくらい容易く、トランスの人々の歴史として提示することも可能だっただろう。トランスジェンダーの活動が一九九〇年代に新たな発言力を獲得すると、それまで同性愛の歴史とみなされていたものを土台に、新たな歴史が出現した。[33]

フーコーは十九世紀半ばに仏国の地方に住んでいた両性具有者、エルキュリーヌ・バルバンに関する有名な文書を記し、ジェンダー非順応への関心の高まりに貢献している。この両性具有者は不幸にも男性として生活させられ、最終的には自殺するまで、「アイデンティティ無き幸福な宙づり状態」を生きていた。この無名の田舎における悲劇はフーコーとその共同研究者たちにとって、性別を語ることによって自分が何者であるかを語ることが重要視されるようになった文化のメタファーとなった[34]。ますます重要な著作が両性具有や、インターセックス、トランスヴェスティズム、トランスセクシュアル、そして「女性の男性性」を探究するようになり、ジェンダー規範の見かけ上の秩序と規則性の中に宿る両義性や混乱、適応が明らかになっている[35]。

同様に、アイデンティティの論理に挑戦することは、歴史的探索における逸脱や倒錯を解放するのに役立った。ここには二重の要請があった。一方では、西洋の想像力の中心にあるつぼみの中の虫として倒錯が強調され、正常性のためのパラメータ、つまりある意味ですべてのセクシュアリティを制限する裂け目が設定された。しかし他方では、ゲイル・ルービンのよく知られた言葉にあるように、クラフト゠エビングのページからそのまま出てきたような人物が、歴史の舞台、そして歴史研究の舞台に躍り出たのである。すなわち、バイセクシュアル、サドマゾヒズム、屍姦症、小児性愛

などのすべてが、新しいアイデンティティの基盤となり、真剣な研究の対象にもなっていった。(36)

一方ではこのように発展する著作は、トランスの人やバイセクシュアルの人、BDSM*をする人などの、新たなアイデンティティの歴史が爆発的に増えることを示唆している。他方でそれらは主体の位置やアイデンティティの固定性に挑戦するために展開され、性的正常という監獄に根本的な挑戦をしているのである。セクソロジーが倒錯として定義し、リベラルな理論家が性的異常として分類し、米国精神医学会の『診断と統計マニュアル（*Diagnostic and Statistical Manual of Mental Disorders*, DSM）』のさまざまな版の執筆者が性的機能不全とみなしたものを、クィア執筆者はユートピア的な含みのもと、異性愛規範的な秩序の外側で新たな形態の性的関係の可能性を開くものとしてみなすことができるのである。ムニョス〔キューバ系米国人のパフォーマンス研究者、クィア理論家〕にとって、「クィアネスとは本質的に、今ここにあるものを拒絶し、別の世界の潜在性あるいは具体的な可能性を主張するもの」である。ラヴにとっては、「ユートピア的欲望はクィア・スタディーズの集合的プロジェクトの中心にあり、ゲイとレズビアンのアイデンティティの歴史になくてはならないもの」である。(37) ビディ・マーティンが警告しているように、これらすべてに「平凡さへの巨大な恐れ」があり、それはラディカルな離脱や、反社会化、侵犯を「卓越した反作用」のレベルにまで高め、普通の生活のための空間をもはや残さない。規律と正常化は、現代社会において権力が働く唯一の方法ではない。そして平板な反規範性は、必ずしも人々が直面する制約と拒絶の形態に対する最も効果的な政治的・概念的挑戦であるとは限らない。しかしムニョスのようなクィア急進派にとっては、「普通であることと結婚していることは、どちらも反ユートピア的な願いである」のだ(38)。

このユートピア主義は、二〇〇〇年代以来のクィア史に対するいくつかの理論的アプローチを特徴づけた暗黒のディストピア主義に対抗するものであり、恥を理解しようとするセジウィックの探究はそのための有用な指標となる。代表的なクィア史研究者であるデイヴィッド・ハルプリンとヴァレリー・トラウブ〔近代初期英国のジェンダー・セクシュアリティ、帝国、人種の研究者〕は、二〇〇四年にミシガン州で開催されたゲイ・シェイム会議に招集された後に論文の続きを発表し、大きな反響を呼んだ。この会議の目的のひとつは、クィア・スタディーズが専門化することに抵抗し、それをコミュニティでの実践に戻すことだ

---

* Bondage（拘束）、Discipline（体罰）、Sadism（サディズム）、Masochism（マゾヒズム）の頭文字。支配／被支配の関係を演じる性的活動を表す用語。

と宣言されている。その結果、まさにその名称が示しているように、活動家と理論家は劇的に異なる言語を話しており、両者の間の分裂がより鮮明になった。[39] クィアの歴史の暗黒面を追求しようとする衝動は、多くの執筆者が喜んで語る進歩的な物語に意図的に対抗するものであった。非規範的なセクシュアリティの歴史には、暴力や恐怖、憎悪、迫害、トラウマ、スティグマ、罪悪感、そして恥の残骸が散乱しており、それらを思い出すことは重要である。

しかし、ホイッグ的な歴史解釈*や目的論的な楽観主義を自動的に適用することと、同性愛の歴史が恥によって永遠に刻まれたものであるとすることとは、間違いなく別のことである。ゲイ・シェイム会議で講演したジョージ・チョーンシーは、恥は人種やセクシュアリティや他のものと同様に、全く自然なものではないと発言している。彼は、屈辱的で恥を与える儀礼の存在を認めているが、ゲイ解放以前の歴史が恥に支配されているという考えを退けている。[40]

恥についての議論は、クィアの歴史の中心に感情や情動をもたらす。しかしより暗い形態においては、クィア理論における「反社会的転回」の一側面として見ることができる。これは理論家のレオ・ベルサーニとリー・エーデルマンに関連し、彼らが「クィアの未来性」を否定していることと結びついている。[41] この著作〔原注41参照〕には特定世代の理論家の間にある、より深い喪失感とメランコリア〔憂鬱〕が混在されていたため、多くの人が説得力を見い出した。しかし社会人類学者のヘンリエッタ・ムーアが指摘するように、痛み、屈辱、排除、棄却、苦悶、服従の存在を所与の前提とする理論は、こうしたものがなぜ存在するのかを説明できず、大勢の人々を犠牲者的な存在に貶《おとし》めてしまうのである。彼女によれば、これらの理論は左翼的メランコリアの産物であり、人々が創造的に自分たちのモダニティや未来を想像する方法を無視しているのである。(42)

つながりをつくる

ローラ・ドアンは著書『攪乱する実践（*Disturbing Practices*）』の中で、彼女が「祖先の歴史」と呼ぶ、安定した、同一化しうる性的主体の探究と、経験的なものにこだわる従来の社会史を批判し、これらが固定的アイデンティティの可能性を「粉々に破壊」したクィア理論と深く対立していると指摘している。彼女はこの議論を論理的な結論に導くと、さらに、『サッフィズムの形成（*Fashioning Sapphism*）』（それ自体豊富な

＊　暗い時代から輝かしい現在へと至る進歩の物語として歴史を記述すること。

経験則に基づいている）で描いた、二十世紀英国のレズビアン・アイデンティティの精緻かつ影響力のある系譜を自己批判した。研究対象者よりも自分の方が、女性のセクシュアリティについて詳しいという思い込みによって作られたという点で瑕疵《かし》がある、と。いまや彼女は、クィア批評的な探究の目的は使える過去を提供することではなく、アイデンティティの歴史という観点からの説明に抵抗する性の過去の側面を説明することであると提案している。クィア史の真の有効性は、存在論的というよりも方法論的であり、「クィア」は形容詞というよりも動詞、実体的というよりはパフォーマティヴなもの、すなわち同性関係の歴史を問うだけでなく、クィアすることなのである。[43]

　このようなアプローチは、問題化や脱自然化の論理を、現代におけるすべてのカテゴリー化が問いなおされる地点まで連れて行く。ここにはパタンや説明枠組みへの懐疑論があり、ブライアン・ルイス〔近代英国史の研究者〕が新イギリスクィア史の議論の中で「断片的な経験、自己理解、欲望、行動」として表現しているものを重視し[44]、これはもはや大きなナラティヴではなく、絶えず変化する光景をもたらしている。

　しかし意味や方向づけについての懐疑論は、つながりや関係を全く作れないということを意味するものではない。ハルプリンは『同性愛の歴史をいかに描くか（*How to*

Do the History of Homosexuality)』の中で、性の過去が、特に古代世界に持つ根本的な他者性を探究している。彼はいまや、初期の研究で用いた、フーコーに由来するとされる同性愛行為と同性愛アイデンティティの認識論的区別を退け、生物学ではなく文化的伝統と経験の産物として、クィアな主観性の中でも存続しうる潜在的な連続性を強調する。[45]ヴァレリー・トラウブは、『初期現代イングランドにおけるレズビアニズムのルネサンス（*The Renaissance of Lesbianism in Early Modern England*）』で同様の主題を探究している。彼女は、過去における女性から女性へのエロティックな欲望の表象を分解し、解釈することの「不可能性」に関心を持っている。[46]彼女が探究している時期における、組織だった概念的カテゴリーを解き明かす暗号の鍵はない。しかし本書の軌跡は、それにもかかわらず、レズビアニズムの不可能性という言説体制が、疑惑と可能性という支配的な論理によって徐々に置き換えられていくさまを追跡している。こうした変容は、男性的な女性、女性の夫〔出生時女性と割り当てられ、男性として女性と結婚した人〕、トミーズ〔同性愛的関心を持つ女性を意味する用語〕、サッフィスト〔同上〕、倒錯者、そして女性同性愛者やレズビアンといった、その主観性がアイデンティティの中に固定されるようになるさまざまな社会的類型が出現する条件をもたらしている。彼女の歴史には、進化の論理も、必然性も、あるカテゴリーが別のカテゴリーに取って代わられるという単純な交替もない。むしろ

女性の欲望が異なる時代に異なる方法でどのように理解されるのか、そして異なるカテゴリーが並行する時間性の中でどのように共存しているのか、ということに関心が向けられる。しかし重要なのは、カテゴリーが個人の生活や社会的認識に影響を及ぼしながら出現しているということである。振り返ってみると、私たちは過去の霧の中から運動やパタン、物語、構造、アイデンティティが現れてくるのがわかるのである。

キャロリン・ディンショウ〔中世のジェンダー・セクシュアリティ研究者〕は著書『中世にたどり着く（*Getting Medieval*）』において、決定された歴史ではなく、偶発的な歴史であるクィアの歴史を模索しているが、にもかかわらず過去と現在をつなぐ方法を見出している。彼女は十四世紀から十五世紀の教区司祭の伝統的な制度、異端者と正統派キリスト者との間のソドミーへの非難、女装男娼の供述、チョーサーの巡礼者たちの表向きの異性愛者との交わり、そして神秘家マージョリー・ケンプの言葉遊びを、一九八〇年代の米国の文化戦争や映画『パルプ・フィクション』のソドミーと結びつけている。クィア史の衝動は、当時の性的カテゴリーから取り残された生活やテキスト、その他の文化的現象、そして現在の性的カテゴリーから取り残された人々の間に、時を超えたつながりを作ることにあると彼女は示唆する。(47) 要するに、このクィア史が示唆しているのは、断片化した歴史の中で現代のアイデンティティの先駆者を探すという実りのない探索の代わりに、私たちは根本的に異なりながらも感情的に近い人々との同一化を正しく求めることができる、つまり、「問題があるかもしれないが過去の中に対応するものを見出す喜び(48)」を探究することができるということである。

この観点から、クィアの歴史は、そもそも一九七〇年代と八〇年代の新しいレズビアンとゲイの歴史を生み出したのと同じ衝動の一部であるとみなすことができる。当時も今もその挑戦は、単に祝うだけでなく問いかけること、セクシュアリティの真実を追求するのではなく、それを非自然化すること、定まった歴史を確認するのではなく、問題を提起すること、過去を体系化して現在を秩序づけるのではなく、それを動揺させることであった。「同性愛者」を歴史化することで、クィアの歴史家は異性愛をはじめとするあらゆる既成のカテゴリーに挑戦し、その豊かさにおいて、性の過去と現在の複雑さを明らかにする道を切り開いたのである。

第4章　ジェンダー、セクシュアリティ、権力

危険と快楽

一九八二年四月にニューヨーク市のバーナード大学で開催された、少々素っ気なく学問的な響きのする「学者とフェミニストⅨ《ナイン》」会議は、蓋を開けると学問的でも退屈でも全くなかった。この会議は第二波フェミニズムの進化における重要な瞬間となることを運命づけられていた。バーナード会議は米国において「セックス戦争」として知られるものに結実し、欧州や他の地域にも共鳴し、一九八〇年代のほとんどの時期やそれ以降、フェミニスト活動家や理論家、歴史家を巻き込んだのである。

セックス戦争はポルノグラフィ、ゲイ男性のセクシュアリティ、女性同士のサドマゾヒズムやブッチ－フェム関係、生殖の自由、子どもへの性的虐待、性教育といった、

多岐にわたる問題をめぐって繰り広げられた。[1] より広い文脈では、一九七〇年代以降、米国で道徳的保守の新右翼が強力に台頭し、同時にコントロール不能だと思われていた衛生上のエピデミックであるエイズが現れたことがあるだろう。エイズは多くの場合、ゲイやバイセクシュアルの男性、その他の評判の悪いマイノリティの人々に影響し、彼らに対するバックラッシュを引き起こした。フェミニストの論争がこれほど熱を帯びたのは、このより広い文脈において、一部の急進的／革命的／文化的フェミニスト（自称はさまざまである）が、セクシュアリティの主題に関して米国で最も保守的な勢力と手を組んだように見えたからである。それを象徴するのが、米国のラディカル・フェミニズムを代表する二人の人物、法学者キャサリン・マッキノンと、カリスマ的で終末論的な反ポルノ主義者アンドレア・ドウォーキンの活動である。この二人は保守的な（男性の）州議会議員と協力し、一九八四年にミネアポリスとインディアナポリスで「絵画もしくは文書における、性的に女性を従属化する明示的な描写」を違法とする条例を成立させ、その後、他の地域でも同様の活動を行った。[2] これらはすべて最終的には失敗に終わった。しかし特に反体制派やラディカル派を怒らせたのは、他のフェミニストによる言論を含め、言論の自由を制限するために保守的な国家権力を行使したことだった。英国のフェミニスト歴史家ジョアンナ・バークが後に述べたように、「こうしたアプローチは性的正当性の裁定者として国家を巻き込むことで、多元性と連帯の解放的なアジェンダを捨て去ってしまう[3]」のである。

バーナードの難問に巻き込まれたフェミニズムの思想家にとって、言論の自由を守り、国家による規制や抑圧に反論することが、あらゆるフェミニズムのアジェンダにおいて鍵となる二つの要素だった。しかしジェンダー、セクシュアリティ、権力の歴史的な意味に焦点をあてるとき、その背後には政治的・理論的な深い溝があった。二年以内に立て続けに出版された重要な二つの論考集であり、学会誌である『快楽と危険（*Pleasure and Danger*）』と『欲望の権力（*Powers of Desire*）』は、そのタイトルと内容に重要な問題を要約していた[4]。エレン・デュボワ〔女性史を中心とした歴史研究者〕とリンダ・ゴードン〔女性史や福祉の歴史を中心とした歴史研究者〕が言うように、現代のフェミニストは十九世紀のフェミニズム思想から二つの対立する伝統を受け継いだ。より強力な方の伝統は女性にとってのセクシュアリティの危険性を強調し、これは第一波フェミニズムにおいてはほとんど批判されなかった。性暴力や売買春の搾取的な性質の強調はこのことを鮮やかに示しており、現在に至るまで国際的なフェミニズムの中心的なモチーフとなっている。第二の流れは女性のセクシュアリティのあらゆる多様性を肯定し、欲望と快楽を探求しようとするものである。しかし、これはほとんど隠れた潮流にとどまっており、広義の左翼やユートピア的な政治と結びつくことが多かった。[5] 必要とされたのは、快楽と危険、情熱と権力のバランスをとり、セクシュアリティの歴史的形成に関するより広範な理解につながるような、女性のセクシュアリティのより精緻な歴史であった。

性暴力と性の歴史

性暴力はこうした論争が繰り広げられた重要な主題だった。一九七〇年代において性暴力やレイプという主題は、急速に男性権力や性の歴史を駆動する力についての議論の象徴的な焦点となった。スーザン・ブラウンミラー〔米国のフェミニスト〕による非常に大きな影響力を持った書籍『踏みにじられた意思（*Against Our Will*）』（一九七五年）は非常にわかりやすく、一見すると常識に沿うものであったため、ある強力な見方を作り上げた。[6] レイプは「すべての男性がすべての女性を恐怖に陥れるための意識的な脅迫のプロセスにほかならない」。男性による女性の原初的な征服において、最も重要で原因となる要素であり、女性の依存性の鍵であり、さらには家父長制の根源である、と。

他のラディカル・フェミニストもこれらのテーマに共鳴した。ロビン・モーガン〔作家、フェミニスト活動家〕にとって、ポルノグラフィは理論、レイプは実践であり、「男の競争心と貪欲さ」が「セクシズムやレイシズム（人種差別）、戦争、生態系の破壊」を引き起こすものだった。キャスリーン・バリー〔社会学者、フェミニスト活動家〕は『女性の性奴隷制（*Female Sexual Slavery*）』において、一八八〇年代の英国における伝染病予防法に反対するフェミニストキャンペーンと、一九七〇年代のポルノグラフィに対するフェミニストの攻撃の類似性に注目した。メアリー・デイリー〔カトリック教会の性差別を批判した哲学者、神学者、フェミニスト〕は著書『ガイン／エコロジー（*Gyn/Ecology*）』において男性のセクシュアリティの空虚さを嘆く一方で、女性の慈愛に満ち、愛情豊かであり、率直で、平等な性質を強調した。性とジェンダーの歴史のある種の読み方は、現在の政治的な関心事のために形作られたものだ。アリス・エコルズ〔ラディカル・フェミニズム運動を中心とする歴史研究者〕が述べたように、フェミニズムが「女性原理」の確立と同義になるにつれ、フェミニズムは女性や男性に関する文化的な、そして初期のセクソロジーの前提を反映し、再生産するようになった。[7]

　ポルノグラフィは女性に対する暴力であるというアンドレア・ドウォーキンによる悪名高い主張は、フェミニストの流派に重要な差異があるとしても、明らかに同じ枠組みの分析の一部だった。ドウォーキンと反ポルノ運動で協働したマッキノンは、レイプはセクシュアリティではなく権力の問題であると主張するブラウンミラーを激しく批判したが、同時に彼女は伝統的な生物学的議論から理論的に距離を置いていた。

マッキノンにとってセクシュアリティとは、欲望を生み出し、組織化し、表現し、管理し、それによって女性と男性を形成するような社会的プロセスであった。エロティックなものは、権力を性化《セクシュアライズ》する。しかし同時に、彼女は自らがセックス・ラディカルな人々の原動力として捉えているものに対して反論した。「これらのセクシュアリティの歴史家が描く歴史は欲望の歴史である。すなわち、衝動的、強制的に求め、欲しがり、掌握し、手に入れ、のしかかり、貫通し、突き刺し、性交によって婚姻を成し遂げる歴史だ。エクスタシーの歴史であり、その禁止と許可の歴史である」。マッキノンにとって『快楽と危険』および『欲望の権力』は、「セクソロジー」に触発されたゲイとレズビアンの歴史と売買春の歴史の後付けバージョン」の例である。彼女の主張によれば、これらの主題を扱う執筆者たちは、セックスは良いもので、より多くのセックスが必要だ、セックスは快楽であるという前提に基づいた歴史を発展させていた。対してフェミニストの仕事は、男性には暴力に対する責任があると主張することだと彼女は述べた。

マッキノンは、セクシュアリティを歴史化しようとするフェミニストやゲイ、フーコー主義者の努力を批判する一方で、反本質主義者を標榜した、ジェンダー、セクシュアリティ、権力の概念を精緻化する上で重要な人物だった。加えてマッキノンは、フェミニスト歴史家の一部のグループにおいて大きな影響力を持つことになった[8]。英国人（後にオーストラリア人）のシーラ・ジェフリーズは『未婚女性とその敵（*The Spinster and Her Enemies*）』で、十九世紀後半のフェミニストの反暴力主義が男性のバックラッシュによって挫折した歴史を描いた。このときハヴロック・エリスのような性科学者が、男性の攻撃性を正当化する中心的役割を果たしたという。その後の著作においてジェフリーズは、性革命、クィア政治の反フェミニズム、トランスジェンダリズム、世界的なセックス貿易、宗教の台頭と女性の権利への影響、美容貿易などを批判し、二〇〇〇年代に入ってからのラディカル・フェミニストの分析と活動の中心となった問題を網羅している。そのメッセージは一貫していた。女性や子どもは、男性のセクシュアリティや男性の暴力によって威圧され、貶められている。倒錯は普通の男性のセクシュアリティに内在するものの極端な形態である。ゲイ男性は男性特権に加担している。支配の形態は社会的に台本化されたものかもしれないが、常に男性権力の文脈においてである[9]。男性が問題なのだ。歴史的に根拠があり、反本質主義的であると主張しているにもかかわらず、ここに本質化する衝動と道徳的な絶対主義が結びついた言説を見ないわけにはいかない。

ここでの私の目的は古い議論を再燃させることではなく、男性と暴力に関する特定の前提がどのように歴史学の視点を形作っているのかを示すことである。

レイプに関する現代の歴史家は、性暴力の重要性に強く注意を向けさせたブラウンミラーの著作を評価しているが、彼らはレイプをより広い歴史的、社会的、経済的な文脈に位置づけようとしている。ジョアンナ・バークの議論によれば、「レイプは社会的パフォーマンスの一形態だ。レイプは非常に儀式化されている。レイプは国によって異なるし時間とともに変化する。時代を超越したものでもランダムなものでもない」。ジャニー・レザーマン〔紛争の予防や平和構築を専門とする国際関係学者〕も同様に、戦時中のレイプに関する研究において本質主義的な見方に挑戦し、性暴力は社会における既存の社会経済的、文化的に形成されたジェンダー関係から切り離されて発展するものではないと主張している。エステル・フリードマン〔ジェンダー史を中心とする歴史研究者〕は、レイプの意味は超歴史的なものではなく流動的なものであり、特定の社会的関係や政治的文脈によって絶えず形を変えていくと同意する。特にフリードマンは米国の文脈におけるレイプの人種化された意味に注意を向け、ブラウンミラーがレイシズムを煽り立てていると批判している。これらの歴史家は、一義的で単一の要因による説明ではなく、男性（およびその他）の暴力の特異性を取り上げ、問題化しようとしている。「性的な虐待には歴史がある。レイピストというカテゴリーを脱神秘化することで、彼をより恐ろしいものではなく、変化しやすい存在にすることができる」[10]。

女性のセクシュアリティを歴史化する

ジュディス・ウォーコウィッツ〔近代ヨーロッパの文化社会史研究者〕によれば、「女性の被害者化という図像学に頼ることは、フェミニスト自らが公的な主導権を握るときの政治的なインパクトを小さくすることになりうる」[11]。オルタナティヴなフェミニスト史を特徴づけるのは、女性を永遠の犠牲者の地位に貶める単一の分析的説明（男性、男性権力、家父長制）を乗り越え、むしろ女性が常に自分の従属と闘い、積極的な主体となるような、複雑で多焦点的な権力関係の結びつきの中にジェンダーとセクシュアリティを根付かせようとするアプローチである。この多元的なフェミニストの性の歴史の形成に関わっていた女性たちは、女性解放運動にルーツを持っていたが、階級や反人種主義の議論に敏感で、権力の異なる力学の交差性を解きほぐそうとしてきた社会主義フェミニストの伝統によっても形作られていた[12]。彼女たちは社会構築主義や社会史、後に文化史に関する議論に熱心に取り組み、特に言語や言説、表象、ナラティヴ、（少なくとも一部の人は）精神分析に力点を置いていた。そしてなによりも、彼女たちは後に多大な影響力を持つことになるジェンダーと性的システム、権力との関係の根本的な再評価に貢献し、役立てたのである。ウォーコウィッツによれば、「男性の社会的権力と女性嫌いの文化的生産という統一化された図式に対して、反ポルノキャンペーンを批判するフェミニストたちは、単一性や二項対立によってではなく、不一致や断片、矛盾によって変化する世界、すなわち主体や客体が固定的なジェンダー・アイデンティティを持たない、歴史的に構築された変化する自己が住まう世界をますます呼び起こすようになった」(13)。同時期に行われた同性愛研究と同様に、歴史上の女性のセクシュアリティについて考えることは、必然的にその意味や帰結を問題化することになる。

リンダ・ゴードンの『女性の身体、女性の権利(*Woman's Body, Woman's Right*)』は、洗練されたフェミニストの性の歴史を発展させる上で鍵となる著作である。この本は女性の生殖に関する権利をめぐる当時のフェミニストの闘争に深く根差しているが、同時に性の歴史の文脈から産児制限運動を研究した先駆的な本でもある。それまでの研究は、避妊の技術的、医学的な歴史や、マーガレット・サンガー〔産児制限を推進した米国の活動家〕のような著名な活動家のプロフィールなどを紹介していた。しかしこれらの研究では、社会運動としての避妊の重要性が強調されていなかった。ゴードンは社会運動そのものを調査しつつ、それが単純な進歩の物語として理解されるものではないことに気づいた。避妊の歴史のさまざまな段階は、特に女性に影響を与えたり、あるいは女性によって解釈されたりする中で、当時の特定の状況によって形作られたのである。ゴードンによれば、家庭や道徳の規範などの性と生殖に関する主要な制度は、男性が財産を守るために闘うのと同様に、女性が自分自身を守るために闘うことによって確立された。(14)

ゴードンの書籍や、後に出版されたロザリンド・ペチェスキー〔米国の政治学者、国際リプロダクティブライツ(生殖に関する権利)研究行動グループの創始者〕の『中絶と女性の選択(*Abortion and Woman's Choice*)』などの著作群は、アンガス・マクラーレン〔セクシュアリティ史の研究者〕らによる英国でのほぼ同時期の研究と並行して、中絶と産児制限が、女性を中心とした性の権利と生殖に関する自由をめぐるより広範な戦いの一部であることを示した。(15) ゴードンの書籍は急進派のナラティヴを退け、勇ましいリーダーシップを貶めたとして、当時攻撃された。しかしゴードンは、生殖に関する権利をめぐる対立は政治的なものであり、そこにはジェンダーやセクシュアリティのシステム、階級や人種の構造、言語などの理解が必要なのだと強く主張している。

十九世紀後半の英国における売買春、フェミニズム、社会的純潔に関するジュディス・ウォーコウィッツの研究も同じような論調である。彼女は『売春とヴィクトリア朝社会(*Prostitution and Victorian Society*)』の中で、英国の特定の駐屯地における性病の蔓延を抑制するために疑わしい女性を強制的に検査・拘留することを目的とした伝染病予防法が、階級とジェンダーの関係、および女性の抵抗可能性を研究するための重要な焦点となると論じている。この法律は中産階級のフェミニストだけでなく労働者階級の男女も含めて大規模に民衆を動かし、その制度的な国家の台頭や、女性運動の発展、社会的・性的風俗の変化について、強力な洞察を与えた。分析の中心となったのは、女性労働者の役割だった。ポーツマスやサウサンプトンといった町で売春婦としてラベルを貼られた人々は、「非常に制限された条件下ではあるが、重要な歴史的アクターとして、自分自身の歴史を作った女性として登場する」。彼女たちは根無し草のような社会からの追放者ではなく、雇用機会が少なく、一人暮らしの若い女性を敵視するような町で生き延びようとする貧しい女性労働者だったのである。[16] しかし社会的純潔改革者*による妨害に加え、議論の混乱や一八八〇年代における行政の変化を通じて、多くの労働者階級のコミュニティの繊細なバランスは極めて不安定になり、市民的価値観を持つ女性と売買春に従事する女性との分断はますます悪化し、はっきりと線引きされ、見放された集団を作り出した。

ウォーコウィッツには一九七〇年代の初期の論考において、同性愛の歴史を再形成していたのと同じラベリング・逸脱論の影響が見られるが、一九八〇年の著書ではフーコーの初期の著作の影響を明らかに受けている。伝染病予防法は現在、市民的価値観を持たない貧しい人々の生活を見張り、操作するための、フーコー主義者が言うところの権力の技術として理解されている。ウォーコウィッツはヴィクトリア朝の単一の性的イデオロギーではなく、しばしば対立し合う信念と実践の複雑さ、そして決して完全には達成されないが、支配的価値観を生み出そうとする継続的な闘いを描いている。

主要なフェミニストを巻き込んだ社会的純潔運動の影響は、後にフェミニストにおける議論と分断の中心的な焦点となった。ジェフリーズのような執筆者にとって、社会的純潔フェミニズムは男性の性暴力に果敢に挑み、彼女が提唱した革命的フェミニズムを予見する「真の」フェミニズムを開拓してきた〔一二三頁参照〕。しかしウォーコウィッツは、論考「男性の悪徳とフェミニストの美徳（Male Vice and Feminist Virtue）」

＊ 社会的純潔運動に従事する人々は、性的に不道徳な行為をどのように避けるかを労働者階級の母親に教育するなど労働者階級に貞節の価値を伝えようとする活動を展開し、伝染病予防法賛成者との親和性を有していた。この運動の指導者として、エリス・ホプキンズが知られる。詳細については、ジュディス・ウォーコウィッツ『売春とヴィクトリア朝社会』を参照のこと。

において、このナラティヴに明確に異議を唱え、特に脆弱な女性に社会的純潔がもたらす矛盾した影響を明らかにしようとした。後の考察において彼女は、十九世紀後半と現在におけるセクシュアリティと社会秩序に関する前提と解釈的戦略との間にあるのは完全な同一性というよりも「家族的類似性」であると認め、「フェミニストが直面する最も困難な仕事が表象を形作ることになるような、複雑な文化的意味を有する世界を仮定する」(17)というフェミニストのビジョンを提起した。この言葉が示唆するように、ここでウォーコウィッツは社会史を乗り越える重要な理論的転換を印づけ、新たな文化史に取り組むことを告げている。

セクシュアリティと理論戦争

性の歴史に関する議論の中心となりつつあった、ジェンダーや権力、性のアイデンティティの歴史的形成、主観性に関する問いは、階級や民衆の抵抗に関する伝統的な社会史の主な関心事からは遠く離れていた(加えて、男性の暴力や権力に関する急進的・革命的フェミニストの関心事からはさらに遠かった)。しかし、リンダ・ゴードンやジュディス・ウォーコウィッツのような歴史家の著作は社会史を構成するものの境界線を押し広げ、ミシェル・フーコーの影響や文化人類学の発展、ポスト構造主義へと向かう文化理論の理論的転換を考慮しつつ、より文化主義的なテーマに取り組み始めていた。このことは、一九七五年のフェミニスト雑誌『サインズ（*Signs*）』の創刊時にはすでに予感されていた。この雑誌はジュリア・クリステヴァ、エレーヌ・シクスー、リュス・イリガライらの「新フレンチ・セオリー」を米国のフェミニストに紹介し、これは二十世紀の偉大な思想家に対する激しい哲学的／精神分析的／言語学的な批判と、根本的な差異の名のもとに男性の「男根中心主義的」な秩序に挑戦する叙情的な「身体の記述」を組み合わせたものだった。(18)

このような知的変化は、特に米国における歴史学の専門家の間で「理論戦争」として知られるようになった幅広い論争と同時期に生じていた。一九八二年にスティーヴン・グリーンブラット〔シェイクスピア研究で知られる米国の文芸評論家〕が造語した「新歴史主義」は、カール・マルクスやルイ・アルチュセールから文化批評家のレイモンド・ウィリアムズ、人類学者のヴィクター・ターナーやクリフォード・ギアツに至るまで、明らかに多岐にわたる思想家の影響を受けている。このことは特に文学者の間で、言説間の関係や、因果関係よりも共時的な偶然性、権力の働き、セクシュアリティへの焦点化に主な関心を持つ重要な研究に刺激を与えた。これらがフェミニストやゲイの歴史に負うところは当初は不明瞭だったのだが。こうした新たな展開が性の歴史に影響する重要な瞬間は、ギャラガー〔キャサリン・ギャラガー。十八、十九世紀英国の文芸・文化史を中心とする歴史研究者〕とラカー〔トマス・ラカー。セクシュアリティの歴史研究者〕の『現代の身体の発明（*The Making of the Modern Body*）』の出版によってもたらされた。いまや身体そのものが歴史的調査の対象となり、このことはラカーの次の著作『セックスの発明（*Making Sex*）』によって明確になった[19]。

より文化主義的な歴史への移行は、一九九二年に出版されたウォーコウィッツの著書『恐ろしい悦びの都市（*City of Dreadful Delight*）』に映し出されている。彼女は十九世紀末ロンドンにおける切り裂きジャックの物語を、フェミニストの性の政治と、性の危険に関する大衆的な物語が生み出された瞬間として位置づけている。彼女の研究は切り裂きジャックの物語に埋め込まれた競合する文化的な要素と、そこから除外され拒まれた要素、とりわけ女性が沈黙させられ怯えさせられた犠牲者にはならなかった要素を検証している。ここでウォーコウィッツが探究しているのは、百年以上にわたって多くの執筆者を魅了してきた切り裂き魔のアイデンティティよりもずっと多くのことだ。彼女はロンドンや英国全体の新たな性の光景を照らし出そうとしているのである。

この著作は、学問分野としての歴史学に貢献するものであり続け、物質的な世界における経験のカテゴリー（ジョーン・スコットなどのジェンダー理論家は問題視していた）の重要性にも貢献し続けている。しかし彼女は現在、社会的文脈の中で人々がどのように意味を組織し、経験がどのように言語によって媒介されるかという、ポスト構造主義的な関心をも有している。ウォーコウィッツは文化史が伝統的な歴史に対して提起する問題点を認識している。それは物語に終わりがないこと（切り裂き魔が誰であったかは彼女にとってはほとんど重要ではない）、固定的なジェンダーや階級の対立がないこと（流動的で変化するこれらのカテゴリーから意味を導き出すことはできない）、複数の声が存在すること（その多くは矛盾しており、時間の経過や異なる社会的状況の中で変化する）である。この種の歴史は時間の経過による変化よりも、性やジェンダーの意味が生み出されるパタンの移り変わりや、それらが呼び起こす感情、複雑な現在と生きられた過去の絶え間ない相互作用に関心を持つ。

主観性と感情の強調は、初期の第二波フェミニスト理論家がかつて激しく否定していた精神分析への関心の高まりによって促された。ジュリエット・ミッチェル〔英国の精神分析研究者、社会主義フェミニスト〕の『精神分析とフェミニズム（*Psychoanalysis and Feminism*）』は、新しい方向性を示した。家父長関係と女性の従属の無意識的な構造化を理解することで、資本主義構造の分析を補完する必要があり、これは主体が言語とジェンダー化されたアイデンティティを取得することを通して行われると主張したのである。こうした少々抽象的な説明は、より詳細で歴史的な探究に対する挑戦だった。サリー・アレクサンダー、バーバラ・テイラー、マイケル・ローパーなどの歴史家は、普遍主義の傾向があるジェンダーに関する精神分析の洞察を、どのように特定の歴史分析に展開し、ジェンダーの安定性を維持したり不安定にしたりする主観性や感情を探り出せるだろうか、という重要な問題を提起した。[20]

権力を再考する

文化主義者のアプローチは、レズビアン・ゲイ史におけるクィアの挑戦と同様に、主観性および情動の問題の重要性を強調した。しかしいずれにおいても、ラディカル・フェミニストが激しく提起した問題があった。すなわち、ジェンダーとセクシュアリティの関係、アイデンティティと感覚の関係、そして権力の性質をめぐる包括的な問題、さらにはそれを歴史分析においてどのように理解すべきかという問題である。ジョーン・スコットは論考「ジェンダー——歴史分析の有用なカテゴリー（Gender: A Useful Category of Historical Analysis）」の中で、ジェンダーは認識された差異に基づく社会的関係の構成要素であると同時に、権力を示す主要な方法でもあり、その意味や重要性は歴史的に変化していると示唆している。[21] よく知られているように社会人類学者のゲイル・ルービンは、以下のように主張している。すべての社会が「セックス／ジェンダーのシステムを有している。これは人間のセックスと生殖という生物学的で手を加えられていない素材が、人間や社会の介入によって形作られ、慣習的な形で納得させられる一連の取り決めである。その慣習がどれほど奇妙なものであるとしても」と。[22]ジェンダーは社会生活の組織における安定した永続する基礎では全くなく、歴史的・文化的に可変的で、潜在的に不安定な手段であり、それによってさまざまな社会が性的差異を組織化している。ある社会において男女間の関係を組織している制度、信念、イデオロギー、社会的実践の集まりは、いつまでも固定されているわけではない。それは特定の「ジェンダー秩序」、すなわち歴史の、非常に多くの歴史の産物である。それは新たなジェンダー・プロジェクトが発展し、統合されたり争われたり、生きられたり否定されたりする中で、常に進化している。[23]よく知られているように、トマス・ラカーは『セックスの発明』で、欧州におけるこの進化の鍵になる瞬間が十八世紀であったと主張している。彼によれば医学的な言説において、女性と男性を、連続したひとつの性を構成し、女性身体は男性身体を反転させたより劣ったものだとみなす古代の伝統から、二つに分極化され潜在的に対立するカテゴリーを認識する現代のバージョンへと移行したという。[24]

しかし性の歴史家の中でも、歴史的に移り変わるジェンダー秩序と、セクシュアリティが形成される複雑さとの関係は論争的である。セックス／ジェンダーのシステムに関する初期の論考が大きな影響力を有したゲイル・ルービンは、その十年後に修正した分析を発表した。セクシュアリティのラディカルな理論は、「エロティックな不公平と性的抑圧を特定し、記述し、説明し、告発しなければならない。……社会と歴史の中に存在する仕方で、セクシュアリティを豊かに記述しなければならない」と彼女は述べている。[25] これは性的システムを形作り、異性愛を神聖視し強化した階層と権力関係の歴史的性質を理解するために、セクシュアリティとジェンダーとの間に分析的、政治的な区別を設ける必要性を示している。セクシュアリティとジェンダーは社会的実践の二つの異なる領域の基礎を形作っていると彼女は論じる。これらは異なる「抑圧のベクトル」であり、ゲイやレズビアンの闘争が一方に、フェミニストの闘争がもう一方にあたる。イヴ・セジウィックは『クローゼットの認識論』（公理二）でルービンを参照しつつ、セクシュアリティの研究はジェンダーの研究と同延上にあるのではなく、それゆえ反ホモフォビアの研究はフェミニストの研究と同延には論じられないと述べた。「性的システム」は、性的な行動や実践が制度を通じて形成され、意味を与えられ構造化された方法であり、性の歴史の主要な焦点となるべきである。

私たちはこうした議論に、セックス戦争の文脈において、マクロ理論的な説明（資本主義、家父長制、ジェンダーまでも）を否定し、セクシュアリティをめぐる権力の特定の配置についてのグラウンデッドな研究を支持して、複数の因果関係からなる歴史を書こうとする姿勢を見出せる。[*]これはミシェル・フーコーが権力に関するグランド・セオリーを否定し、彼が権力分析と呼んだものを支持したことに明らかに影響を受けている。権力はプロセスであり、獲得されたり、保持されたり、課されたりしうるものではない。権力はあらゆる社会関係に内在しているが、特定の歴史的条件のもとで特定の制度的形態をとり、物理的な力と同様に権力 - 知の言説を通じて作用している。

しかし視点を変えてみると、セクシュアリティとジェンダーの区別はやや人工的なものに見える。この二つの間には、複雑で流動的な関係がある。結局のところジェンダーとセクシュアリティの複雑さは、理論的なものというよりも、エスノグラフィッ

＊ さまざまな現象を演繹的に説明しようとする大理論家によるグランド・セオリー（誇大理論）への反発から、質的なデータに根差した帰納を重視した分析から理論を生み出そうとするグラウンデッド・セオリーが生じた。

クで歴史的な問題である。なぜならこれらの分類や区別は、特定の歴史的・文化的文脈においてのみ意味を持つためである。[26]

交差性

性の歴史を形成した力の複雑な相互作用は、一九七〇年代からフェミニスト歴史家の間で知られるようになった。このとき鍵となる言葉である「交差」は、すでにヴァンスの『快楽と危険』の序文でひろく用いられていた。[27]これは、米国における初めての包括的なセクシュアリティ史であるデミリオとフリードマンの『親密さの問題(*Intimate Matters*)』の中で重要なテーマだった。[28]普遍化の傾向がある白人フェミニストの分析がすべての女性の経験を表すものではないということが明らかになるにつれ、人種、階級、ジェンダー、セクシュアリティをめぐるさまざまな形態の権力と支配が相互に補強し合い、連動していることの影響が、黒人フェミニストによって初めて示された。黒人レズビアンのコンバヒー・リヴァー・コレクティヴ〔一九七四年にボストンで結成された黒人レズビアン・フェミニストの組織〕は、人種を階級や性の抑圧から切り離すことの難しさについて、彼女たちの人生ではそれらが「同時に」経験されているからだと書いている。[29]シスターフッド、女性文化、フェミニスト・コミュニティの肯定は、人種と階級の問題を無視してきたと黒人の批評家たちは主張した。一方で、家父長制の抑圧や、女性のセクシュアリティの締めつけの手段としての家族に対するフェミニスト批評は、レイシズムに対抗すると同時に生き延びる焦点としての黒人家族の重要性を無視してきた[30]。インターセクショナルな分析は、抑圧や差別、排除のさまざまな経験が、主体の立場の固有性においてどのように相互に作用し合い、補強し合っているかを示そうとしてきた。こうした経験は独立した抑圧形態として生きられるのではなく、分かちがたく連携した入り組んだ経験として生きられており、それによって抵抗形態も生み出されるのだ。

このような観点から見ると、人種や階級は性の歴史に付加されたものではなく、むしろ性秩序の組織や権力の力学の中心をなしていた。米国では、人種的分断は形成され構成されてきたものだとみなされるようになっている。これはなによりも米国史において奴隷制が中心となっているためである。奴隷制の世界的経験に関する最近の論考集では、奴隷制とセクシュアリティの「相互の絡み合い」が論じられており、多くの社会で奴隷制が機能する仕方において「実は中心にあった」のがセクシュアリティだとされている[31]。米国の歴史家は、奴隷制の設立や、一八六〇年代に奴隷制が正式に廃止されて以降のジム・クロウ法や制度化されたレイシズムなどの息の長い遺産が、どのように人種化されたセクシュアリティによって構成されていたかを明らかにしてきた。すなわち、セクシュアリティの配置が人種の配置と交差しており、セクシュアリティが人種あるいは階級の構成要素を決定づけるのである。人種化されたセクシュアリティは、ある種の性的主体の事実上の無力さが、強制的暴力の脅しやその実際の使用によって下支えされたさまざまな国家や市民組織の禁止の力と交差するところに存在している。(32)

恐怖と性化された暴力は、黒人男性が白人女性との性的関係において行う性暴力においてもっとも明確になってきたが、より微妙な形態も黒人女性のセクシュアリティを形成する上で同様に強力だった。エヴェリン・M・ハモンズ〔セクシュアリティ、人種、科学の交差に着目する歴史研究者〕の論文「黒人女性のセクシュアリティの系譜学に向けて（Towards a Genealogy of Black Female Sexuality）」では、十九世紀以降、黒人女性のセクシュアリティが白人女性のセクシュアリティとは正反対に、性的に過剰な存在として定義されたことが力強く論じられている。十九世紀後半の黒人女性運動家は自らのヴィクトリア朝の清廉さや道徳性を強調することでこれに対抗しようとしたが、既存の固定観念を取り去ることはできなかった。多様な形態の抵抗があったにもかかわらず、黒人女性は自らのセクシュアリティを完全に表現することはできず、その影響は、とりわけハモンズが関心を持っているエイズ危機にまで及んだ。(33)

白人の人種化されたセクシュアリティは、これらすべてにおいて沈黙し、徴しづけられてこなかった規範である。最近では、注目すべき研究がこれについて探究している。リサ・ドゥガン〔クィア理論を中心とする米国の社会文化研究者、活動家〕は『暴力と絶望の南部ゴシック物語』である『サッフォーのスラッシャー（*Sapphic Slashers*）』の中で、一八九〇年代のテネシー州における「レズビアン恋愛殺人」のナラティヴが、黒人レイプ犯とされる人々の性暴力に関する人種差別的なナラティヴと重なり合い、大きな影響力を持つ有害な人種言説を形成していた仕方を描いてきた。一八九二年にメンフィスでフレダ・ウォードが彼女の「女の恋人」のアリス・ミッチェルに殺害された事件は、反リンチ運動家であるアイダ・B・ウェルズ〔十九世紀末頃、米国南部で白人女性への性暴力の噂などを理由に公然と行われていた黒人リンチの状況を問題化した活動家〕が同じ場所から追い出された事件と同時期に起きた。ドゥガンによればどちらも、野性的で手に負えない性的に危険な女性と、暴力的で過剰な力を持つ黒人男性のセクシュアリティを排除するプロセスを経て、白人の家庭を国家の中心的な象徴的場として定義することにつながった。ジュリアン・B・カーター〔セクシュアリティや身体論、LGBT文化の研究者〕は『白人性の中核（*The Heart of Whiteness*）』で、戦間期に正常さと異性愛エロティシズムがどのように共存していたかを明らかにしている。これらは権力関係に組み込まれていたため、新しい性の言説の人種的な意味合いは見えにくくなっており、これはカーターが「権力による正常さの消去」と呼んだものだ。文明的な生き方を構成するものに関する人種的偏見に基づく考えが、第二次世界大戦後に支配的になった家族愛や恋愛の新しい言説、とりわけ異性間の結婚を祝う言説に内包されていた[34]。

これは性秩序のラディカルな批評家が、特に最近では同性婚の合法化に関する議論において、結婚を強く敵視してきた理由のひとつである。歴史家は、まず奴隷同士の結婚を認めないこと、次に異人種間の同盟や結婚を違法としたことにより人種隔離を強制する米国の婚姻法の中心性を示し、二十一世紀になっても結婚が白人の制度だとみなされ続けていることを明らかにした[35]。同じように生殖に関する選択は、人種や階級によって構成され、白人以外の女性、特に婚姻外の妊娠に対しては、強制的不妊手術が行われるなど、抑制されていた[36]。優生学の主要な言説は、二十世紀初頭には極めて人種化されていた。これは貧しい女性や黒人女性の生殖能力を規制しようとする努力を通じて、米国における初期産児制限運動のフェミニストや社会主義者の指導力を弱めることにつながった。にもかかわらず、人種的進歩と経済的自立を促進する手段として、黒人が産児制限を支持していたことを示す確固たる証拠がある。人種化された言説はあらゆるところに蔓延したが、同時に抵抗力や再起力《レジリエンス》も生まれた。レニー・シムソン〔十九世紀のアフリカ系米国人文学を専門とする研究者〕が言うように、「こうした自己信頼の基礎的な基盤があるからこそ、黒人女性の性的身体が構築されたのである」[37]。

人種、ジェンダー、階級は、十九世紀後半の欧州で覇権的となった帝国主義の言説のもとで強力に絡み合っていた。アン・ストーラー〔植民地統治や人種、セクシュアリティについて研究している人類学者、歴史学者〕の研究は、植民地の規制だけでなく家庭内の細部を通じて、規範的なジェンダーとセクシュアリティが人種的に階層化された植民地秩序（彼女の事例はオランダ領インド）を維持する上で中心的な役割を果たしたことを示してきた[38]。入植者と植民地支配を受けた人々との性的な交わりや、異人種間の売買春のさまざまな形態は、米国だけでなく欧州においても人種的な恐怖を大げさに表現した。英国の植民地行政官は当初、植民地の性生活を直接規制することには消極的だったが、入植者の地位を損なう異人種間の性交渉にますます懸念を抱くようになった。売買春を規制することは、帝国の支配の重要な柱となった。植民地の人々が売買春をしていてもカジュアルな性交渉をしていても、ヴィクトリア朝の人々にとってはほとんど同じことだった。これらは白人男性の入植者自身に必要とされたが、文明化の欠如と不道徳さを証明するものとされた。一八八〇年代にフェミニズムや社会的純潔の意見を大きく形作った伝染病予防法は、植民地統治のモデルを提供するものだった[39]。

同様に、イングランドの反同性愛法は植民地にとって有用なテンプレートとなった

（第6章参照）。帝国期は独立したカテゴリーとして同性愛が誕生した時期だった。歴史家は、エドワード・カーペンターやオスカー・ワイルドからアンドレ・ジッドに至るまで、同性愛の執筆者や性科学者が帝国（あるいは少なくとも男性の植民主体）に強い魅力を感じていることを観察してきた。例えば、ハヴロック・エリスは多くの研究者仲間と同様に、性的なタイプを探求する際に、人種や優生学への興味を示していた[40]。

人種化された身体は、同時に極めて階級化されている。このことはとりわけ十九世紀から二十世紀の英国において、セクシュアリティに関する重要な研究に光をあててきた。レオノール・デヴィドフ〔女性史やジェンダー史を中心とするフェミニスト歴史研究者〕の重要な論文「ヴィクトリア朝イングランドにおける階級とジェンダー（Class and Gender in Victorian England）」は、階級間格差のエロティシズム化についての力強い探究であり続けている。彼女は、作家でありマイナーな詩人であるA・J・マンビーと、彼の使用人であり付き人、そして最終的には妻となるハンナ・カルウィックとの関係を精緻に分析し、階級上の差異が性化される仕方を鮮明に描き出すのみならず、それらがどのように身体化され、人種化されているかを示している。マンビーの日記には、労働者階級の少女たちの手やその色、形、質感がしきりに記録されている。ハンナの手も荒々しく汚れ、人種化された差異を象徴するようになった。マンビーとハンナが行った支配と服従の儀礼の中で、ハンナは定期的にマンビーを「マッサ」と呼んでおり、これは米国の奴隷の言葉を想定したものである[41]。

男性であること、男性性、男性について

ジェンダー理論、とりわけポスト構造主義の影響を受けたジェンダー理論は、男性性と女性性が相互の関係によって成り立つことを強調した。つまり、男性性と女性性は他方があって初めてそれぞれが存在し、意味を持つのである。しかし男性を歴史に登場させることには、それによって女性の歴史が犠牲になってしまうと考えるフェミニストや、その関連性がよく理解できないという歴史家の重鎮から、当初抵抗があった。英国の男性性の歴史家であるジョン・トッシュは、彼の最初の研究が発表され始めた一九九〇年代初頭を振り返り、「男性性の歴史が何を構成しているのか、はっきりしていなかったし、大多数の歴史家にとって男性性の歴史という考え自体がエキセントリックで挑発的だった」と述べている。マイケル・キンメル〔米国のジェンダー研究者、社会学者〕も繰り返すように、男性は「歴史を持たない」と考えられていたのである[42]。

社会学者レイウィン・コンネルのようなジェンダー理論家にとって、仮に簡単に定義できる範囲だとしても、男性性とはジェンダー関係（女性性との関係によって定義さ

れる）における場であると同時に、具体的な男女がジェンダー秩序との関係で自らを位置づける実践であり、そして歴史的な布置が移り変わる中で、身体的な経験、人格や文化、とりわけ男性の主観性においてこれらの実践がもたらす効果でもある。それによって多くの男性性が特定の時期に共存したり相互作用したりし、覇権的あるいは従属的となり、周縁化あるいは対立化され、それらすべてが特定の歴史的状況において形作られている。(43)

この理論的アプローチのひとつの影響は、歴史家たちが男性性の覇権的な形態という考え方を支持して家父長制のような広範で包括的な概念を用いることを避けるようになったことである。むしろ、男性の権力と特権が歴史の特定の瞬間に構築され、行使される規範や規則、信念、原則の重要性を強調するようになった。コンネルも、欧州近代史の最初の重要な瞬間は、十六世紀南米のスペイン人征服者によって開始されたと述べている。彼らは新世界の征服者たちがもたらした「他者」に対して、武勇とセクシュアリティによって自らを定義した。男性性の歴史は、帝国と植民地の出会いによって継続的に形成・再形成されることになったのである。十九世紀欧州では、男性同士の絆や同性愛的魅力の昇華に基づいた男性性の支配的な理想を形成する上で、市民的価値観や性的抑圧、国家、帝国のイデオロギーの間に切っても切れない関係があった。[44] 十九世紀末の帝国主義時代には、新たな懸念が現れた。トッシュは一八九〇年代に中産階級や下層中産階級の男たちが帝国に熱狂したのは、女性の権利を求める運動や新たな性の不確実性によって高まった、地位が脅かされる不安や不安定さへの反応だと考察している。[45] 帝国主義の高まりは、部分的には家庭性からの「男性の逃走」であり、この概念は論争的だったが大きな影響力を持った。

トッシュによれば、ヴィクトリア朝中期に、中産階級の男性はかつてないほど献身的に家庭に参加していたが、男性による参加はとりわけ性をめぐる矛盾に悩まされていた。男性ホモソーシャリティは多くの場合、家庭や家族に献身的であることとは対立していた。厳格な分業と独立した領域は〔男性も家庭的なことに関与するという〕理想を断ち切るものであり、そして家庭的なイデオロギーは売買春の存在が広まり、道徳の二重基準が蔓延していたことによって裏切られたのである。十九世紀後半までにこの歪みが明らかになり、危機の感覚を生じさせた。[46]

多くの歴史家たちが、過去二百年ほどのさまざまな時期——十八世紀後半からヴィクトリア朝中期、十九世紀後半、一九二〇年代、そして現在に至るまで——、「男性性の危機」を指摘してきた。おそらく重要なのは、彼らが間違っているということではなく、現在進行している男性性と女性性の形成において、危機感あるいは少なくとも不安定性の感覚が繰り返し生じていることである。男性性を特権化し、それを過度に要求するようなジェンダー秩序の代償は、女性が最も痛感している。しかし男性にも、すなわち、覇権的な価値観や理想をうまく体現しようと多かれ少なかれ努力した人にもそうできなかった人にも、代償があった。レスリー・ホール〔ジェンダー・セクシュアリティ史を専門とする歴史研究者〕の研究『隠された不安――男性のセクシュアリティ、1900–1950(*Hidden Anxieties: Male Sexuality, 1900–1950*)』は、性的問題について助言を求めようとする社会のあらゆる地域の男性から産児制限のパイオニアであるマリー・ストープスに送られた何千通もの手紙をもとにしたもので、ここには男性支配のために男性が払わねばならなかった代償が鮮明に示されている。同じように戦間期英国におけるカップルに関する研究も、友愛結婚と相互性を理想とする傾向が、男性の思い込みや激しい恐怖と不安定に共存していたことをオーラルヒストリー・インタビューから明らかにしている。(47)

こうした研究は、性の歴史の力学を説明しようとする、「神話的」で超歴史的な男性性という考え方を根本的に覆し、代わりにジェンダー化されたセクシュアリティの日常的な現実を形作る偶発性を指摘している。結局のところ、こうした研究の目的は、男性史それ自体を目的として描き出すことではなく、歴史全体に対する理解を深めることなのである。[48]

第5章　性の歴史の主流化

メインストリームへ

一九七〇年代以降、批判的な性の歴史(学)には二つの目的があった。ひとつは、これまで黙殺されてきた個人的・社会的生活の重要な側面(アイデンティティ、主体性、身体、感情、リスク、快楽、危険)について語ること、もうひとつは、当然のこととされてきた「自然」に疑問を投げかけ問題化し、権力関係や歴史的経験の中心にある、極めて社会的な現象としてセクシュアリティを理解することである。これらのアプローチは、フェミニストやレズビアンとゲイの歴史学を変えたのだが、もっとも主流の歴史学を完全に再構築するには至らなかった。歴史研究の伝統的な砦は、フェミニズム研究に門戸を開いたとは大まかには言えるが、批判的な歴史学やクィア歴史学の示唆に対しては抵抗を示した。せいぜい足し算の歴史学（社会史＋ジェンダー＋セクシュアリティ）が登場する程度で、セクシュアリティへの批判的な認識が過去と現在を見るレンズを替えるような、変革的な歴史学が登場したとまでは言えない。デイヴィッド・ハルプリンは、おそらくはうんざりしながらだが、批判的な性の歴史学が主流に合流するのは伝統的な社会史から直接ではなく、文学やカルチュラル・スタディーズのクィア化を通してである可能性が高いと示唆している。これは、主流を変える方法としてクィアな批判的歴史（学）の必要性を訴えるローラ・ドアンの言葉とも重なる(1)〔一一一―二頁参照〕。

主流化とは、現代世界のさまざまな歴史的過程において、権力の行使にセクシュアリティが中心的な役割を果たしていることを認識することである。これは、一九七〇年代以降の性の歴史における主要なテーマである。一八〇〇年からの英国の性の歴史を調査しようとした私自身の最初の試みである一九八一年の『性・政治・社会（*Sex, Politics and Society*）』は、エロティックな活動の歴史であると同時に、家族生活、ジェンダー、家内性、親密性、規制の形態や主体性のパタンの変化の歴史でもあり、これには工業化、都市化、帝国主義、科学的努力、政治、福祉国家の台頭、社会運動、宗教、道徳、法律、医療行為の変化といった幅広い文脈があった(2)。J・デミリオとE・

フリードマンは、米国の性の歴史を概観した先駆的著作『親密さの問題』で同様のスタンスをとっており、彼らにとって歴史とは、性の規範を常に再構築し続ける権力関係のもつれ合いであることを強調している。彼らは、初期段階では特にアフリカ系米国人の経験に関する資料に限界があったことを認めつつも、ジェンダー、階級、人種、民族、地域、性的指向を包括した物語を提供したのである(3)。

これらの研究はいずれも、性の抑圧から解放へ向かうとする歴史的展開の直線モデルを批判しているが、代わりにそれぞれが現在の視点から、常に権力、規制、抵抗の新たな可能性をコンテクストとし、個人や集団の主体性の成長を前面に出して軌跡を描いている。レスリー・ホールは、一八八〇年以降の英国におけるジェンダーと性の変化についての自身の研究において、変化の速度がしばしば痛みを伴うほどゆっくりとしたものであることと、性生活を形成する深い継続性（長期持続）を非常に正しく強調している(4)。しかし、変化を推し進め、新しい可能性を垣間見せる転換点や断絶点を徴しづけることも重要である。継続性があるにもかかわらず、西欧社会の性の体制は、過去二百年の間に根本的に変化してきたが、その変化は、あらかじめ決まっていたというよりも不規則で断続的なものであった。デミリオとフリードマンは、米国の性体制は、植民地時代の家族を中心とした生殖を目的としたものから、十九世紀の結婚生活におけるロマンティックで、親密でありながらも対立する性、そして近代の商業化された性へと移行し、性関係が生殖だけでなく個人のアイデンティティと個人の幸福を提供するようになったと論じている。しかし、この移行は一筋縄ではいかなかった。これらの全体的パタンは、社会集団や地域によって異なるさまざまな年代記によって制約、制限されている。また、深く根付いた社会的階層、特にジェンダー、階級、人種によって形成されており、逆に、これらがセクシュアリティによって維持されたり、時々は土台から覆されることもあった。

ポイントは、セクシュアリティは広範な歴史的発展に対し周縁に位置するものではなく、不可欠なものだということである。セクシュアリティは、社会的変化の規模、強度、効果をより完全に理解するためのプリズムである。以下では例を挙げながら、西洋における性的近代性の発展において鍵となる瞬間を検証し、セクシュアリティが進むと社会も進み、社会が進むとセクシュアリティも進んでいくことを示したい。

現代的な性の誕生?

まず、現代のセクシュアリティの起源についての議論から始めよう。『性の歴史』の序章におけるフーコーの概念的枠組みは(二巻以降では修正されているが)、エロテイックな行為からなる古典時代、すなわちアンシャンレジーム期と、セクシュアリティからなる近代的レジームとの間の分断に基づいている。フーコーはこれを漠然と資本主義の勃興と結びつけているが、それはフーコーの描く歴史の中では重要な役割を果たしていない。フーコーの主な関心は、性の言説の出現や複雑な性の装置において、あるものを可能にし、またあるものを不可能にするのは何なのか、にある。フーコーにとって、まさしくセクシュアリティという概念そのものの発展こそが、十八世紀からの重要な言説革命であり、十九世紀の新しいセクシュアリティのカテゴリー発展こそ、それが結晶化した瞬間である。フーコーの影響は、セクシュアリティ「以前」、セクシュアリティの「創造」、「発明」、「起源」、さらにはセックス「後」を語る多くの書名に見ることができる。

このようなアプローチの危険性は、「セクシュアリティ以前」に存在した膨大な種類の性的経験や歴史を、それを記録した膨大な文献があるにもかかわらず、軽視したり否定したりすることにある。本書は、紙幅の限界と一貫性の保持という実際的な理由から、性の近代性に関する議論に集中することにした。ただし、歴史上の同性間の行為に関連した議論にも言及しているし、第6章では、非西洋的パタンと、近代性のさまざまな意味に関してより詳細に検討している。私は、K・フィリップス〔中世のジェンダー・セクシュアリティの研究者〕とB・レイ〔近世・近代のイギリス史、セクシュアリティ史研究者〕がその著書『セクシュアリティ以前の性（*Sex before Sexuality*）』の中で指摘した、「前近代の人々は、私たちが慣れ親しんだ性的カテゴリーを持たずに生きていたのであり、それを遡及的に押しつけるべきではない」という点を強く意識している。[5]

論じていきたいのは大まかに言えば、近代西洋では誰とセックスをしたか（男性／女性、同性／異性、同年代／年下／年上）に夢中になり、他の時代では、不摂生／耽溺、能動的／受動的、罪／救いといった問題に夢中になってきたということである。[6] この課題は、このような重要な変化に対してフーコーが述べた時代区分が意味を持つことを証明することであり、これは歴史家の間でも議論の的となってきた。（例えば、夫婦間セックスの重要性や女性のセクシュアリティを再考する道を開いたプロテスタントの宗教改革のように）それ以前の変化を強調する者もいれば、実際には大きな変化は全くなかったとする者もいる。[7] しかし、十八世紀が歴史家にとって特に魅力的な時代であることは証明されている。

この議論に最近加わった英国の研究者、ファラメズ・ダボイワラは、『性の起源（*The Origins of Sex*）』の中で、十七世紀後半から十八世紀にかけて西洋社会（北米の欧州人ディアスポラを含む）を席巻した大きな変化に大胆に焦点を当て、これを「第一次性革命」と呼ぶ[8]。ダボイワラによれば、その中心となるのは、「理性の時代」と呼ばれる啓蒙主義の幕開けであり、それに伴って宗教的権威が崩壊し、公共生活における女性の声の出現や社会におけるコミュニケーション手段の変化など、多くの関連する変化が生じたと主張している。その核となる動機は、新しい形の性の自由を生み出した「重大なイデオロギーの激変」であった。それまでの性のレジームは、不道徳な行為や信念は、個人を堕落させ、社会を蝕《むしば》むがゆえに危険なものであり、教会や社会によって厳格に管理される必要があるという前提に基づいていた。啓蒙主義は、宗教対立の疲弊から生まれた新しい性の寛容の精神をもたらし、一七五〇年までには合意の上でのほとんどの性行為が法の及ぶ範囲を超え、十八世紀末までには性に関するそれまでのあらゆる前提が深刻に問われるようになったと、ダボイワラは主張する。彼は、この劇的な変化が階級とジェンダーによって制限されていたことを認めているし、十九世紀にはジェンダー非順応、性的非順応《セクシュアル・ノーコンフォーミティ》、特に同性愛をめぐる新しい形の規律による制限があったことも強調できたかもしれない。しかし、ダボイワラにとって、この最初の性革命が二十世紀の性革命に必要な先駆けであり、近代社会の出現における決定的な瞬間であったことに疑いの余地はない。

この改訂版で、性の変化について本質的に単一の原因による目的論を肯定することは、論争を呼ぶことになった。この説明は、いかなる物質的基盤よりも、考え方の変化を強調している。これは、宗教を徐々に私的領域に閉じ込める世俗化の結果が性の自由であるというテーゼを磨き直すものであるが、性道徳を形成する上で宗教が現代に至るまで継続的に役割を果たしていることを無視している。西洋では、法と道徳の規範の宗教的制裁からの切り離しは、紆余曲折を経て長期にわたって行われており、今日でも完全に切り離されているわけではない。さらに、宗教的な思考様式は、初期のフェミニストの思考や、十九世紀から二十世紀にかけて性改革の先頭に立っていた多くの急進派のイデオロギーを形成していた。また、ダボイワラが認めた、階級や女性に関する例外は、社会革命や性革命を考える上で、決して周縁的なものではなく、中心的なものである。

フーコーに共鳴し、歴史学者たちが今日広く認めているのは、セクシュアリティについて思慮深く沈黙を保つ体制とは程遠く、近代の人々はセックスやセクシュアリティについて延々と語り続けているというものである。セクシュアリティは、十八世紀末のマルサスの人口過剰に対する悲嘆の中心であったし、フランス革命から、工場や鉱山で働く女性の状況、貧困層の住宅事情、子ども時代や子どもの性の意味に至るまで、あらゆる分野の論者の関心を占めている。性は、継続的な不確実性と不安の源となり、度重なるパニックを引き起こし、社会がどういう状況なのか、どうあるべきなのかについて、さまざまな認識が争われる場となった[9]。

しかし、セクシュアリティに対して増え続ける文化的関心の高まりを、より自由な体制であることの証拠として解釈するのは難しい。それどころか、身体や行動の規制によって性をコントロールすることへの関心の高まりを示唆するものである。多くの歴史家が主張するように、この鍵となるのは、ジェンダー、異性愛・同性愛、および関連する行為についての考え方が根本的に変化したことであった。十七世紀後半から十九世紀初頭にかけて、文化だけでなく、社会・経済・政治の発展が複雑に絡み合った結果として、人口統計の歴史からも明らかなように、嫡出子・非嫡出子の出産に対する障壁が低くなったとトマス・ラカーは指摘している。工業化の過程で、「異性間性交渉へのアクセスが明らかに増加し、一種の性的民主化により、カップル形成が容易になった」のである[10]。

ラカーは因果関係こそ明らかにしていないものの、こうした議論は、二つの相補的な性別が存在し、特徴的な身体を持ち、必然的に結びついているが潜在的には対立しているという新たなジェンダーモデルが十八世紀に現れた、というラカーの有名な命題を補完するものである〔一三五頁も参照〕。十八世紀中頃から増加したマスターベーションへの不安は、ラカーによれば、ひとつには男性の社会性が弱まることへの恐れを反映したものである。自己とのセックスに対する不安は、コミュニティの統制が弱まり、男性が妊娠や子育ての責任から解放されることの多かった社会において、男性のセクシュアリティが制御できないことに対する新たな不安を示すものであった[11]。十八世紀の重要性、特にこの時代こそが異性愛と同性愛という新しい概念へのレールを敷いたということについて、ランドルフ・トランバックはさらに大胆な主張をしている。トランバックは、北西ヨーロッパで一五〇〇年頃から支配的だった性のシステムは、一七五〇年までに全く異なるシステムに決定的に取って代わられたと主張している。新たなシステムを支配したのは、男らしさと女らしさに関する新しい概念、そして第三（男性同性愛）、第四（レズビアン）のジェンダーの概念の精緻化に伴う、同性間活動の独特な役割の出現であった[12]〔九六頁参照〕。

どちらの説でも、ジェンダーと性的関係のヒエラルキー的（そして補完的な）モデルが、次の二世紀を支配することになる差異的（そして潜在的に拮抗《きっこう》的な）モデルに取って代わられる。トランバックもラカーも、これらの変化を形成したより広範な社会的プロセスを完全には探究しようとはしておらず、彼らのモデルは本質的に理念型であって、異なるタイムスケールで異なる文化において実際に起こっていたことの複雑さと矛盾した影響を覆い隠しているという批判も多い⒀。しかし、それにもかかわらず、変化についての挑戦的なナラティヴが現れているのは確かである。階級的・年齢的に下である人とのセックスであるかぎり、相手が男性であるか女性であるかの区別がほとんどなかった男性の性的規範が、次第にしっかりと異性化されるようになったのである。十八世紀末の数十年は、男性の性的自由が拡大したかもしれないが（ラカーのいう「性的民主化」）、しばしばその代償として、女性に対する暴力が増加し、女性の身体に対する規制と管理の高まりは、後にヴィクトリア朝の性体制の重要な要素として指摘されることになる⒁。

歴史家たちは、ヴィクトリア朝は性的に抑圧された時代だったという神話を正しく批判してきたが、欧州や米国のどこにおいても、十九世紀がなんら問題のない性の寛容や啓蒙の故郷であったとみなすことは難しいだろう。つまるところ、〔十九世紀の〕セクソロジストや性の改革者たちは、たとえヴィクトリア朝の道徳の優位性や普遍性を誇張していたとしても、自らをヴィクトリア朝の道徳に対抗するものとして自覚的に位置づけ、独自の科学的啓蒙を求めていたのである。アンナ・クラーク〔イギリス帝国史、セクシュアリティ史の研究者〕が気づかせてくれるのは、西洋文明は「野蛮と無知に対する合理的な価値観の勝利」として想像されてきたが、現代の歴史家たちは、この図式をもっと不安

定なもので、希望に満ちたものではないと考える傾向があるということである。(15)

異性愛の正常化

歴史家はごく最近まで、異性愛の歴史をほとんど無視してきた。異性愛は無徴化された用語であり、語られざる規範であった。西洋の伝統において、性について考えるにあたって生殖の主題が支配的であることを考えれば驚くべきことではないが、セクシュアリティ一般が歴史化されてきたのと同様に、異性愛も歴史化されてきた。タン〔ルイ゠ジョルジュ・タン。性的マイノリティ、人種問題の研究者・運動家〕が示唆したように、異性愛は自然の秩序から取り出され、時間の秩序の中に置かれる必要がある。(16)

理解には言葉が重要なのが常である。「ホモセクシュアリティ（homosexuality）」という言葉を発明したケルトベニーは、「ヘテロセクシュアリティ（heterosexuality）」という言葉も発明したが、最初は二項対立の一方であることは明確ではなかった。当初は「精神的両性具有」、つまり後にバイセクシュアルとして知られるようになるものを指していたが、その歴史は不安定だった。ジョナサン・ネッド・カッツによれば、ニューヨーク・タイムズ紙で最初に使われたのはつい一九二〇年代初頭のことで、一般的に使われるようになったのは一九三〇年代に入ってからだという。(17)安定した社会の基盤として、排他的で性的に充実した異性関係が普遍的に謳《うた》われるようになるには、一九四〇―五〇年代を待たなければならなかった。異性愛の勃興と隆盛は、二十世紀の性文化において生殖の義務から快楽への重大な転換を示したが、同時に異性愛は、その対義語となる概念である同性愛を鍛える重要な言説へと発展した。[18]

もちろん、新しい概念とそれが指すものとの間には複雑な関係がある。家族史研究者は、中世初期以降の異性愛について自信を持って書いている。プロテスタントの宗教改革は、特にこの頃から結婚生活におけるセックスの重要性が強く信じられるようになったという点で、異性愛の発展にとって鍵となった時期だと考えられている。[19] 私たちは第一次性革命の研究者たちがその起源を十八世紀としたのを見てきたが、「生物学的命令」がセクソロジーの議論の中心になったのは、ようやくその一世紀後のことである。十九世紀に売買春、ポルノグラフィ、同性愛といった独特の下位文化が成長したことは、規範的なものと不適切なものとの分離が鮮明になったことを示している。しかし、愛と公然での宣言に基づいた近代的な結婚モデルが英国と（白人の）米国で覇権を握り、夫婦関係の新たな理想が別領域のイデオロギーを和らげるようになったのは、十九世紀も後半になってからのことである。[20] このような発展と並行して、歴史家たちは、（ヘテロ）セクシュアル化された都市の急成長する多様性をより詳細に記録してきた。例えば、売買春、ポルノグラフィ、パブ文化、ミュージックホール、ゴシップ、「スラム化」、三行広告などの文化が、日常生活のセクシュアリゼーションの一部として記録されてきたのである。(21)

このような展開から導き出される最も穏当な結論は、生殖と快楽のための一連の行為としての異性愛が、ここと決められた(そして変化する)時期以前には存在しなかったということではない。規範体系や権力を伴う言説としての異性愛の精緻化には、特有の、しかし不規則な歴史があるということである。その歴史が結晶化したのは二十世紀に入ってからのことにすぎない。これは、「他者」である同性愛に対する態度の変化と、歴史を明確にたどることができる一連の社会的な言説や実践によって形成され、定義されてきた。これには、十八世紀半ば以降の結婚のフォーマル化、男女間の相互的な快楽の理想の進化、産児制限の可能性、新しいパタンの消費主義、そしてなによりも女性の立場の変化などが含まれる。一九二〇年代の性的な開放感の高まりの中で、男女関係が部分的に再交渉され、結婚生活における相互の快楽が夫婦の安定の鍵であることが強調された。これは以前からあったものだが、第一次世界大戦後の「インフォーマル化」[*1]の流れの中で、より明確化し、一般的になった。(22)ローラ・ドアンにとって重要な出来事は一九一八年のマリー・ストープス『結婚愛(*Married Love*)』

の出版である。この賛歌は、異性愛夫婦の幸福の理想を結晶化したものであり、そのためには効果的な産児制限が不可欠な要素であると謳った。(23)一九二〇年代にニューヨークのグリニッチ・ヴィレッジなどで行われていたボヘミアンサークルのラディカルな実験や、ワイマールドイツでのジェンダーやセクシュアリティの開放性などを指摘する歴史家もいる。[*2]十九世紀末にはフェミニストや社会主義者のサークルに限られていた、仲間付き合いや人間関係における相互性、産児制限、女性の性的快楽、さらには「自由恋愛」などの考え方がより広く浸透し始め、愛やセックス、親密性についての新しい大衆文学を生み出したのである。(24)

これらの変化がもたらした変革のインパクトを誇張してはならない。パタンは、国によってばらつきがあり、さまざまであった。戦間期の英国には性について黙した近代性があったとする歴史家が多いが、スレーターによれば、これはフェミニズムの社

＊1 二十世紀の独国、オランダ、英国、米国などではマナーの寛容さの増大や「感情の解放」がみられ、キャス・ウーターースはこれを「インフォーマル化」と名づけた。原注22も参照。

＊2 「ボヘミアン」は自由奔放な生活を追求する人々を指す言葉。グリニッチ・ヴィレッジは当時の米国のボヘミアニズムの中心地であり、一九六九年には有名な「ストーンウォールの反乱」の舞台となった。

会的純潔主義の影響が根強く残っていたことと、性文化において禁欲が強く強調されていたことが一因である。スレーターのフィッシャーとの共著は、オーラル・ヒストリーの証言に基づく、性的に抑制された生活の静謐な品位への賛歌である部分もある。[25]性の知識は一九二〇年代およびそれ以降も堕落をもたらし、性の悲惨さ（sexual misery）はなにより女性の人生に影響を与えた。女性の逸脱に焦点をあてることは、近代の女性性――「モダン・ウーマン」、「フラッパー」、より一般的にいって社会的流動性や近代性そのもの――に対する不安を見定めるためのプリズムである。[26]

欧州をさらに広範に見渡し、ダグマー・ヘルツォーク〔セクシュアリティ史、宗教史、ホロコースト研究者〕は、「国や地方自治体が国民の私生活に介入しようとする前例のないほどの努力」が戦間期を占めた主題だったと見ている。[27]これが民主主義国家でも権威主義国家でも同じだったのは、セクシュアリティが政治的に重要な問題の中心となっていったからである。しかし、セクシュアリティが権力の新たな技術の焦点となったのが最も明確だったのは、ファシスト国家とソビエト連邦である。ヘルツォークは、ナチスの体制は単にKinder, Küche, Kirche（子ども、キッチン、教会）の価値観の押し付けと定義されるという従来の見解を覆し、ファシズムがいかに異性間の性的快楽を歪められた性的近代性の中に抱き込み、人々をこれまで以上に運命に縛りつけたかを示している。フーコーに倣《なら》い、ヘルツォークは快楽はそれ自体では決して権力と対立するものではなく、作動中の権力の道具となりうるということに同意する。しかし、収容所ではこの裏面があらわになっていた。ヘルツォークがいうように、「殺すだけでは不十分で、魂の死が目指された。そして、彼らのセクシュアリティが攻撃されるにあたって、犠牲者は最も深奥にある自我を標的とされた」のである。(28) 一九三〇年代のソビエト連邦における政策の変化は、〔一九一七年のロシア〕革命初期の同性愛や中絶に関する自由主義的な改革が放棄されたことと同様に、ヒューマニズムの伝統に対する暴力的な拒否反応を物語っている。これは、安易な進歩主義を全否定する、欧州のセクシュアリティの暗部であった。

しかし、規制の新しい試みは、欧州に限ったことではない。米国であっても、一九三〇年代、すなわち進歩的時代として最も知られる「ニューディール」政策の時代から、発展中の連邦政府の官僚機構の中に「異性愛国家（Straight State）」が組み込まれていった。第二次世界大戦後の西欧や米国の改革・福祉志向の政権は、社会的にも性的にも深く保守的であった。米国では、特に一九四〇年代半ばから六〇年代後半にかけて、冷戦の影響を受けて、移民、軍隊、福祉などに関連して、同性愛を標的とする手段を作っていた。* これは、より広範に広がる「米国の強迫観念」の一部であり、これを通じて、異性愛／同性愛の二元論が科学、医学、日常生活に刻み込まれ、同性愛を標的にすると同時に異性愛の関係性の価値を高めていった。[29]

大転換

一九五〇年代は、西洋のセクシュアリティ規制にとって極めて重要な時期であった。一方では、一九三〇年代の遺産と戦争の破壊的な影響を受け、異性愛の促進と相まって、多くの点で社会的なイリベラリズム（非自由主義）の締めつけが強化された。他方で、劇的な変化は、振り返ってみればはっきりと芽吹いていた。[30] 一九五〇年代以降、性に関する信念や親密な行動に歴史的変化があったことは、ほとんどの歴史家が認めるところである。その震源地は旧西側だが、世界規模で大きく共振した。これが、私がほかで「大転換 Great Transition」と呼んだものである。[31] しかし、歴史家の間では、原因、意味、時間性、含意、効果について意見が分かれている。ゲルト・ヘクマ〔セクシュアリティを専門とする人類学者、社会学者〕、アラン・ジアミ〔セクシュアル・ヘルス、公衆衛生についての社会科学者〕とその共同研究者たちは『性革命（*Sexual Revolutions*）』で、地域や国を超えた規則的なパタンはなく、主なアクターである西洋の戦後ベビーブーム世代とグローバル・サウスのポストコロニアル・ベビーブーム世代に共通の課題もなかったと指摘している。そのプロセスは、国や文化によってリズムが異なる、取っ散らかり、矛盾し、行き当たりばったりのものであった。しかし、それが何であれ、何百万人もの人々を引き込み、巻き込み、さまざまな方法で生活を再想像・再構築してきたことは間違いない。それが新しい「性の自由」や「性の解放」につながるかどうかは別の問題だとしても。(32)

保守派の思想家たちは、一九六〇年代の「文化革命 cultural revolution」は、西洋文明を支えてきた伝統的価値観を根底から覆し、米国の保守派歴史家であるガートルード・ヒンメルファーブの言葉を借りれば、社会の「脱道徳化」をもたらしたと批判してきた。影響力のある米国の社会学者ダニエル・ベルにとっては、六〇年代は快楽主義、超個人主義、消費主義を前面に押し出したイデオロギーの変革によって、ピューリタンの倫理観が致命的に損なわれた十年間であった。米国の保守派の政治学者フランシス・フクヤマは、一九六〇年代の混乱は、西洋の民主主義を支えてきた信頼と社

＊ 例えば、同性愛者の疑いがある場合、退役軍人として給付金を受け取る資格を剝奪された。一九四七年から五九年には、軍隊から女性同性愛者の排除が目指された。なお、有名なのは共産主義者とともに同性愛者も国家安全保障上の脅威とみなした「赤狩り」だが、レズビアニズムの問題化は赤狩りに先行し、長期化した。また、一九五二年制定の移民国籍法は、同性愛者を移民候補から除外した。

会資本の基盤を破壊する「大混乱」の中心であり、その後の数十年間を特徴づける道徳的混乱と文化的分断の原因となったとしている(33)。

政治的には全く逆の立場だが、左派の哲学者たちも同様に悲観的で、一九六〇年代に性に関する言説が際限なく増えていったのは、売りに出されている自由が幻影にすぎないという本質を覆い隠していたと考えている。一九六〇年代に一時、革命のアイコンとなったヘルベルト・マルクーゼ〔フランクフルト学派第一世代に数えられる社会思想家〕は、技術的合理性がエロティックなものを通して個人を現状に縛り付ける危険性を予見していた。快楽は服従を生む。先進消費社会が提供する部分的あるいは「抑圧的脱昇華」は、抑圧と搾取の存続を保証するものである。このような見方は、保守的な見方と同様に、抑圧されたり、解放されたり、昇華によって現状維持に水路づけたりすることのできる火山のような力としてのセクシュアリティの概念に依存していた。こうした見方は構築主義革命の後には消えていく傾向にあったが、浅はかな消費主義に対するラディカルな批判や、自由化は単に権力、規制、管理の様式の変化にすぎないという主張の中には、その要素は生き続けている。ダグマー・ヘルツォークは近年、現代の性的自由の矛盾を理解するにあたって、抑圧的脱昇華の概念は果たすべき役割がまだ残っているのではないかと考えている(34)。

一九六〇年代、先進欧米諸国で、大多数の普通の人々にとって物質的条件、生活様式、家族関係、個人の自由に、現に変化があったのは間違いない[35]。しかし、その変化は非常に多義的だった。一九七〇年代の第二派フェミニズムに至る刺激のひとつは、まさに、性革命は（左派を含む）男性のためのものであって、女性のためのものではなかったという感覚だった。それはまた、異性愛者のための革命であって、さまざまな生き方を積極的に肯定するというよりも、逸脱行為を規制・管理することに関心があった。一九七〇年代のレズビアンとゲイ運動は、一九六〇年代の「性革命」の主要な方向性に反して生まれたのである。しかし、中心となったのは、性的な問題に対する新たな主体性の意識であった。

ガートルード・ヒンメルファーブは、十九世紀終わり頃の「世紀末」の「性的無秩序」と言われた時代と、二十世紀末の「性革命」とを比較検証している。ヒンメルファーブいわく、「一世紀前は、「進歩的精神」は文化の先を行っていたが、今では文化全体に浸透している。これこそが我々の「性革命」の意義である。民主化され、正当化された革命なのだ[36]」。ヒンメルファーブは、この稀《まれ》に見る達成を称賛するより非難するに至ったが、彼女の中心的な主張に同意する歴史家がほとんどだろう。エスコフィエ〔ゲイ・レズビアン研究者、編集者、活動家〕が近年振り返っているように、二十世紀末の性革命はセックスが行われる社会的枠組みが根本的に変革された文化革命であり、日常における性の台本、セックス、ジェンダー、年齢、人種に関する大きな文化の物語、そしてセクシュアリティに関する科学的理解がすべて劇的に変化したのである。一九四〇年代から徐々に、しかし一九六〇年代にはスパートをかけるように、社会的行動は権威主義的でなくなり、より開かれた人々にとって多種多様になり、ますます多様な行動や感情のパタンが社会的に受け入れられるようになったとキャス・ウータース〔歴史社会学者〕は主張している(37)。

ウータースにとっては、これは大部分、感情の心理学の変化である。ギデンズは他の要素、特に宗教や家族などの伝統的な価値体系や構造が掘り崩された「脱伝統化」と、個人の自律性と選択の重要性を強調する社会的プロセスをいう「個人化」に重点を置いている。ギデンズは、脱伝統化と個人化が一体となって、新しい親密性のパタンを支え、社会発展の新たな段階である「後期近代」における社会関係のバランスを取り直したと主張する(38)。

これらのアプローチが示唆するように、一九六〇年代は多くの点で、継続的プロセスの中の経由地、すなわち、まだ完了していない長きにわたる革命の一部であったと考える方がよい。変化のペースは、グローバル・ノースとグローバル・サウス、それぞれの国の伝統、地域、階級、民族によって異なっていた。自由の拡大だけでなく、社会規制への新たな取り組みもあった。一九六〇年代から七〇年代にかけての自由主義の拡大に向けた躍進の多くは、その後の数十年間で、特に八〇年代初頭からのエイズの流行を受けた反発に直面した。この変化の利得者もいれば被害者もいた。しかし、出来事の水面下、民衆の主体性の深いレベルでは、特に世界の豊かな地域で、重大な変化が実際に起こっていた。若者が文化的な時代精神を規定し始めたことにより、世代間の権力が移行したこと。女性が権利と平等を新たに主張し始めたことにより男女間の権力が移行したこと。LGBTQの人々が承認と権利を主張したことで、性における正常と異常の均衡が崩れたこと。ジェンダーの不変性が掘り崩されたことで、トランスジェンダーの人々の発言力が増し法的な承認も得たこと。より効果的な避妊方法により子育てが選択可能な事柄になったことで、セックスと生殖が分離されたこと。セックスと結婚が分離され、結婚がもはや性表現への唯一の門戸として見られなくなったこと。多くの女性が婚外子を出産するようになり、シングル・ペアレントの数が非常に増加したことで、結婚と育児が分離したこと。同性カップルによる子育てが、常に存在はしていたのだが、レズビアン・ゲイの家庭生活の重要な側面となり、異性愛と子育てが分離したこと。同性婚やシビル・パートナーシップが世界各地で認められるようになったことで、異性愛と結婚が分離したこと。西洋のさまざまな地域のさまざまなリズムで、行き当たりばったりに、不均等に、新しい性の世界が出現し始めていた。

エイズと歴史に課せられた重荷

エイズの流行がこれほどトラウマを植えつけ歴史的に重要になったのは、こうした幅広い変化の真っ只中の一九八〇年代に出現したからである。エイズは、世界中で何百万人もの死者を出した歴史上稀に見る規模の人類の悲劇であった。しかし、文化理論家のパウラ・トライヒラーが図式的に描き出したように、「エイズ」は「意味の伝染病」であり、つまり、意味、表象、道徳的論争、歴史的論争の結節点としても急速に流行していった。エイズは最初から、過去の伝染病、科学気取りの理論、医療の介入、社会政策、偏見、差別、レイシズム、ホモフォビアなど、さまざまな、そしてしばしば一筋縄ではいかない歴史に枠づけられ、重荷を背負わされていた。[39]

エイズが出現したのは、性の習俗がかつてないほど流動的になり、古い社会的規律が衰退し、文字通り何百万人もの若者が動き出し、実験的な性行動に躍起になっていたときであった。とりわけ、はじめから流行への対応を特色づけていたのは、エイズが最初に生じたのがゲイ男性の間であったことである。ゲイ男性は、自己主張を強めていたが、政治的には疎まれたコミュニティであり、一九七〇年代に得られた利益に対するバックラッシュの要素をすでに経験していた。一九八〇年代初頭にメディアで報道されたエイズに関するモラル・パニックは、同性愛に焦点をあてたものであり、米国や英国などの政府によるエイズの流行への対応の遅れや躊躇に大きな影響を与えた結果、その流行はほとんど制御できなくなるに至った(40)。

皮肉なことに、レズビアンとゲイの歴史家たちが生み出したアイデンティティに関する歴史研究は、このエイズ危機を理解する上で、特にアイデンティティに関連して中心的な役割を果たすことになった。同性愛者のアイデンティティに対する本質主義的な見方は、個人の病因に焦点をあてることを意味し、性的アイデンティティを物象化および生物医学化し、それが真実で永久的であるかのように固定化してしまう危険性があった(41)。性的アイデンティティは与えられたものではなく偶発的なものであり、固定的ではなく流動的なものであるという歴史家たちの主張は、エイズの流行の本質についての重要な洞察であることがわかり、最終的にはより繊細な医学的・社会的介入を促すことになった。エイズは、ある人間の性的活動についての真実を語ることはできても、アイデンティティについての真実を語ることはできない。この洞察は、非西洋社会における疫学および伝染病の文化的状況をその文化特有の仕方で探究するにあたって中心的役割を果たした。非西洋社会では、西洋由来のカテゴリーが段々と流通していても、文化的にはほとんど定着する足掛かりがなかったし、歴史的な意味の蓄積もなかった。

　性の医療化に関する歴史研究も、この危機を理解する上で重要であることがわかった[42]。エイズを性感染症と定義したことで、過去の性病、特に梅毒との共通点を強く呼び起こした。梅毒は、性と危険に満ちた売春婦の病とされ、米国では特に人種的差異と重ね合わされていた。同性愛者は当時、汚染物質だったのである。アラン・M・ブラント〔医学史、科学政策研究者〕が観察したように、性感染症は、性の堕落と汚染に徴しづけられた社会の象徴、すなわち性と社会の根深い乱れの兆候として遇されてきた。フランク・モート〔セクシュアリティの近現代史研究者〕は、「エイズというこの現代の一瞬は長大な歴史に位置づけられるものであり、医学と道徳が、セックスの監視と規制、さらにはその定義に至るまで、非常に複雑に織り込まれている」と述べている[43]。エイズの社会的意味は、一九八〇年代に特に有害となった強力な医学的、道徳的な政治と歴史によって、幾重にも重層的に決まったのである。

　しかし、ここにはまた別の歴史、すなわち一九七〇年代の社会運動をルーツとする、コミュニティの自己肯定と集団的主体性の歴史があった。エイズの初期の物語における特徴のひとつは、エイズの影響を最も受けている人々が、問題の定義とそれに対する批判的介入の両方に関わっていた度合いである。一九八〇年代後半までは、〔エイズに対する〕一貫した対応は、医療を除いて、主にゲイ・コミュニティを基盤とした組織によるものしかなかった。[44] ゲイ・コミュニティ、エイズの人々、公衆衛生関係者の間で広く展開された提携は、医療と社会の関係に大きな変化をもたらす先駆けとなった。[45] フェミニストの健康運動*の後に続いたエイズ活動家の働きは他の多くのキャンペーンに引き継がれたが、それらすべての活動の本質は、リスクにさらされている人々自身を動員し、彼らの治療とケアを何らかの形でコントロールすることであった。アルトマンが記録しているように、エイズに対するコミュニティベースの対応は、エイズの流行を定義づける重要な要素であり、米国などで公的に放置されたことに対する必死の応答として始まったものが、世界的反応の極めて重要な側面となったのである

＊　第二波フェミニズムの時代に、女性が自身の身体に関する知識を増やし、自己管理することを目指して行われた。具体的なテーマとして、生殖技術や避妊へのアクセス、医療制度における女性差別の撤廃、医薬品の安全性の確保などが挙げられる。

る。新しい知識は、伝統的な生物医学のエリートからだけでなく、下からももたらされうる――まさしく、セクソロジー的な定義や、セクソロジー的な屈折のかかった歴史を否定した一九七〇年代の議論のように。エプスタイン〔科学技術、医学生物学、セクシュアリティの社会学者〕は、エイズ危機は「専門家と素人の間の通常の信用・信頼の流れが破壊された事例である。そのため、科学の自律性が問われ、外部の人間が裂け目に飛び込んできたのだ」と論じた(46)。誰が発言でき、誰が耳を傾ける相手となるかという信頼性をめぐる戦いのこの新たな転機において、エイズ活動家たちは、予防戦略、抗体検査、差別禁止法、医療提供システム、治療、そしてセクシュアリティそのものの意味について、自らを専門家としたのである。

一九九〇年代半ば以降、西洋のほとんどの国では、新しい抗ウイルス剤治療の導入に伴い、エイズの正常化・日常化が進んだ。しかし、これは流行の終わりではなかった。豊かな西欧諸国でもエイズの発生率は増加し続け、他の地域ではパンデミックとなった。とはいえ、資源が利用可能な場合(重要な条件である)には、初期のキャンペーン担当者が期待していたような、管理可能な慢性病になる道を順調に進んでいた。しかし、この病気の変遷は、世界の歴史的想像力に絶えず付きまとう。エイズ危機が、先例のない形で性の情勢を照らし出した発火点であったことは、当時から明らかであったが、歴史的な背景を踏まえるとなおさらであろう。

同性婚と新しい様式の親密性

エイズ危機の予期せぬ結果は、同性婚が重要な問題として浮上したことである。米国では一九七〇年代に一部のレズビアン・ゲイ活動家が結婚の権利を主張しようとしていたが、ジョージ・チョーンシーが示したように、ゲイ解放運動の初期には同性婚はほとんど注目されていなかった。(47) それどころか、レズビアンもゲイも多くは、結婚制度に対するフェミニストの敵意を共有し、結婚はレズビアンやゲイに敵対する制度であると考えていた。しかし、同性婚に対する態度は、一九八〇年代後半から二〇一〇年代にかけて劇的に変化した。この十年あまりの間に、同性の登録パートナーシップ制度、最終的には婚姻の権利の平等が承認されることを目指すという幅広い政策的コンセンサスが生まれた。

この変化は、国の伝統や歴史の違いによって幾重にも重層的に決まった。米国では、完全かつ平等な同性婚を求めて、司法活動や民衆動員に焦点をあてたキャンペーンを開始したが、デンマークとそれに続いた他のスカンジナヴィア半島諸国では、定評のあるロビイングや議会のプロセスを利用して、限定的な承認からスタートした。(48) 仏国では、一九九九年にPACS（pacte civil de solidarité）を定めた法律は、古典的な共和制の伝統と慣習に従って、レズビアンとゲイに異なる文化的アイデンティティを承認せず、異性愛カップルにも同性愛カップルにもシビル・ユニオン制度[*1]を認めている。オランダでは、複雑な多元社会においてさまざまな権利を求めるさまざまな主張が共存することを前提とした「柱状化」[*2]の伝統に、根本的な変化がたやすく適合した。英国では、シビル・パートナーシップ法により、パートナーシップを結んだ同性カップルに結婚している異性愛夫婦と実質的に同じ権利を与えたが、過剰な反発を避けるために同性婚とは別の呼び名を与えた。これは、「ステルスによるリベラリズム」の古典的な例である。他方で米国では、同性婚は一九七〇年代から続く「文化戦争」における鍵となる係争地となった[49]。

エイズの流行は、その間にゲイ男性を支えていた友情と献身の強い絆が公式には承認されていないことを劇的に示していた。子を持つレズビアンも同様に、一九七〇年代から八〇年代にかけて、伝統的な家族秩序を脅かすのではないかと思われていたがゆえに制度やメディアの激しい敵意に直面していたが、その敵意はエイズの流行によってさらに目立つものになった。レズビアンとゲイの子育てグループによるリプロダクティブ・ライツ（生殖に関する権利）を求める運動の高まりは、一九八〇年代後半からのいわゆるレズビアンとゲイの「ベビーブーム」[*3]に伴って、この歴史を研究したダニエル・リバースの言葉を借りれば、性革命の「重要だが認識されていない」一部を構成していたのである。(50) チョーンシーが記しているように、エイズも子育ても、米国で結婚が果たす重要な役割を劇的に示すことになった。結婚は、異性愛夫婦が二人で暮らすことの制度的承認を組織するだけでなく、社会的な資格や医療への道を開く役割があるのだ。結婚は単なる待望された市民権ではなく、不可欠な社会的保障の鍵であり、多くの場合、生き延びるための鍵でもあったのである。

こうした議論は、オルタナティヴな親密性が長く歴史の中に存在してきたことを示そうとする歴史学によって後押しされた。初期のレズビアン史では、十九世紀の女性同士のロマンティックな友人関係の多くが結婚に似た性質を持っていることが強調されていたし、レズビアン史では、カップルの片方が男性としてパスしていた女性同士

＊1　結婚と同程度の法的権利（財産分与や病院における家族としての面会権など）を持つパートナーシップ関係を認める制度。
＊2　社会の政治的宗派の分離、または宗教と関連する政治的信念による社会集団への分離。
＊3　リバースによれば、人工授精技術に対する関心の高まりや、親権および養子縁組に関する法律が改正されたことが背景にある。

の（違法だが）事実婚の例が多く発見されていた。男性同士の模擬結婚は、十八世紀初頭のロンドンのモリーズ・クラブ*でも発見されており、メアリー・マッキントッシュが「同性愛者の役割」の中で言及している。有名なところでは、ジョン・ボズウェルが『同性婚（*Same-Sex Unions*）』の中で、同性婚が認められていた文化を列挙している。古代中国からネイティヴ・アメリカン、中東、南米まで、初期キリスト教圏の欧州だけでなく、全大陸のかなりの範囲で同性婚が認められていた。(51)

ボズウェルの研究はその多くが、教会が同性愛や同性婚のような取り決めを容認してきた自分たちの歴史をどのように隠蔽してきたかについての、これまで彼が行ってきたカトリックの伝統との論戦の延長線上にあった〔九四頁参照〕。当然のことながら、この本は、定義、出典の意味、歴史的・現代的な意味合いをめぐって、激しい論争を巻き起こした。ボズウェルと同様にカトリック教徒でゲイであるバックグラウンドを持つアラン・ブレイ〔九五頁も参照〕は、死後二〇〇三年に出版された最後の著書『友愛（*The Friend*）』で、より簡素だが、ひょっとするとよりラディカルともいえる命題を採用している。彼がたどった同性間の友情の宗教的儀式や誓いは、ブレイいわく、十八〜十九世紀まで全く正式化されなかった異性婚と単純に類似しているのではなく、拡大家族や社会的ネットワーク内外の社会的取り決めの豊かな複雑さの一面である。

ブレイは、このようなユニオンの性的性質については極めて慎重であり、両意にとれさえするが、彼が引用したある例では、疑いの余地はない。ブレイは、アン・リスターの献身的な取り決めに、これらの中世の取り決めの小さな残響を読み取っている。そこでは、彼女の四百万語の日記と現存する千通の手紙の証拠から、性的な要素が明白である。これらの手紙の中には、「一八三〇年代には、落ち着いた友情が、結婚によって生まれる絆と重なり合いまたその絆に影を落としもするものとして、どれほど家族や友人に理解されていたか、紛れもなく詳細に表れている」とブレイは論じている。[52] しかし、十九世紀末までには、同性同士のユニオンは歴史的な記憶からほとんど消えてしまい、異性婚が規範となった。

ブレイの研究は、同性愛（および異性愛）の歴史を書くにあたっての土台からの修正を迫る最も広範な取り組みのひとつであり、性愛行為を歴史の編成原理とすること

＊　十八世紀から十九世紀初頭にかけての英国に存在した、ゲイ男性が集まるクラブやバーのこと。molly は当時、今日でいうゲイ、バイセクシュアルなどと呼ばれる男性を指す言葉として用いられた。ラテン語で軟弱であること、女々しいことを意味する mollis から来ているとされる。

を廃止し、その空いた席に感情的親密さを置くことを提案している。[53] デボラ・コーエン〔ジェンダー・セクシュアリティの近現代史研究者〕が鮮やかに示しているように、過去の最も見かけ上オーソドックスな家族構成は、同性愛者の親族、シングルマザー、不倫、重婚など、決まりの悪い社会的逸脱を受け入れるさまざまな微妙な方法と共存していた。また、わざとオーソドックスから外れようとする人々は、自分たちの道を模索し、出たとこ勝負で歩んできた。マット・クックは、二十世紀のロンドンにおけるさまざまなクィアの家庭生活を呼び出してくることで、同性愛者の主体が敵対的な法的環境や根強い偏見を共通に経験していたにもかかわらず、親密な生活には拘束力のある単一のモデルなど存在しないことを示唆している〔九七頁も参照〕。それだけに、社会的状況、階級的経験、個人的機会、文化的なもの、そして最終的には政治や社会運動への取り組みに多くが左右されていた。そして、「ノーマル」な生活と「クィア」な生活の境界線は、しばしば「かなり曖昧」であった。[54]

このような歴史は、その密度、複雑なパタン、つながりにおいて、親密な生活を複雑に織り成している。これらの歴史は、クィアや一般に正統でないと思われている生活を無視してきた家庭や家族に関する既存の歴史に「トラブル」を起こそうとするものである。また、私生活の内面や、「深く感情的で、無意識的な対人関係の親密性の力学」についての洞察を提供し、親密性の希望や調和だけでなく、その危険性も指摘している[55]。

同性婚への関心が高まっていることからもわかるように、親密性が多様であるというまさにそのことが、社会的、文化的にいかに承認されるべきかという点で、社会に対してますます挑戦的なものとなっている。性あるいは親密性の市民権という概念は、特にプラマーの定義では、権利の獲得および包摂の性質を変えることの両方を通じた、社会への完全な包摂の達成を意味するようになった。既存の秩序の中で差異を限定的に容認するのではなく、民主的、対話的、平等主義的な社会を構成するものとして差異を全面的に受け入れるのである[56]。

これにより、セクシュアリティ、ジェンダー、人種、市民権の関係の発展に関する新たな歴史的探究が始まり、その過程で新たな論争が巻き起こっている。米国の性秩序に対するクィアや急進的な批評家の中には、結婚や親密性の市民権のクレイムを、現代文化の新自由主義的な再構築に加担する「同性愛規範性」の例として捉えている者もいる。さらに進んで、「テロとの戦い」をきっかけに、同性愛と保守的ナショナリズムとの間に新たな言説上の一体感が生まれていることを見出す者もいる。これは「ホモ・ナショナリズム」として知られるようになった。ジャスビア・プアー〔ジェンダー・

〔セクシュアリティ、ポストコロニアル研究者〕は、同性婚は単に異性愛規範との平等を求めるものではなく、より重要な点は白人の特権や権利、特に財産や相続の権利の復活を求めるものであることだと述べている。(57)

プアーの批判は明らかに米国の経験から述べられているが、欧州の同性婚をめぐるクィアの議論でも同様の批判が共鳴している。ゲルト・ヘクマ*は、リベラルな性改革が受け入れられたことで、ゲイ世界が、よりラディカルで挑戦的な性の様式を犠牲にして、差異よりも同一性という凡庸な概念に基づいた性の秩序を選択したと見ている。(58)複数人と関係を持つことやポリアモリーから、オンラインで性的な相互行為が急速に容易になっていることまで、セクシュアリティや親密性に関する物語が増殖している世界では、このような論争が簡単に収まるとは思えない。

他方で、同性婚が合法化されると、全員にとっての新たな規範としてではなく、多くの選択肢の中のひとつとして、急速に日常的な経験となっていくことを示す多くの証拠がある。ヒーフィー〔ジェンダー・セクシュアリティ、コミュニケーションを研究する社会学者〕らによる、英国に二〇〇四年に導入されたゲイとレズビアンの若者のシビル・パートナーシップに関する研究では、いかにシビル・パートナーシップが急速に当たり前のもの、すなわち普通の人々にとって普通にありうるものとなったかが示されている。(59)確かに、ここには性的秩序や結婚の意味を破壊しようとする願望の証拠はなかった。他方で、異なる生き方を制裁し否定する伝統的な道徳体系を受け入れている証拠もない。単に、同性愛が若者の間での決定的な違いではなくなってきたのだ。これが事実であれば、最低限、過去二世紀の間に決定的な影響力を持っていた異性愛/同性愛の二項対立が根底から揺らいでいることを示唆している。そしてこれは、定義する用語をその二項対立に依存している、性の歴史に対する挑戦でもあるのだ。

＊　プアーは九・一一同時多発テロ事件やイラク戦争における捕虜虐待を例としている。

第6章　性の歴史のグローバル化

性の歴史をグローバル化する

「国境は確かに存在し、意味を持つ」と、アフリカのセクシュアリティの歴史を研究するマーク・エプレヒト〔ジェンダー・セクシュアリティの歴史学、グローバル開発学研究者〕は述べているが、その意味は安定したものでも、一貫したものでもない[1]。ポストコロニアル諸国の建国者や活動家にとって、歴史一般、そしてとりわけ国家の性の歴史は、過去を再評価し、現在の輪郭をはっきりさせるための重要な戦場となっている。

しかし、歴史上意味深い企ては、その文化的遺産がいかに深く根付き、いかに孤立しているように見えても、一国の想像力の枠内に容易には閉じ込めておけないことも明らかである。国を越えた流れが、これまで地域独自の性文化を形成してきたし、現在も明らかに世界規模で進行中である。現在ではグローバリゼーションの第一波とみなされている十六世紀以降、欧州の兵士、旅行者、貿易業者、植民地統治者、道徳論者や宣教師、そして後に続く考古学者、人類学者、先駆的なセクソロジストや性改革者たちは、同時期に性とジェンダーの世界の多様性と多元性を知らしめ、そして彼らが「発見」した土地の繊細な性の生態系を大規模に破壊した。欧州諸国と世界の他の国々との残忍な植民地支配としての接触は、近世から十九世紀後半の欧州帝国の最盛期を経て、第一次世界大戦、そしてその後のグローバリゼーションの第二波に至るまで、ますます進んでいった。この接触は、植民地化された「他者」の生活を再編成しただけでなく、本国における性の意味をも再構築した。新しい性科学と、性の歴史を構築しようとする初期の試みが、帝国の絶頂期に同時に生まれたことは偶然ではない。しかし、より近年のグローバリゼーションの波こそが、デニス・アルトマン〔ジェンダー・セクシュアリティの社会学者〕が「グローバル・セックス」[2]として図式化したものへの幅広い関心を反映しながら、一九九〇年代以降の性の歴史における「トランスナショナル的転回」を促進してきたのである。

　現在のグローバリゼーションの波は、一九八〇年代以降に加速した経済、社会、文化、コミュニケーション活動のグローバルな統合のプロセスを広く指し、あらゆるレベルの社会関係を世界的規模で変革している。この言葉は、表面的には、こうしたグローバルな相互作用の変容を表す中立的な言葉である。しかし、一九九〇年代以降は、米国化や新自由主義と密接に結びついたトランスナショナルな政治的・文化的プロジェクトとしても捉えられ、それがトランスナショナルな反資本主義・反グローバル化運動を生み出している。私はこの言葉を、できるだけ中立的な立場で、あらゆるレベルで人間の相互作用の文脈と意味を変容させる、相互にリンクしたプロセスを説明するために使っている。すなわち、社会的、政治的、文化的、経済的な関係が国境を越えて拡大していること、世界的な相互接続性、相互作用、流れが強化され、増大していること、そして、特により高速かつアクセスしやすい交通、メディア、情報技術の発達や、モノ、資本、人々の循環によって、世界的な相互作用が加速していることを指している(3)。

　セクシュアリティは、必然的にグローバル化の影響を受けることになる。グローバル化によって、さまざまな信念、行動、前提同士が鎬《しのぎ》を削る。グローバルな流れは、親密さやエロティックなものの文脈や意味を再構築し、歴史的想像力を新たな形で開放する。例えば、商品やサービスの流れと性的消費主義。愛やセックス、友情を求める人々の流れ、貧困や戦争、迫害から逃れたり、人身売買されたり、新たな機会を求めたりする人々の流れ。性感染症、特にエイズの流れ。ポルノグラフィや性的に露骨なコンテンツの流れ。性的興奮や抑制効果のある薬物の流れ。生殖技術や生殖の自由を求める女性の流れ。社会の崩壊から逃れたり、避難所を求めたり、人身売買されたりする子どもたちの流れ。快楽(ときにはパートナー)を求めるセックスツーリストの流れ。宗教、科学、新しいメディアやコミュニケーション形態の流れ。デジタル・セクシュアリティ、ウェブサイト、ブログ、ソーシャル・ネットワーク、性的な出会いの流れ。概念、イデオロギー、信念体系の流れ。男性、女性、トランス、ゲイ、バイセクシュアル、クィアなどのアイデンティティの流れ。キャンペーン、国際組織、社会運動の流れ。会議、ワークショップ、セミナー、学者、道徳事業家の流れ。そして、性の正義と人権のための権利主張の流れ[4]。

このようなグローバル化の流れは、世界のあらゆる地域に影響を与えるが、その影響は個人、集団、国家、地域によって不均等にふりかかる。なぜなら、権力の大きな格差と重大な不平等に巻き込まれているからであり、このことは、特に女性、子ども、レズビアン、ゲイ、バイセクシュアル、トランス・アイデンティティを持つ人々に対する継続的な性的不正義に表れている[5]。ケン・プラマーは、このような「現実世界」の違いが、人生における最大の喜びの源であると同時に、最も深い悲しみの源でもあると指摘している。喜びとは、性的な可能性の多重性を探究することで、何百万人もの人々に大きな喜びと機会をもたらすことができるということであり、悲しみとは、差異をめぐる永遠の対立と暴力の可能性を抱えながら生きていかなければならないということだ。[6] 同時に、グローバルな視点は、伝統の限界や制限を超えるための新しい機会を生み出し、対立的な社会運動や、人間の性の権利や社会正義のための主張を生み出す。

歴史家とトランスナショナルな性の歴史

歴史家たちは、このような世界的な性の流れを分析することにますます夢中になってきており、社会学、人類学、政治学、経済学、医学、クィアに関する豊かで増え続ける文献を利用して、セクシュアリティやジェンダーの違いを否定したり、受け入れたりすることによる正負両面の影響を記録している。しかし、こうした文献の多くはいまだ、北側の視点からのものである。世界の他の地域の学者による記述は「まだ珍しい」と、サスキア・ウィリンガ〔特にインドネシアを対象とするジェンダー・セクシュアリティの社会学者〕とオラシオ・シヴォリ〔特にアルゼンチンのセクシュアリティを対象とする人類学者〕は『グローバル・サウスの性の歴史（*The Sexual History of the Global South*）』で述べている。[7] 中国のように豊かで文書記録の多い文明でさえ、セクシュアリティとジェンダーの歴史は最近までひどく軽視されてきた、とスーザン・マン〔近代中国の女性史研究者〕は指摘している。哲学者、宗教指導者、作家、芸術家、親、医者、一般の人々による大量の歴史的証拠があり、また帝政、共和制、共産制のいずれの時代にも国家の関心が高かったにもかかわらずである。[8] 同じことが他の主要な性のシステムについても言える。しかし、国内外の活発な研究者がこの課題に取り組んでいる。ウィリンガとシヴォリの本は、開発史の研究を支援するための国際的な資金提供による交換プログラムによって奨励された南側諸国の重要な研究を、意図的に広く引用している。ニェック〔エスニシティ、クィア研究者〕とエプレヒトの『アフリカにおける性の多様性（*Sexual Diversity in Africa*）』、ホード〔南部アフリカのジェンダー・セクシュアリティ研究者〕の『アフリカの親密性（*African Intimacies*）』、タマレ〔ウガンダ人のフェミニスト法学者、人権活動家〕が編集した論集『アフリカのセクシュアリティーズ（*African Sexualities*）』などは、成長しつつある多様な研究があることをずらりと並べ、植民地時代の神話が提唱していたような単一の「アフリカのセクシュアリティ」など存在しないことを示している。タマレの研究は、公式の記録だけでなく、詩や口頭での証言を通して大陸の性の多様性を記録しており、グローバル・サウスにおける性のアーカイヴが、あとは発見されるのを待つだけの状態で存在するわけではないという事実を劇的に示している。アーカイヴは、性の歴史を構築するまさにその過程で作られているのだ(9)。同様のことを、アンジャリ・アロンデカール〔南アジアのジェンダー・セクシュアリティ史研究者〕は、セクシュアリティとジェンダーが植民地化する側とされる側との間の争いの中心的な側面となっているもうひとつの主要な文化、インドに関連して指摘している。複数のオルタナティヴなアーカイヴの構築は、紛争や論争のあった過去の抹消された部分を修正し、複雑に絡み合った歴史を強調する方法のひとつである(10)。

西洋の性の歴史の発展と同様に、世界規模での批判的な性の歴史の現代的発展の鍵となるのは、中国やインドからラテンアメリカ、アフリカ、そして重なり合ってはいるが一枚岩ではないイスラム世界やアラブ世界の同性間の性に関するものである。その理由のひとつは、欧米諸国と同様に、歴史的な仕事が活動家の新たな闘争、特にエイズの影響と強く結びついており、それが地域の性の歴史に刺激（と国際的な資金）を与えているからである。クィア歴史家は、反体制的なセクシュアリティやジェンダーのグローバル化を探究する先駆者であり、ポストコロニアルな研究や視点、そして確立した批判的歴史アプローチを用いている(11)。彼らの主張の重要な点は、反体制派や非順応者の姿を追うことで、より広い性の体制を照らし出し、異性愛規範の前提の輪郭を描き、疑問を投げかけることである。同性愛の実践がどのように生きられ、表現されているかを研究することで、社会的、知的、政治的な生活の多くの領域に隠された権力の力学を明らかにすることができる。このような実践は、たとえ非難されたり軽蔑されたりするときでも（あるいはそういうときこそ特に）、社会組織にとって不可欠なものである。しかしこれは、トランスナショナルな性の歴史を描く上での重要なジレンマの根底にあるものだ。すなわち、西洋の研究においては（問題視されている場合であっても）同じ意味としてしっかり通用するカテゴリーを、非西洋のセクシュアル・ジェンダー文化においてどの程度までうまく使えるのか。

二十世紀初頭の学者たちは、セクソロジー、同性愛者、異性愛者といった新しい言葉を、他の文化に言及する際に適用することになんのためらいもなかった。当時、こうした用語は、世界の他の地域はおろか西洋でもほとんど通じなかったにもかかわらずである（第2章参照）。一九七〇年代に登場した批判的な性の歴史の新しい波は、このような用語を歴史化したが、世界各地の「ゲイ・ライフ」を探究する試みが拡大していくのを止めず、その結果、「ゲイ・インターナショナル」（二〇七頁参照）や「ホモ・ナショナリズム」（二八五頁参照）に対する激しい論争が生まれた。しかし、トランスナショナルな性の歴史における自民族中心主義的な仮定や本質主義に対して、普遍的なクィア批評は、必ずしも特に役立つものではない。マーク・エプレヒトがアフリカ史学に指摘しているように、クィアの理論化は、北米生まれのものをあまりにも多く持ち込み、あまりにも多くの西洋の理論的仮定と西洋の経験的証拠を具現化し、文化的帝国主義そのものを匂わせ、しばしば「驚くほど流行遅れ」である[12]。性の歴史家にとっての課題は、よその意味を押し付けることなく、いかにして異文化の意味、儀式、知の形態、主観性、感情に、共感と理解をもって入っていくかということである。

批判的な性の歴史の中心にあるのは、知識と実践の大陸としてのセクシュアリティは、西洋の認識論において非常に特殊な歴史を持っているという前提である。他の文化との関連性はどうありうるのか？ スーザン・マンは、彼女が研究対象とするほとんどの期間、中国には存在しなかった文化的カテゴリーを適用することの奇妙さについて意見を述べている。だがマンは、異国由来の概念をあてはめることにはもっともな理由があると指摘している。私たちが使っているカテゴリーが適合しない場合、差異やバリエーション、時間的な変化を見ることができるようになる。人々は、自分とは異なるあり方を紹介され、人間の幅広い可能性を認識し始めるのだ[13]。このことによる強力な効能のひとつは、他のすべての性の歴史に西洋の概念の近似性を見るのではなく、他の歴史を通して西洋の概念の文化的特異性や奇妙ささえも認識することである。トランスナショナルな性の歴史とは、世界史やグローバルな影響の研究以上のものであるとエプレヒトは主張している。それは、国境を越えた、あるいは国境内での、循環、越境、不平等、交配、ダイナミックな出会い、交流に関するものだ。[14] 性とジェンダーの歴史に対するトランスナショナルなアプローチは、分離ではなく、相互の連結であり、ブラジル、中国、インドネシア、無数のアフリカ諸国の歴史と同様に、米国、英国、独国の歴史を照らし出すべきものなのだ。

性の歴史のパタン

西洋の考え方を形成した性の科学的概念である「性の科学(scientia sexualis)」と、その他のグローバルなエロティック経済の大部分を表面的には形成したとされる快楽と儀式の実践である「性愛の術(ars erotica)」という、ミシェル・フーコーのよく知られた区分は、フーコーの概念の中で最も激しく批判されており、特にグローバル・サウスの歴史家からの批判は激しい。[15] この区別は、西洋のセクシュアリティを解釈する際には誤解を招き、非西洋の性文化に対しては恩着せがましく、ポストコロニアルでユートピア的であると広くみなされている。これは、初期の多くのセクソロジストや後のセックスツーリストが展開してきた、原始的なものへの快楽と危険に対するロマンティックな見方を、不思議なことにそのまま繰り返している。そして、今日の批判的な性の歴史家たちはこれを乗り越えたとされている。ミッチェル・ディーン〔政治社会学、歴史社会学者〕が説得的に示唆しているように、フーコーの議論は、文化的総体性への批判や、効果的で系譜学的な歴史を採用する自身の方法論的原則と根本的に食い違っている[16]。しかし、フーコー自身の枠組みや、フーコーを崇《あが》め奉る人々の欠点がどうであれ、フーコーがトランスナショナルな分類にチャレンジしたことは大きな影響力を持っており、世界規模での性の歴史のパタンを見出そうとする長い取り組みの一部とみなすことができる。

世界的に最も（悪）名高く影響力のある区分の試みのひとつが、十九世紀半ばに英国の旅行家・冒険家であったリチャード・バートン卿が『千夜一夜物語』の翻訳本の「巻末論文」の中で提示した「ソタディック・ゾーン」の理論である。バートンは、年長の男性と少年との世代を超えた性行為が許容されている、あるいは性道徳に完全に組み込まれているような地理的なゾーンが存在し、それは人種や文化、生物学的な要素だけでなく、気候によっても形成されているという仮説を提示した。ソタディック・ゾーンは、地中海沿岸、中東およびイランからインドの大部分やインドシナにかけて、そして中国、さらに南洋諸島から南アメリカにかけてに及ぶ。この架空の枠組みは、アンティーク趣味的な興味深さ以上のものがある。ソタディック・ゾーンからほとんど除外されていたアフリカについてはエプレヒトが、ほとんど含まれていたアラブ文明についてはマサドが論じているように、ゾーンから除かれたりゾーンに含まれたりすることは、これらの地域に対する西洋の認識や政策に継続的な影響を与え、現代の歴史的理解を形成しているのだ(17)。

「アフリカのセクシュアリティ」は断固として異性愛であり、同性愛は輸入された悪徳であるという主張は、ナショナリストのリーダーや宗教的保守派が、西洋が支援する性の権利のキャンペーンや、エイズ危機に対する国際的対応を攻撃する際に、今でも用いている。南アフリカのタボ・ムベキ元大統領は、HIVがエイズの原因であることを否定して悲惨な結果を巻き起こしたが、その背景には「アフリカのセクシュアリティ」に対する西洋の態度への疑念があったと強く主張されている(18)。これとは対照的に、アラブのセクシュアリティは植民地支配者によって、女々しく堕落したもの、特に女性を搾取するものとして描かれた。それがアラブ民族主義者や宗教的原理主義者の西欧道徳主義への反発につながり、西欧のイスラム恐怖症に拍車をかけた。「倒錯の地理(19)」のマッピングは、重大な影響を及ぼしてきた。本書で見てきたように、カテゴライズは単にきれいに区分するという以上の意味を持つ。それは権力関係を具現化するものであり、複数の影響をもたらすものである。

性文化は、分類しようとする試みからは常にはみ出すものである。分類学者が想像する以上に、性文化は常に複数的で拡散しているのだ。同時に、性文化のパタンが全くの恣意的なものであるとも思えない。重要なのは、パタンを（押し付けるのではなく）検出できるところでは認識し、そのパタンを、決定するための方眼ではなく、明確にするためのヒューリスティックな装置として用いていくことである。スウェーデンの社会学者であるヨラン・テルボーンは『性と権力の間で（*Between Sex and Power*）』の中で、幅広い宗教的枠組みの中で、世界の家族形態の五つの基本的なタイプを検出しており、それはセクシュアリティとジェンダーの構造が形成されていく文脈をもたらす。五つのタイプとは、サハラ以南のアフリカ型家族（アニミズム信仰）、欧州・北米型家族（キリスト教）、南アジア型家族（ヒンドゥー教）、東アジア型家族（儒教と仏教）、そして西アジア／北アフリカ型家族（イスラム教）である。また、テルボーンは、東南アジアやクレオール・アメリカンなど、さまざまな下位類型を挙げている。プラマーが本書を考察して指摘しているように、これらのカテゴライズは確固としたものではなく、これまでも、そしてこれからも劇的な変化を遂げる可能性がある。[20] しかし、こうした過去の遺産は、性のレジームは独立変数ではなく、ジェンダー、家族、広範な社会組織の構造と根本的に結びついていることを明確に示しながら、現代の価値観を形成し続けている。
プラマー自身は、ゆっくりと移動しており、周囲の生命体を組織しているような「地球の地殻プレート《グローバル》」の存在を示唆している。プラマーがプレートと呼んでいるのは、衰退するどころか世界規模で急成長しているように見える世界宗教、テルボーンが主張したような文明的地域、ディアスポラや植民地化、ハイブリッド・セクシュアリティなどの移動する人々の集団、そしてジェンダー、人種、民族、世代、貧困か裕福かの両極端がますます人生の機会を左右するようになっている経済などの社会的分断である。

これらは歴史研究をする上で非常に示唆に富むものであり、特に、世界の分裂や差異は、国や大陸、あるいは「文明」といったわかりやすい境界線の中に閉じ込めることはできないことをよく示している。グローバル化の時代には、地域主義が世界の均質化と同じくらい強まり、特定の文化的介入《インターヴエンシヨン》、そしてでっち上げ《インヴエンシヨン》が発展してきた。(21) 東南・東アジアの政治家による「アジアの価値」の称揚は、伝統的家族や儒教を、経済的に飛躍するために不可欠な揺りかごとみなし、中国とそのディアスポラの研究に影響を与えている。同じことが、「欧州の価値」の歴史的構築にも見られ、性と親密な生活に関する新しいリベラリズムの体現者としてのEUの提示にまで至っている。

グローバリゼーションのエネルギーのさらなる重要な側面は、国際的ネットワークと社会運動の広範な成長にみることができる。女性、LGBTQ、エイズ、リプロダクティブ・ライツ、性的人権、性的・児童の人身売買に反対する社会運動、さらには保守的、原理主義的な宗教運動とその関連団体など、どの運動もグローバリゼーションが大きく後押ししてきた。国際的なネットワークは新しいものではない。ジョセフィン・バトラー〔英国の社会運動家。一八二八―一九〇六〕の、いわゆる「白人奴隷貿易」における（西洋の）女性の性的搾取に反対するキャンペーンは、一八八〇年代には早くも国際会議を開催しており、グローバル・サウスの女性や子どもが主である人身売買に反対する現代の国際キャンペーンの重要な先駆けとみなせる。初期の性科学は、世界的なつながりや相互の影響を特に生み出した。マグヌス・ヒルシュフェルトの「世界性改革連盟」は、一九二〇年代から三〇年代初頭にかけて、世界中の性の研究者や改革者を集め、「グローバル・サウス」と現在呼ばれている地域の人々が大きく貢献し、ハヴロック・エリスなどの主要なセクソロジストに影響を与えた。

こうした運動や国際的ネットワークの存在が示唆するように、本当のところの国際的な分断線は、几帳面に整理整頓したいと望んでも、もっとぐちゃぐちゃなのだ。境界線は流動的であり、文化は時とともに変化することは免れず、影響は双方向に及ぶのである。

植民地の遺産とポストコロニアル批判

西洋の植民地主義は「現代のグローバリゼーションの最も重要な先例」であると、トム・ベルストーフ〔セクシュアリティ、デジタル空間の人類学者〕は述べている。[22] 性と生殖の管理は、植民地統治の鍵であり、十九世紀後半以降の帝国の全盛期にその重要性を増した。植民地化された人々に性的秩序と規律をもたらそうとすることこそ「文明化の使命」の中心であり、新しい法律や制度、労働体制など、日常生活の組織に直接関わるさまざまな実践に現れていた。[23] これらは、何が適切か、何が望ましいかという帝国の考えに従って、男女間の境界を描き直すための権力の技術であった。シンハ〔南アジアのコロニアリズム、女性史研究者〕が記録しているように、英国統治下のインドでは、具体的な支配の技法としてベンガル人男性の柔弱化があり、これは現地の文化において女性が抑圧的な扱いを受けていることへの対応として、植民地レジームが正当化した介入であった。[*1]〔スーザン・〕マンは、中国の男性が同様の男らしさの再定義から守られたのは、明確な植民地化がなされていなかったからであると主張している。[24]

これまで見てきたように（第4章）、歴史家たちがいま研究しているうち、最もはっきりと現れ、長く続いている帝国の遺産のひとつが、同性愛の規制である。いまだに同性愛を犯罪としている約八十カ国のうち、過半数が大英帝国下の英連邦に属していた国である。これらの国は、いまや（といってもごく最近だが）「本国」の歴史のゴミ箱に入れられ蓋をされた、英国の法律の重荷をいまだに背負っているのだ。英国が科した反同性愛的なインド刑法三七七条[*2]は、ソドミーと重大なわいせつ行為に対する英国の処罰の残響であり、今でもインドの規制の基礎となっている。インド刑法三七七条は、十九世紀末から二十世紀初頭にかけて、アフリカ、東南アジア、カリブ海のすべての英国植民地や白人入植者の植民地に拡大され、一九二〇年代には、第一次世界大戦後に英帝国の覇権下に入ったイラクにも適用された(25)。現代の英国が、米国をは

＊1　英国の役人は、インドの女性が抑圧されているのはベンガル人男性に女性を保護する男らしさがないからだとし、女性の権利が尊重されるまでベンガル人男性に政治的権利を認めないとした。

＊2　英国植民地時代の一八六〇年に制定され、「自然の摂理に反する性交を男、女または動物と自発的に行った者は、十年以下または終身禁錮に処され、また罰金に処される」と定められている。同性同士の性交も対象となっている（が、二〇一八年には、同性の成人同士の合意による性行為を犯罪とする限り同刑法は違憲であるという判決が下った）。

じめとする西側諸国と並んで性の自由主義に磨きをかけ、最近では、特にアフリカやアラブ・イスラム世界などの旧植民地や従属国に対して、同性愛者の権利を世界的に擁護する立場になっているのは、この上ない歴史の皮肉である。このような歴史を最も痛烈に批判している一人であるジョセフ・マサド〔現代アラブのセクシュアリティ、ナショナリズム研究者〕が辛辣に述べているように、帝国主義時代の西洋がイスラム教の性的放埒《ほうらつ》さを攻撃していたのに対し、現代のリベラルな西洋は現在のイスラム世界における性的自由の抑圧を攻撃しているのである。(26)

『欲望するアラブ（*Desiring Arabs*）』の中でマサドは、旧帝国の西側諸国とアラブ世界の間の継続的な権力関係の根幹にある二つの論点に取り組んでいる。すなわち、世界的にもイスラム世界内部においても、アラブのセクシュアリティとイスラムの認識に西洋の介入が歪んだ影響を与えていること、そしてイスラム世界の現代のセクシュアリティの政治におけるゲイの人権活動家の破壊的役割である。マサドの著書は、エドワード・サイードの「オリエンタリズム」批判の影響を強く受けており、大部分がその批判をアラブのセクシュアリティに応用したものである。つまり、この本はアラブのセクシュアリティの歴史というよりも、アラブ人の性的欲望がどう表象されてきたかを解剖し、それがどのようにして「文明的価値」と結びつけられ、何世紀にもわたって西洋の性の冒険家やゲイのロマンティシズムの対象となってきたのかを明らかにしているのである。マサドは、近年のゲイの歴史家や人類学者たちによって、この見解に新たな命が吹き込まれたことを示唆している。

マサドは、現代のアラブ世界における反同性愛的な態度を批判し、それが西洋のキリスト教原理主義的な態度を模倣したものであると指摘する一方、最も激しく批判しているのは、西洋の性的アイデンティティを普遍的なものとする言説を再生産する「ゲイ・インターナショナル」である。この普遍化は、人権運動家による「認識論的、倫理的、政治的な暴力」を世界の他の地域に与えているとマサドは論じる。活動家はそれによって、自分たちが自明のこととして仮定した主体の人権を攻撃し、別の二項対立を中心に組織された既存の主体性を破壊する。

この論争は、むしろ他の研究で研ぎ澄まされている。プアーは、「世界中のゲイ左翼のレイシズムと、テロとの戦いを煽るイスラム恐怖症のレトリックが全面的に受け入れられていること」を批判する。これは、九・一一の米国同時多発テロをきっかけとした「ホモ・ナショナリズム」の台頭の一環であり、それによって欧州、米国、イスラエル（特にターゲットになっている）における国家、人種、その他の帰属意識、特に「性的リベラリズム」の新たな形態が、イスラム教徒に対する集団的な誹謗中傷を背景に肯定されるのだと、プアーは主張する。[27] このような議論は大きなインパクトを与えているが、複雑な歴史を単一の原因で説明する危険性を例示している。同性愛者の権利を主張する人たちの気まぐれさや、世界に向けて発信されたいくつかの議論(や歴史)に宿る本質主義がどうであれ、イスラム教にせよキリスト教にせよ、さまざまな文化に深く根付いた態度や慣習の責任をなすりつけることなどとてもできない。そうでなければ、アラブ社会における抑圧的、女性差別的、ホモフォビア的、トランスフォビア的なものは、単に西洋の介入を反映したものであるということになってしまう。

他の歴史家たちは、より細かな差異を捉えた図式を提示している。「同性愛以前」のイスラム世界には複雑で多様な性の生態があり、男性が少年との恋に落ちることが広く受け入れられていて、それは詩や肉体的な愛情表現で表されていたが、前近代のイスラムは同性愛を容認していたわけではなく、(キリスト教世界と同様に)肛門性交を禁止する厳しいイスラム教の戒律があった、というあたりは一般的な合意が得られているようだ。[28] アラブで最も有名な性の歴史家であるアブデルワハブ・ブディバは、イスラム教を性的に啓発された宗教として描いているが、コーランによって定められた一夫一婦制の異性愛関係の理想が、その後、家父長制とホモエロティシズムによって堕落していったことを強調している。[29] その証拠に、十八世紀後半から、キリスト教や近代化途中の西洋との交流もあって、ホモエロティシズムに対する風当たりが強くなった。支配的なイスラム勢力であったオスマン帝国における性に関する異教への寛容は、十九世紀末から近代化への改革者たちによって、また一九二〇年代からはトルコとオスマン帝国の後継国家で発展した新しいナショナリズムによって、熱意をもって異議が申し立てられ始めた。[30] 性的言説を浄化するために、「完全なる文化的口封じメカニズム」が展開されたのだとゼーヴィ〔オスマン帝国の社会史・文化史研究者〕は指摘する。これらの国では、同性愛に対する公式な敵意を煽るにあたって、〔西洋の〕人権擁護団体の介入を必要としなかった。逆に言えば、西洋の介入がアラブ世界のより多様な性文化の勃興を引き起こしたわけではない。近年の研究では、エジプトやイランといったさまざまな国で、性的自律性を重視した大衆的な性文化が活発になっていることが指摘されている。これは、国際的な規範や価値観ではなく、若者の間でのローカルな文化によって形成された「性革命」の始まりである。[31]

性のレジーム、性生活

セクシュアリティとジェンダーの組織化が植民地化の試みの中心であったように、

ポストコロニアル世界における近代化と国家建設は、国家官僚によるジェンダーとセクシュアリティ規制への強力な介入を特徴としており、家族の役割に関するあけすけなイデオロギーの精緻化は、通常、同性愛の排除という代償を払って行われてきた。

日常生活を再構築するための積極的な介入は、周りの目を気にした革命的変革を背景に明確に行われてきた。世界が「逆さま」になり、「新しい男」や「新しい女」が創造される機会が差し迫っていると思われた頃のことである。その結果は、よく見積もってもひとつにはまとめられない。ロシア革命は、革命への期待と、革命が裏切られた場合に待ち受けるさらに厳しい現実の典型例である。結婚、離婚、中絶、同性愛に関するソ連の初期の性改革がもたらした変革の影響は、現代の熱狂的マニアや初期の歴史家によって誇張されたかもしれないが、いずれにせよ、一九三〇年代のスターリン主義の反革命によってすぐに否定され、ソ連は滅亡するまで性的保守主義の代名詞となった[32]。

中国の場合、根強い思想が長期にわたって再循環し、再発明され、新しい意味を与えられてきた。このとき国家は常に、マンの言葉を借りるなら「圧倒的に重要な役割」を果たし、ジェンダー化されたアイデンティティを遂行するための基準を定義してきた。このような介入は、二十世紀に入ってからより強力で強制的なものとなり、家族を基盤とした政治形態と市民権は、帝国時代の先達と同様、中国共産党政権にとっても中心的なものとなっている。一九八〇年代以降、性文化には大きな変化があるが、共産党政府は、異性婚という規範的なモデルと、注意深く生殖を規制する政策、最も悪名高くは一人っ子政策[33]を守るための措置を取り続けている。

キューバは、一九六〇年代に新しいタイプの民衆革命の旗手として広く注目されていた。指導者たちは変革への野心を欠くことがなく、キューバには革命の希望に対する深い郷愁が残っている。キャリー・ハミルトン〔スペイン、バスク、キューバのジェンダー・セクシュアリティ史研究者〕によれば、革命の創始神話のひとつは、男性の異性愛者としての精力が政治的な無敵さに結びついているというものであった[34]。驚くにはあたらないだろうが、指導者たちが手はずを整えた変革の多くは、非常に保守的なものだった。女性の地位向上を目的とした改革であったにもかかわらず、初期の革命政権は、結婚や核家族に対して、植民地文化に深く根差した伝統的な、それどころかカトリック的な価値観を強要しようとした。この価値観は、一夫多妻制や拡大家族が一般的な、労働者階級や農村の慣習とはしばしば対立するものだった。革命を研究する初期の歴史家たちは、すぐに強い幻滅を表明し始めた。特に、革命の指導者たちを特徴づけるマチズモに付随する強い反同性愛の流れがあったからである[35]。たしかに、とりわけ同性愛やトランスジェンダーに対して近年大きな変化が起きており、フィデルの姪でラウル・カストロ大統領の娘であるマリエラ・カストロが政権の性教育機関の責任者として推進している。にもかかわらず、オーラル・ヒストリーには、深い喪失感と話すことへの抵抗感があり、特に結婚や家族の外にある性について話すことに関し、女性が抑圧され続けていることを示している。

こうした革命の努力の中心には国民の誇りと運命を取り戻すための原動力があるという主題は、グローバル・サウスに位置する他の多くの国家の性の歴史においても、西洋においても、繰り返し見られる。日本の性の歴史は十九世紀後半から、世界基準の市民的価値観に合わせるために、意図的な国家政策によって劇的に再構築された。芸者小屋の規制が強化され、儒教的な家族観や女性の母性的役割が再認識され、同性愛は違法とされた（ただし、すぐに撤廃された）[36]。戦間期のタイは、それまで西洋には曖昧な両性具有的なものとして表象されていたジェンダー様式を意図的に変えようとした。その鍵となったのは、タイの「ペット（phet）」という概念であり、セックスの差（男性対女性）、ジェンダーの差（男らしさ対女らしさ）、セクシュアリティ（異性愛対同性愛）が盛り込まれている。ここ数十年で出現した新しいゲイのカテゴリーは、新しいセクシュアリティというよりも、タイの伝統に沿った新しいジェンダーなのである。[37]

ブラジルでは、「植民地時代の初期から、ブラジル人の性の特殊性は統治エリートたちの悩みの種であった」とラルヴィ〔現代ブラジルのセクシュアリティ、公衆衛生の人類学者〕は論じている。[38] これが度重なる介入に繋がり、二十世紀前半に優生政策や社会衛生政策によって異性愛秩序を強化するためであるにせよ、あるいは一九九〇年代にエイズ危機を受けて性のカテゴリーを認識（あるいは発明）するためであるにせよ、疫病に対する国際的、国内的なキャンペーンが対処すべき対象集団を持つようになった。

これらの歴史が示すように、「近代化」とは単に西洋の規範を採用することではなかった。それどころか、ほとんどの場合、伝統と近代性の間に駆け引きがあったが、共通しているのは、ポストコロニアルな世界に適合しようと国家が積極的に関与し、その実践を正当化するために歴史的なナラティヴを展開したことである。これが最も顕著だったのは、セクシュアリティとジェンダーを規定しようとする争いが、植民地主義に対する奮闘のうちに最もはっきりと刻まれていた国々であった。フランツ・ファノンのような反植民地主義の理論家は、アフリカのセクシュアリティに関する欧州の神話や、植民地への介入がアフリカの男らしさを去勢するやり方に深い関心を寄せていた。このことは、ポストコロニアルな性のレジームの多くで中心的モチーフとなっているホモフォビアにつながっている。

ワイス〔東南アジアを対象とする政治学者〕とボシア〔セクシュアリティの比較政治学、国際関係論研究者〕は編著論集『グローバル・ホモフォビア（*Global Homophobia*）』の中で、「政治的ホモフォビア」が現代世界において「統治の中核的な手段」となっているが、その影響は男性同士なのか、女性同士なのかで異なっていると論じている。[39] 政治的ホモフォビアは、中央・東アフリカからインドネシアに至るポストコロニアル国家や、東欧の一部を含むポスト共産主義国家、とりわけソ連崩壊後のロシアで展開されているように、幅広い実用的なメリットを持っている。より広範な経済・社会の再構築から注意をそらし、ゲイ・ライツの動員に反応し、あるいはそれを先取りし、特に同性婚の悪影響を提起することで異性愛の価値を再確認し、そしてなによりも、性的な「他者」に対抗する国民統合の基盤として「伝統的価値」を主張するのである。イランでは、同性の性的表現に対する極刑は、イスラム主義政権による「性的主権」の主張と、伝統的な男性と女性の役割の自然性と中心性を強く肯定する文脈の中で見ることができる。そのため、イランは性別適合手術の世界的リーダーであるという奇妙な立場になっている。「性転換」は明らかに同性愛よりも好ましいというわけだ。他の地域では、ホモフォビアやトランスフォビアの言説が、西洋の保守派による福音主義的な介入によって強化されている。[40] ウガンダ、マラウイ、リベリアといった国々では、リベラル派に反対するプロパガンダを通じて暴力的な同性愛嫌悪を積極的に刺激してきたのは米国の原理主義キリスト教徒であり、彼らはアフリカ諸国に性的逸脱を押し付けていると非難されている。カオマ〔ザンビア人の神学者、人権活動家〕が指摘するように、これらの国々のLGBTQ活動家たちは、米国の文化戦争の「巻き添え」を食らう危険にさらされている。[41]

　歴史的な観点から見ると、悲劇なのは、ポストコロニアル国家の建国者が西洋の植民地化の影響に焦点をあてたこと、そして人権運動家や「グローバル・ゲイ」の熱意を攻撃したことで、最も抑圧的な国や同性愛を否定する国にさえも存在していた、同性愛者やジェンダー非順応な生き方の、植民地の介入以前にあった豊かな固有の歴史が抑圧されてしまったことである。インド、フィリピン、ブラジル、コロンブス以前の米国など多種多様な文化には、ジェンダー非順応な文化が深く根付いているが、それらはいとも簡単に西洋の性的倒錯や同性愛の概念に同化されてしまっている。近年、こうした国と同じように多様な文化圏において、「ゲイ」や「レズビアン」という用語のヴァリエーションが採用されるようになったことでさえ、その土地の文化に対する非常に特殊な適応とみなすことができる。既存のパタンに取って代わったのではなく、追加されたのである。ベルストーフが示したように、インドネシアでは一九八〇年代以降、「レズビ（lesbi）」や「ゲイ（gay）」というカテゴリーが登場したことが一部をなして、何千マイルにも広がる無数の島々を跨ぐトランスローカルな「ゲイ群島」が作り上げられ、「想像の共同体」を提供している。[42] 南アフリカでは、アパルトヘイトが崩壊するずっと前から、アフリカの黒人たちが活動や出版物を通じて同性愛者のアイデンティティを雄弁に語ることに熱心に取り組んできたが、たとえ「ゲイ」や「レズビアン」といった言葉が使われていたとしても、西洋のカテゴリーを単純に模倣することはなかった。より広くアフリカに目を向けても、根強い反対運動にもかかわらず、近年、ゲイ・ライツを含む性の正義を求めるキャンペーンが顕著に進展している。[43] これらをはじめとする多くの例において、問題となっているのは、帰属意識やローカルな市民権についての新しい意味や解釈が生まれつつあるときの、激しい内部交渉のプロセスである。[44] さまざまな形態のアクティビズムは、共通の起源や必要なアイデンティティを西洋のモデルと共有していないかもしれないが、それぞれの文化において支配的なジェンダー／セクシュアル・イデオロギーへの抵抗という共通のダイナミクスを示している。人間の性の権利の主張は、一九九〇年代以降、このような活動にあたって国を超えて主要な手段となっている。

歴史と人間の性の権利

「人権」という概念は、十八世紀後半のアメリカ革命とフランス革命に端を発し、それ以来、複雑で苦しい歴史を歩んできた。ハント〔フランス革命史、ヨーロッパ文化史研究者〕は、自然権や個別主義的権利ではなく「人」権であるためには、この権利は世界中のすべての人間が平等に、そして人間であることのみを理由に持っていなければならないと主張してきた。[45] しかし、共通の人間性という概念を構築し、完全な人間性とは何かを考えることは、この激動の二世紀間の奮闘を経なければならなかったし、今でも大いに議論されている。一九九〇年代初頭までは、国際人権に関する言説の中に、セクシュアリティに関する記述は全くなかった。一九四八年に国連総会で採択された世界人権宣言は、人間社会のすべての構成員の「固有の尊厳」と「平等で譲ることのできない権利」を宣言したことで有名であるが、家族生活とプライバシーの権利の定義は、性の権利の主張を裏付けるものとしては、実際には限定的だった。人権という普遍的なテーマは、時が経つにつれ、人種や民族、さまざまな信仰の有無、健康上のニーズの違い、性別の違いなどを含むように拡大されてきたが、国連（というよりも、その多様なメンバー）は、性の多様性やトランスジェンダーの問題を認めようとはしなかった。最も広い意味でのセクシュアリティを包含するアジェンダを求める国際的な議論が本格化するのは、一九九三年のウィーンでの世界人権会議、同年十二月の「女性に対する暴力の撤廃に関する宣言」、一九九四年のカイロでの国際人口開発会議、一九九五年の北京での世界女性会議を経てからのことである[46]。

セクシュアリティが主たる国際的な人権問題として取り上げられるようになったのは、最初は主にプライバシーと生殖をめぐる議論を通じてだった。リプロダクティブ・ライツと、セクシュアリティについてのより広範な問題との間には、明らかに強い関連性がある。特に、身体完全性、人格、平等、多様性といった中核的なテーマと、不正や暴力を助長する社会的・文化的背景との関連性がある。リプロダクティブ・ライツに関する国際的な言説は強力に発展してきた一方、その歴史は、異なる伝統、状況、男女間の権力関係に依るさまざまな社会の間で共通の意味を取り決めることの難しさを浮かび上がらせている[47]。

しかし、主な後押しは、国際的なLGBTQ運動内部からもたらされた。その結果、国際レズビアン・ゲイ協会（International Lesbian and Gay Association 一九七八年設立）や、ジョセフ・マサドを当惑させた国際ゲイ・レズビアン人権委員会（International Gay and Lesbian Human Rights Commission）、そのほかさまざまなトランスジェンダー組織が生まれた。[48] 二十一世紀初頭には、二つの文書が議論やキャンペーンの中心となった。二〇〇六年に発表された「ジョグジャカルタ原則」は事実上、LGBTQの権利は既存の国際人権法にすでに備わっていると主張し、性的アイデンティティのカテゴリーが固定されていることを前提としている。その後、同じ二〇〇六年に開催されたLGBT人権国際会議で発表されたモントリオール宣言は、批判に配慮してこの立場の本質主義を和らげようとし、西洋的な性の定義を超えようとした。[49]

ペチェスキーが指摘したように、権利の主張は有効であると同時に、どの権利、誰の権利が優先されるのかをめぐる争いを容易に激化させうる。[50] 性文化が非常に多様で特定の歴史的構成を持っている場合、普遍的な響きを持つ権利の主張と、極めて文化的に特殊な主張とをどのように区別するのか。それはひょっとしたら、世界中の多くの市民が反感を抱く主張かもしれない。例えば、女性の権利を認めたとしても、その権利が実際にどのような意味を持つのかについて、共通の前提を築くことができるわけではまだない。女性のベール着用、結婚の強制や見合い結婚、産児制限へのアクセスなどの正当性をめぐる論争がそれを物語っている。女性や同性愛者を差別する文化を保護する多文化主義や文化相対主義には、明らかな危険性がある。しかし、多くの人は、西洋の「啓蒙主義的価値観」をグローバル・サウスに押し付けることにも同様の危険性があると考えている。レノックス〔マイノリティや先住民の権利保護の研究者〕とウェイツ〔グローバリゼーションと性的マイノリティの人権に関する社会学者〕は、プアーのホモ・ナショナリズムに対する批判に答える形で、性的指向に関連した人権の肯定は、レイシズムやグローバルな権力関係、特に植民地主義や帝国主義に関連したものを含む幅広い人権問題に対処するよう注意しなければならないことを強調している。[51]

しかし、このような人権の言説内での議論は、人権というものは自然界には存在しないという根本的な問題を示している。人権は、石板に書かれて発見されるようなものではない。人権は発明されなければならない。しかも、人間とは何かということが、世界の分断を越えてだけでなく、西洋の認識論や歴史的理解の中でも深く問われている状況の中で、発明されなければならない。バークが言うように、「「人」(man)や「人間」(human)という概念は、形而上学的な一般性に過ぎない。特定の社会や法システム、それらの具体的な保護によって与えられた実質なしには存在しないのだ」。人間が権利を持つというよりも、権利が人間を作るのである。[52]

意識的な「反ヒューマニズム」の太い糸が、批判的な性の歴史につながるポスト構造主義に張り巡らされていた。よく知られているように、フーコーは、海が砂を流し去るように「人間」の姿が消えることを期待していた。[*1] フーコーが言う「ヒューマニズム」とは、啓蒙主義的な合理主義の自律した主体、つまり自由主義思想の構成要素である個人に人間の本質を見出す伝統を意味しているようだ。(53)「ポストヒューマニズム」の理論家たちは、マーサ・ヌスバウムのような先進的でリベラルな思想家の「道徳的ヒューマニズム」に対して特別な怒りを抱えている。ヌスバウムはLGBTQや幅広い性の権利を力強く支持しているにもかかわらず、彼女の「米国の自由主義的な個人主義」に根差した「ヒューマニズム的コスモポリタニズム」が批判されている。(54)これに代わって、ブライドッティ〔哲学者、フェミニズム理論家〕は「帰属の多数性をめぐるエコフィロソフィー」を提案し、「生成変化の倫理」に基づいて、「「生命」の概念を非人間やゾーエー*2に向けて拡大」し、「非単一の主観性に基づく新しい物質主義の言説的倫理」を提供している。この自意識的で知的な反合理主義は、ジル・ドゥルーズとフェリックス・ガタリの生気論の哲学に負うところが大きく、ポストデジタルだけでなく、

＊1　フーコーは『言葉と物』で、至上の主体であると同時に特権的な客体でもあるような「人間」概念は特定の認識枠組みのもとで歴史的に登場したものである以上、その枠組みが変われば現在の意味での「人間」は消え去るだろうと論じた。
＊2　ギリシア語で「生命」。哲学者のジョルジョ・アガンベンが、人間的・社会的生を「ビオス」、動物的・生物的生を「ゾーエー」と区別したことがよく知られる。

ポストヒューマン世界における非人間の動物を受け入れようとしている。[55] しかし、その難点は、特に性とジェンダーの生活に影響を与える物質世界の不平等、差別、暴力、虐待と闘うための日常的な実践をほとんど提供してくれないことだ。ヒューマニズムのある特定の解釈の狭さを否定することで、共通の人間性という概念を完全に排除してしまうという大きな危険性がある。

ケン・プラマーは『コスモポリタン・セクシュアリティーズ（*Cosmopolitan Sexualities*）』の中で、彼が「批判的ヒューマニズム」と呼ぶものを積極的に擁護している。このヒューマニズムは、人間の目標の豊かな多様性を認める一方で、合意・交渉された共通の価値観の枠組みの中で、単一の人間性の概念を押し付けるのではなく、差異や分断に向き合う可能性を提供しようとする「差異的普遍主義」である。[56] トム・ベルストーフが先駆的な仮想世界である「セカンドライフ」*の歴史の中で述べているように、自我と社会性の再構成は、現実世界の人間をすでに特徴づけているヴァーチャリティを、人々が再構築することで初めて可能になる。別の言い方をすれば、人間は人間が構築した文化の中で生きているのだ。人間は時に公約数を持たないように見えるかもしれないが、決して互いに密閉されているわけではない。このようにつながっているからこそ、常に対話が可能であり、深い差異の亀裂を越えた対話の可能性の中に、人間とは何かについての新しい理解の可能性があるのだ[57]。

人間の性の権利に関する言説は、一九九〇年代以降、私たちの共通の人間性と多様な性的ニーズおよびジェンダーの可変性との関係を議論する上での主要な焦点となっている。これまで見てきたように大いに争われてきたわけだが、その存在によって、継続的な会話の希望と約束がもたらされている。キャロル・ギリガン〔ケアの倫理で知られるフェミニスト心理学者、倫理学者〕の言葉を借りれば、「テロ、戦争、いじめの下には、人間の顔がある。そして、どんなに抑圧されていても、声がある」[58]。グローバルな視点に根差した性の歴史は、その声を聞こえるようにするときに本領を発揮するのだ。

＊　二〇〇三年にリンデン・ラボ社が開発した、３ＤＣＧで構成された仮想世界（メタバース）。

第7章　記憶、コミュニティ、声

非公式の知識、そして対抗の歴史学

本書の最終章では、新しい批判的な性の歴史（学）を生み出したひとつの流れに立ち戻る。それは草の根のコミュニティに根差した歴史であり、一九七〇年代のフェミニズム運動やレズビアンとゲイの解放運動から生まれ、その後も継続的なエネルギーと影響力を持ち続けている。私がその流れに立ち戻るのは、このような歴史を、西洋諸国の多く（グローバル・サウスではそうでもないが）で主流となっている、専門化され、通常は大学に根差した歴史にくらべて優遇するためではなく、両者の間に続いている極めて共生的な関係性と、それにもかかわらず、両者が体現している力の差異を示唆するためである。

かつて英国最大のレズビアンとゲイ組織であった「同性愛平等キャンペーン」に関する最近の歴史において、著者のピーター・スコット゠プレスランドは、以下のような謝罪から始めている。「私は、「まっとうな」歴史家でも、クィア理論家でも、あるいはどのような種類の学者でもないという不安を抱えながら書いており、これで十分なのか疑いを持たざるをえない」と。彼は心配する必要はなかった。二〇一五年に出版されたその本は、『愛すべき戦士たち（*Amiable Warriors*）』という題名を冠した三巻本を予定したうちの第一巻であり、極めて詳細、熱心、情熱的、学術的、饒舌で、にぎやかで、とても読みやすいものであり、読者を新たな始まりの興奮、野心的目標や集団的な企てと、多くの個人の人生上の波瀾、喜び、苦しみへと誘《いざな》う。しかし長年活動家であった彼は、専門の歴史家でないことを弁解するだけでなく、学術的なLGBTやクィア研究者の取り組みとは一線を画している。彼は、クィア研究が「一次資料や実際に起こったことからどんどん遠ざかり、学者の間の無味乾燥で、自己中心的なやりとり」を助長しているという「遺憾な結論」に達する。このような状況に抗するため彼は、「自分たちの歴史やルーツに対する関心に再び目覚め始めた」一般読者、とりわけ若いLGBTQの読者に向けた歴史を書こうとしている。(1)

大衆的で草の根志向の歴史学と、大学で実施される歴史学との関係は、ラファエル・サミュエルによって一九九四年に初版が出た晩年の代表作『記憶の劇場(Theatres of Memory)』の中で、同等の感情とそれ以上の情熱をもって考察されている。[2] 彼は教育研究を生業《なりわい》とする歴史学者であり、生涯、知的悶着を起こした、うるさがたの生来の破壊分子であった。彼は歴史ワークショップ運動の創始者にして統轄者であり、「下からの歴史」と新しい歴史学の熱烈な擁護者であった。彼は歴史実践の新たな方向性〔アカデミックな歴史学〕に鋭い警鐘を鳴らし、新しい性の歴史の先駆者たちに大きな影響を与えたが、彼らの仕事を温かく支援した。彼は歴史的想像力の民主化と、とりわけ彼が経験した歴史学という学問権威のあらゆる問い直しに深くコミットしたが、その権威的な学問は階層的であり、創造力や過去の新しい見方を閉じ込めるものであった。スコット゠プレスランドと同じくサミュエルは、職業的な歴史学者に委《ゆだ》ねられた歴史は自らを「秘教的な知の形態」として提示する傾向があり、史料に基づく研究を物神崇拝的に行い、知的な近親交配と内輪とセクト主義を助長すると考えていた。サミュエルにとって歴史は、職業的歴史学者の特権ではないし、彼らに委ねられるべきものでもなかった。むしろ歴史とは社会的な知の形態であり、さまざまな異なる人の手からなる仕事であり、「歴史という観念が過去‐現在関係の弁証法に埋め込まれる」ような「活動の集合体」を擁護するものであった。これは非公式な知識の領域であり、その情報源は「尻軽にも」公式の文書記録をはるかに超えていき、現実の経験だけでなく、記憶や神話や欲望をも利用するものであった。

二〇一二年に出版されたサミュエルの本の新版序文で、ビル・シュワルツが詳述しているように、これは極論であり、多くの点で不当であったことは間違いない[3]。しかしその議論は多くの先駆的な性の歴史学者たちと共鳴していたのだ。すでに見たように、一九七〇年代から八〇年代にかけての初期フェミニズム史やレズビアン／ゲイ史の多くは、アカデミアの外で、しばしばアカデミアに対抗して発展し、過去に関するオルタナティヴな知識を形成し、〔アカデミアという〕公認された枠組みを護持する人たちの沈黙と閉塞感に挑戦する対抗の歴史学を作り出したのだ。ジェンダー史の歴史家は、米国や英国で広まっていた成人教育や近隣の女性センターや非公式の歴史家集団が、ジェンダー史の発展に果たした重要な役割を回想している。そして一九八〇年代にフェミニズム歴史学が大学に進出し始めたとき、それは歴史学科と同様、社会学、社会政策学、カルチュラル・スタディーズ、教育学などの学部で行われることが多かった[4]。豪州のゲイの歴史家グラハム・ウィレットは、その主題が大部分、少なくとも必要に迫られて「コミュニティに焦点をあて」続けてきたことを強調している。しかし彼は、これが大きな強みにもなることを強調し、コミュニティとのつながりから生まれるコミットメントと洞察を、良質な歴史学に必要な高水準のアカデミックな技能に結びつけている[5]。

アラン・ベルーべは、この二重のコミットメントの模範的なモデルであった〔八七頁も参照〕。ベルーべの有名な本『炎上するカミングアウト（*Coming Out Under Fire*）』は、従来の高水準の学術をコミュニティの深い根っこに結びつけている[6]。この本のもとになった調査は、一九七〇年代後半から八〇年代前半にかけて米国内の何百もの会場でベルーべが定期的に行った、レズビアンやゲイの歴史に関するスライドショーから始まっている。一九七三年にニューヨークで設立された「レズビアン歴史アーカイヴ」の共同設立者であり指導者であるジョーン・ネスレが、同時代に行った自身の活動について述べているように、巡回スライドショーは「私たちの主要な組織化ツール」であり、「文化的剝奪感や個人的孤立感に抗するために使われる最強の方法」であった[7]。ベルーべが集めた資料は、第二次世界大戦中のサンフランシスコを経由し、そこに定住した米軍関係者の手紙を含んでおり、ベルーべの話を聞いた人や、ベルーべが話を聞いた人から得られたものであった。さらにインタビューや議論から得られた記憶から確証を得ていた。そして重要なことは、彼の研究と執筆を支えたのは公的な資金源ではなく、パートタイムの仕事、コミュニティ活動、亡き恋人からの遺産、そして多くの個人支援者であったということである。

デミリオとフリードマンは、ベルーベの死後に出版された著作集の序文で、ベルーベが個人と全体集団が自己と自分の居場所を理解する仕方を変える歴史学の力を強烈に信じていたことを強調している。歴史学はアクティビズムの一助であり、世界を変えるツールだった。同じ情熱がジョーン・ネスレを突き動かした。彼女は、急速に風化し、忘れ去られる危険があったストーンウォール以前のレズビアン文化の記憶を把握し、保存しようと努めた。彼女は、自分の目的はレズビアンの経験を分析し評価することであり、レズビアンが自分たちの経験を記録し、「生きた歴史（herstory）」を作るのを奨励することだと宣言した。植民地化された人々は、自分たちの歴史を失う運命にあるとジョーンは指摘する。このアーカイヴを通して、ジョーンとその仲間たちは記憶の解放を求めた。「私たちの戦いのひとつは、秘密を開かれたものに変え、恥を記憶に変えることであった」。記憶することとは、嘲笑と憎悪と恐怖をコミュニティへと変換する「錬金術」であった[8]。

記憶とコミュニティ

サミュエルの『記憶の劇場』の基本的主張は、記憶が単に受動的な受け皿や収蔵システムではなく、能動的で動態的な形成を行う力であり、歴史的思考に対して否定的なある種の「他者」ではなく、歴史的思考と弁証法的に関係しているということである。歴史学の取り組みで問題となるのは、両義的で曖昧な記憶を管理するのは誰かということである。歴史的にはその仕事は、何が語られ思考されうるかを形成する学校、学会、文書館、雑誌などの出版物における制度的権力とその圧倒的な存在感に基づいて、職業的な保存者に委ねられてきた。口述史家のポール・トンプソンが述べたように、「権力構造そのものが、過去を自らのイメージで形成する巨大な記録機械として作動していた」(9)。新しい歴史の強力なツールとなるはずだった口述証言も含め、非公式な記録は軽んじられていた。その結果、これまで見てきたように、一般的なセクシュアリティとジェンダーの歴史と、とりわけ非規範的なセクシュアリティとジェンダー非順応な人々の歴史が長い間、黙殺されることになった。新たな性の歴史家によって構築されたオルタナティヴな知識は、対抗的記憶、すなわち性暴力、ジェンダー不平等、正常化する慣習、罪悪感と羞恥心、苦しみと忍耐、屈辱と回復力（レジリエンス）、情熱と快楽、抵抗とアイデンティティの物語に声を与えた。対抗的記憶とは、トラウマや苦悩を伴うものであると同時に、困難に打ち勝った勝利の記憶でもある。それはノスタルジアの要素や、過ぎ去りし時代の苦く甘い記憶を含んでいるかもしれない。しかしそれは公式の歴史も同じである。対抗的記憶もそれなりのやり方で選択的であり、神話を形成するものかもしれない。記憶は常に部分的であり、歴史家は過去の回想の中に最終的な「真実」を求めてしまうことに常に自覚的でなければならない。しかしバラバラな記憶の高速路や迂回路に、単一の「真実」が存在することはありえないとしても、複数の真実に至る道があることは確かである。オルタナティヴな歴史学は重大な危険を伴うとしても、埋もれた過去を発掘する以上の営みである。オルタナティヴな歴史学は、感情のオルタナティヴなアーカイヴを構築し、長い間封印され、忘却されていた感情や経験に声を与えることによって、現在にさらに大きな意味を与える記憶を創造し、再形成するのである。

性のアーカイヴ

アーカイヴは記憶の保存者であり、生産者である。また省略《オミッション》や委託《コミッション》によって記憶を馴致《じゅんち》し、束縛する力もある。フーコーにとって、アーカイヴは権力関係を具現化するものであり、告白と同様に主体=服従化の道具であり、セクシュアリティの装置を生み出した、分類し定義する衝動の一側面である。アーカイヴは、言説形成という彼の思考と理論的な双生児といってよいものであり、それは知識を再生産するというより生産するのである。[10]そうだとすれば、記録や記憶の物質的収集物という従来の意味においても、ある歴史的時代や文化的表象の痕跡をすべて特定し、それらを用いて系譜を理解するという、よりフーコー的な意味においても、オルタナティヴなアーカイヴを創造することが、批判的な性の歴史の構築にとっていかに重要でありつづけたかがわかるだろう。新たなアーカイヴは過去を構築する新たな方法を具体化するものであり、伝統的なアーカイヴと同じくらいの潜在能力があり、異なる帰結をもたらしうる。

一九九〇年までに、レズビアンの歴史アーカイヴは一万冊の蔵書、一万二千枚の写真、二百件の特別コレクション、千四百冊の定期刊行物ファイル、千冊に及ぶ組織と主題のファイル、数千フィートに及ぶフィルムとビデオ、美術品と工芸品、ポスター、Tシャツ、ボタンと個人的な記念品を有していた。かつては共同創設者ジョーン・ネスレとデボラ・エデルのニューヨークのアパートにあったが、一九九三年からはブルックリンの三階建ての建物を本拠として、何百もの寄贈品や購読料によって賄われている。[11]

これはまさに物質的なアーカイヴであったが、利用者をスライドショーや講演会、プレゼンテーションを通じて積極的に巻き込み、女性を愛する女性たちに安全な空間を提供することで、伝統的な委託権限を超えた活動も行っていた。その存在自体が意味と記憶を生み出す重要な側面であり、しばしば従来の博物館の定義をはるかに超えていた。これは、後に学者の活動家が作り出す、ますます型破りな方法のモデルとなった。ジュディス／ジャック・ハルバースタム〔五一頁参照〕は、カリフォルニア大学サンディエゴ校の批判的ジェンダー研究の授業で自身のウェブサイトについて説明している。独立系のレコード会社やクィア・バンドへのデジタルリンクを通じて、彼女は、学生がクィア・バンドやクィア・ジン〔クィアに関する雑誌のような出版物〕や使い捨ての印刷物について調べたり、書いたり、つながれるような「サブカルチャー資料のアーカイヴ」を作ることで、クィアの歴史の「新未来」を作り、紙で書かれた歴史の栄枯盛衰の中では失われかねない資料用の場所を作りたいと考えていた。[12] ハルバースタムがいうには、いつか漫画やパフォーマーやダイク〔男っぽい見た目のレズビアン〕の記憶が「フロイトやラカンと同じくらいクィア研究にとって必要になる」かもしれないのだ。なぜならクィア・アーカイヴは、資料を保管・収集する場所以上のものにならねばならないからである。アーカイヴはショー、クラブ、イベント、集会における、破れた紙片が暗示する生活のための「浮遊するシニフィアン」[*1] にならなければならない。

アン・クヴェトコヴィッチは、ＬＧＢＴＱアーカイヴの「在庫品」はさまざまな種類の使い捨ての印刷物であるとみている。(13) 行進やダンスのチラシ、つまり図書館では伝統的に「グレイ（灰色）[*2]」資料とされるものだけでなく、ゲイバーで電話番号を交換するために使われた紙マッチのカバー、特別なイベントでより安全なセックスを支援するために包装されたコンドーム、バイブレーターなど――これらはすべてサンフランシスコの北カリフォルニアGLBT歴史協会が所蔵しているものだが――は、ベルリンからメルボルンまで、トロントからヨハネスブルグまで、多くの同種のアーカイヴで複製されている。このようなコレクションが示すのは、過去への郷愁、個人的記憶、幻想、トラウマに関連する感情や情動が文書や遺物を重要なものとし、保存する価値を生み出すということである。『ラディカル・ヒストリー・レヴュー』誌特集号の編集者が示唆する「クィア・アーカイヴ」とは、「まわりくどいがダイナミックなものである。その空間では、人が収集したり、つなぎ合わせたりすることにより、存在と不在をともに称揚し、セクシュアリティの歴史的な理解を促すのである(14)」。

＊1　それ自体では意味を持たず、したがって恣意的な意味の影響を受けやすい無数のシニフィアンを表す現代思想用語。
＊2　商業出版や学術出版の流通ルートにのらない出版物のこと。

これらは、クヴェトコヴィッチが「感情のアーカイヴ」と呼んだ要素である。性の歴史は親密な生活、セクシュアリティ、愛とアクティビズム、病気と喪失など、ラディカルな感情のアーカイヴを要求する。これらはすべて伝統的な博物館資料に基づく年代順の記録を作成することが困難な領域である。エイズの危機は、とりわけ生命のはかなさに対する感覚を強め、生きられ、失われた人生の記録を保存する喫緊の必要性を痛感させるものであった。しかし保存と記憶化に対する同種の衝動は、暴力、トラウマ、生殖、育児、ケア、性の探求に関する女性の記憶のアーカイヴ化にもあてはまる。アーカイヴは資源、収集された物語、一連の表象、記念碑、タイムカプセルを提供し、探究と構築の場を作り出し、感情の新しい構造を具現化し、強固にする。

一九七〇年代以降、専門的なアーカイヴが次々と誕生したが、それらの多くは社会運動に深く根差していた。しかしその歴史はバラバラで、創造的なアーカイヴ構築に内在する対立を明らかにしている。英国ではフェミニズム資料の最大のコレクションは、女性図書館――そのルーツは二十世紀初頭の参政権組織の記録にある――と、いくつかの社会的純潔団体にある。これらは一九七〇年代、後にロンドン・メトロポリタン大学となる大学の管理下に入るまではフェミニズム団体の手中にあり続けた。最終的には広く一般に公開されて、表彰を受けるに至る専用の建物に収容された。しかし財政難のため、同大学は二〇一三年、コレクションをロンドン・スクール・オブ・エコノミクス（LSE）に移管した。ここでこのコレクションは、英国最大のLGBTQコレクション、ホール・カーペンター・アーカイヴスを含んだ、主要な社会科学・政治学のアーカイヴ・コレクションに加わった。一面から見れば、主要な歴史的遺産を保存し、それをより広範な歴史に位置づけるという課題に対する理想的な解決策に見えなくもない。にもかかわらず、多くのフェミニストや性の歴史家たちは激しく反対した。彼らは、地域の女性史グループや地域に根差した女性史センターで実現してきたような、誰にでも開かれたフェミニスト・アーカイヴを作るという、困難だが自立した、地域に根差した活動が失われる危機に瀕していると感じていた[15]。その数年前、ホール・カーペンター資料館も同じようなジレンマに直面していた。この資料館は熱心なコミュニティ活動家によって設立され、一時は独立組織として大ロンドン評議会の支援を受けていた。大ロンドン評議会が解散すると（評議会が伝統的な組織に資金を提供していたこともその理由の一部なのだが）、その貴重なアーカイヴはLSEが場所を提供するまで個人宅や倉庫に保管されていた。このコレクションは同性愛法改革協会とその慈善部門であるアルバニー・トラスト、ゲイ解放戦線、同性愛平等キャンペーン、多くのエイズ支援団体の記録、さらにさまざまな個人文書を中心に構成されており、草の根の歴史家にとっても職業的歴史家にとってもLGBTQの歴史研究に欠かせない場所となった。しかしその代償として、アーカイヴの制度化という問題が生じた。

同じような緊張関係は、世界中の性的アーカイヴ・コレクションにも見られる。メルボルンにあるオーストラリアン・レズビアンとゲイ・アーカイヴスは、コミュニティからの支援に支えられ、決然と独立を保っている。一方、オーストラリアの女性解放とレズビアン・フェミニストのアーカイヴは、現在メルボルン大学に所蔵されている[16]。サンフランシスコのGLBT歴史協会は、主要なアーカイヴであると同時に、同市のレズビアンとゲイ・コミュニティの歴史的中心地であるカストロ通りを拠点とする、米国初の単独博物館であるGLBT歴史博物館を併設している。しかし、一九五〇年代初頭に設立された初期のホモフィリア〔同性愛者支援〕組織であり、現在では世界最大のLGBTQアーカイヴ・コレクションを謳うワン・インスティテュートのアーカイヴは二〇一〇年以降、南カリフォルニア大学に収蔵されている。ヨハネスブルグでは、一九九七年に設立されたアフリカ唯一のLGBTQ専門アーカイヴであるGALA（ゲイとレズビアンの行動する記憶）は独立組織として存続しているが、近隣の大学と密接に連携し、性の正義を支援する種々のプロジェクトに取り組んでいる。

性の歴史がいっそう主流化し、社会が一般にリベラル化するにつれて、草の根の人たちと公式な記念館やアーカイヴ間の激しい分裂は和らいでいるのが現実である。大学図書館からニューヨーク公共図書館、地方図書館からロンドンの大英図書館（LGBTQオーラル・ヒストリーの主要コレクションを所蔵している）に至るまで、公共図書館や国立公文書館までもが、性とLGBTQ研究の中心地となりつつある。大英帝国博物館は、デンマークの博物館と同様に、LGBTQ関連資料を広報している。[17]

一般的なセクシュアリティ研究やLGBTQ史研究は、もはや周縁的な活動ではなく、歴史研究の主要な側面となっている。その達成の中心にあるのは、記録されなかった多くの物語が存在するという認識であり、歴史が忘却し、記憶が部分的だったり歪められたりした、多様なセクシュアリティとジェンダーを生きる方法が存在したという認識である。もちろんそれは世界の多くの地域にもあてはまるが、グローバル・ノースだけでなく、より特権的な空間ではセクシュアリティの多様性、ひいては多様な歴史が性のアーカイヴを形成してきた。ここで私はほとんど無作為に、その複数性を示唆するごく小さなサンプルを挙げておく。「ロンドンの虹色のユダヤ人」と「Rukus! 黒人LGBTアーカイヴ」はロンドン市立博物館に所蔵されている。シカゴの「革のアーカイヴ」は米国、カナダ、欧州で開催されたコミュニティ・イベントによって提供された資金で建てられた自社ビルに所蔵されている。ブリティッシュコロンビア州ヴィクトリア大学の「トランスジェンダー・アーカイヴ」は、コミュニティ活動家の個人コレクションを中心に構築されている。アウトスポークンはLGBTQのパイオニアのオーラル・ヒストリーであり、ゲイ解放活動家たちの記憶を収集したオンライン・ビデオとオーディオのコレクションである。シドニーのプライド・ヒストリー・グループは「百人の声」の録音である。LGBTQオーラル・ヒストリー・デジタル・コラボラトリーは二〇一四年から五年間のプロジェクトであり、米国やカナダのアーカイヴと連携して、新たなデジタル技術と手法を探求しつつある。主要なフェミニストやLGBTQのアーカイヴから、より専門的なコレクションまで、大学図書館からコミュニティの拠点に至るまで、性の歴史は正当性と声を獲得しつつある。

声

性の歴史は、オーラル・ヒストリーの効果的な利用によって、文字通り声を獲得しつつある。ポール・トンプソンが私たちに想起させたのは、オーラル・ヒストリーは歴史そのものと同じくらい古いということである。「それは最初の歴史なのである。

〔ただし〕オーラル・ヒストリーを扱う技術が偉大な歴史家のひとつの証《あかし》でなくなったのは、ごく最近のことである」[18]。これには深い理由がある。プラマーは、人間はなによりも語り部にして物語の語り手であり、社会とは、社会を機能させるための果てしない一連の物語として解釈できると論じている[19]。性の物語は社会にとって不可欠なものである。それは社会と同じくらい古いものであり、民俗的記憶や口頭伝承の中に具現化されてきたものであり、十九世紀後半からより科学的な取り組みの中心となった。性科学の創始者の物語は、彼らが分類しカテゴライズした性的主体の声を耳にしながら構築されたものである。それゆえ一九七〇年代以降、口承証言が萌芽的な性の歴史の中でますます重要な役割を果たすようになったことは驚くべきことではない。

ミシェル・フーコーによって理論化された現代のセクシュアリティの大きな特徴は告白への衝動であり、本質的には自分のセクシュアリティを語ることによって自分が何者であるかを告白することである。告白のような実践を通して、個人は自らを統治可能なものとし、権力関係の網の中で、またその網を通して自らを主体にし、かつ従属させる。しかしそのような実践はすべて、彼らが体現する権威そのものを覆す可能性を秘めている。自分の経験や感情を口に出すことは、コンシャスネス・レイジングやサバイバルとカミングアウトの物語を経由した初期の女性運動や一九七〇年代のゲイ運動の特徴であり、これらは運動初期の著作にも反映されている。告白の様式は服従の様式ではなく、自己肯定の様式となった。スザンナ・ラドストン〔文化理論と文化記憶の研究者〕は、告白と過去へのノスタルジアと記憶に関する著書の中で、西洋では告白への衝動が記憶の時代への道を開きつつあるのではないかという仮説を立てている[20]。過去への郷愁と記憶は、モダニティとポストモダニティに関する近年の議論では重要な考え方であり、特にマルクス主義の批評家は、過去への郷愁をポストモダンの特徴的な気分とみなしている。過去への郷愁は、文化批評家が現代（西洋）世界に蔓延し、喪失感を示しているとみなしてきたメランコリアと同一ではないが関係はあり、私はそれをクィア理論と歴史学の中心的な要素だとみなしてきた。しかしメランコリアは、主体性や変化をもたらす力にもなりうるのだ[21]。クヴェトコヴィッチにとってオーラル・ヒストリーは、対抗的公衆*に参加するという生きた経験を捉えるものであり、その経験が存在し、ある事柄を可能にしたという事実の証拠となるのである。

　オーラル・ヒストリーはむろん、そのアプローチと方法が本質的に急進的というわけではない。それは貧困者や虐げられた者と同程度に富める者や権力者を、反逆者と同程度に同調者を記録するためにも利用されうる。しかしその中には新しいアクティビズムの精神と活動家の歴史とに密接に結びついた要素もあった。オーラル・ヒストリーは、知らず知らずのうちに協働的かつ共同的であり、オーラル・インタビューに内在する信頼と相互理解に依拠しつつ、世代や人間のタイプを超えたつながりを生み出す。それは潜在的に強力な感情的要請と緊急性を持ち込み、抑圧され、容易に声に出すには痛ましすぎる問題に触れる。それゆえに多くの理論家はオーラル・ヒストリーを精神分析に結びつけるのだ。[22] オーラル・ヒストリーは他の技法ではめったにたどり着けない記憶に到達し、新しい知識とそこから得られた世界認識を生み出す。

米国では一九七七年、『フロンティア（女性学雑誌）』は、「女性のオーラル・ヒストリー」特集号（一九七七年夏号）を発行した。オーラル・ヒストリーの専門誌は、女性や性の歴史に関する論文をより広範に掲載するようになっていた。社会学者のマイク・サヴェッジが観察したように、ナラティヴの手法は、女性が他の女性に語る力を再肯定する手段として、フェミニストたちに利用されうるものであった。オーラル・ヒストリーは歴史実践における「フェミニスト的な出会い」を提供したのである。[23] 多くの研究がそのあとに続き、それがなければ決して陽の目をみることがなかった親密

＊ 周縁化されたグループが独自の公共圏を形成していること。哲学者ナンシー・フレイザーの概念。

な経験の問題を追究した。同性家族の増加を含んだ家族形態の変化、少女と少年の子育て、思春期の感情的・物質的葛藤と依存、自立を目指す若者の闘い、求婚、結婚内外の性行動、カトリックのマグダラの家〔女性が売春を免れるための施設〕や母子ホームで子どもを手放すことを余儀なくされたシングルマザーの記憶、性暴力からの生存者の物語、避妊と中絶の経験、セックスワーカーの生活、抑圧的な時代における同性愛とジェンダー非順応の物語、戦争と社会変動の影響、社会運動と性のコミュニティの変革的効果など。[24]
現在ではこうした声を、書籍や定期刊行物、パンフレットだけでなくラジオやテレビ、ドキュメンタリー映画や長編映画、さらにはオンライン上でも聞くことができる。

オーラル・ヒストリーの重要な特徴は、研究者がしばしば研究対象のコミュニティや語り手と深く関わることである。人々がオーラル・ヒストリーの手法に惹かれるのは感情的な同一化や政治的コミットメントが理由であることが多い。それは学問の基準を決して否定するものではない。一九九三年に出版されたレズビアンやゲイをテーマとした二冊の古典的なテキストは、このことを鮮明に物語っている。どちらもオーラル・ヒストリーの手法を創造的に活用しながらも、著者が記述したコミュニティへの自身の関わりや、そこから生み出される記憶への個人的な投資を明示している。その二冊とは、エスター・ニュートンの『チェリー・グローブとファイアー・アイランド（*Cherry Grove, Fire Island*）』と、エリザベス・L・ケネディとマデリン・D・デイヴィスの『革のブーツ、金のスリッパ（*Boots of Leather, Slippers of Gold*）』である。前者は「米国初のゲイとレズビアンの町」の民俗誌であり、後者は一九三〇年代から六〇年代にかけてのニューヨーク州バッファローのレズビアン・コミュニティを鮮やかに再現したものである。[25] 両者とも、一九三〇年代から変化したレズビアンやゲイのアイデンティティの複雑さと特殊性、そしてコミュニティを形成した階級と人種の対立を扱っている。必然的にその視点には、保養地の比較的裕福で大部分が白人男性の文化と、バッファローの労働者階級でブッチ＝フェムのレズビアン文化によって形作られた差異があるにもかかわらず、どちらも同じ問題を扱っている。この二冊の本は、その学術性と、彼らが記述した世界に根差している点に関して突出しており、著者および彼らと共働する語り手との、互恵関係ならびに謝意によって特徴づけられる。

これは、他の方法では明瞭に語られないかもしれない証言を引き出すには重要な要素である。しかしインタビュー状況の力関係は依然として危険なものではある。クィア・オーラル・ヒストリーの実践に関する編著『証拠となる身体（*Bodies of Evidence*）』には、特定のインタビュー状況、特に力の差が明確に現れている場合には、禁止事項、言い逃れ、意味の多重性を示す鮮明な例が示されている。キャリー・ハミルトン〔二一一頁も参照）は自著のエッセイの中で、ソビエト崩壊後のキューバで女性のセクシュアリティの歴史を探究する難しさを、〔キューバ〕革命支持者であることを公言し積極的に活動していた黒人女性であるローラに実施した三回のインタビューで語っている。ローラがレズビアンであることを明かし始めたのは三回目のインタビューからで、それまでは恋人に男性代名詞を使うことで不明確なものになっていた。こうしたことが生じた主たる要因は、それ以前のインタビューが、キューバ当局が任命するインタビュアーと共同で行われたからであり、そのインタビュアーは異性愛規範的で、政権寄りの感情が質問の中に透けて見えていた。より大きな社会背景についてはハミルトンの『キューバの性革命（*Sexual Revolution in Cuba*）』に詳しく書かれている。そこではローラのインタビューを含むオーラル・ヒストリーのプロジェクトにまつわる詐欺的状況が書かれている。マリエラ・カストロが公式に支持し、彼女の父親である大統領〔ラウル・カストロ〕が承認したにもかかわらず、そのプロジェクトは官僚主義的な困難に見舞われ、革命擁護委員会、文化省の地方支部、共産党過激派からの推薦など、公的ルートを通じて、インタビュー対象者を特定することが強要された。結局このプロジェクトは閉鎖されたが、その主な理由は、人々が革命の成果だけでなく失敗についても話したがっていることが当局に明らかになったからである。数カ月後プロジェクトは非公式に復活し、ローラの三回目のインタビューを含む、さらなるインタビューが行われた。

初期のインタビューの特徴として、語り手が親密な性的感情や経験を語るとき、特に性規範や人種・階級間の分裂など、キューバ革命の支配的物語に反することを語る際に緊張感や恐怖がみられたとしても、何の驚きもない。匿名性が約束されていたといっても、何の助けにもならないのだ。なぜならキューバのような「小さな島」では、誰もが顔見知りだったからである。しかし公式の監視が緩和した後のインタビューは、よりリラックスした非公式なものとなり、ハミルトンがローラとの関係で示したように、より明瞭かつ感情的なものになった。

キューバでの調査参加者のように、ほとんどのオーラル・ヒストリーは、世界史的な革命体験のような明らかに劇的な出来事と闘う必要はない。しかし世界各地で性的あるいはジェンダーの経験を作り変えつつある日常生活の変容は、個人の自己意識と帰属意識に同じような課題をもたらす可能性がある。あらゆる記録資料と同様、オーラル・ヒストリーの記録も一方向だけで語られるものではない。オーラル・ヒストリーには複数の性の歴史があり、そのような複雑さを語ることができる複数の声があることを、私たちに改めて気づかせてくれる。オーラル・ヒストリーは、尊敬される者と同程度に軽蔑される者、普通の人と同程度に風変わりな人、保守的な人と同程度に急進的な人の声を聞くのに役立つ。そこでの課題は、歴史における複数の声の力を把握し、それらを正当に評価することである。

性の歴史を生きる

コミュニティに根差した歴史は、より広義の性の歴史と同様に、過去と現在の再帰的関係に基づいている。現在の関心事が否応もなく、私たちが過去に投げかける問いだけでなく、過去に対する思考様式をも形成する。過去に対する感覚は、記憶、コミットメント、イデオロギー、偏見、希望、恐怖、政治を通してフィルターがかかる。私たちが過去とみなすものは、現在によって形作られる。それこそ過去が論争の対象となる理由なのだ。しかし、過去が戦場であり続ける理由の一端は、実は過去が死んでいないからなのだ。過去は制度を体現するもの（法律、宗教、教育、信念体系、規範、伝統など）や個人的・集団的同一化や記憶を通じて、現在の中に生き続けている。私が本書の最後をコミュニティに根差した歴史に関する議論で締めくくることにしたのは、そこにおいてこそ、歴史の生き生きとした性質が最も鋭敏に感じられるからである。しかしセクシュアリティの全史が強調するのは、個人的、集団的な帰属意識が、過去が現在に生きるありようと密接不可分に絡み合っているということである。この主観的な性質は危険を含まざるをえず、それゆえ性の歴史の研究者は往々にして、自分の研究の学問的性格を誇張し正当化することになる。性の歴史の（部分的かつ不完全な）主流化は、達成された研究の質の高さを証明しはするが、いまだこのテーマにつきまとう不安定や不安という地雷を踏む危険を示すものでもある。しかし性の歴史が色鮮やかに多くの人々に関連するのは、性の自由化が最も根付いているかに見える世界の地域にあっても、セクシュアリティとジェンダーをめぐる闘争が人々に望まれる社会のあり方そのものをめぐる闘争と化しているグローバル・サウスの多くの地域にあっても、セクシュアリティとジェンダーの問題が未解決だからにほかならない。性の歴史は一九七〇年代に第二の誕生を経験したときほど露骨に政治的ではなくなったかもしれないが、その主題の性質上、決して中立ではありえない。

最善の性の歴史は、私たちが過去を見る方法を書き換えてきた。しかし、おそらくその最も劇的な成果は、新しい方法で私たちに歴史的現在を垣間見せてくれることであった。それは多様性と複数の価値観があり、絶え間なく変化する世界である。世界は常にそういうものだったのかもしれない。いまや私たちはその世界について語ることができる。

監訳者解説

一　ジェフリー・ウィークスについて

本書は、Jeffrey Weeks, *What is Sexual History?*, Polity, Cambridge, UK, 2016の完全翻訳である。ポリティ社が編集する「歴史とはなにか」シリーズの一巻であり、セクシュアリティの歴史に関する理論的な概説書という趣がある。

著者ジェフリー・ウィークスは一九四五年生まれ、十九世紀以降のセクシュアリティの歴史研究・社会学の第一人者であり、長らくロンドン・サウスバンク大学に勤務していた。欧米のセクシュアリティの歴史研究を代表する一人であり、その影響力はミシェル・フーコーにまさるとも劣らない。

本書以外の単著としては以下のものがあり、本書は『セクシュアリティ』（上野千鶴子監訳、河出書房新社、一九九六）、『われら勝ち得し世界』（赤川学監訳、弘文堂、二〇一五）に次いで三冊目の邦訳となる。

Coming Out: Homosexual Politics in Britain from the Nineteenth Century to the Present, Quartet Books, 1977（初版）, 1990（改訂版）

Sex, Politics and Society: The Regulation of Sexuality since 1800, Longman, 1981（初版）, 1989（改訂版）

Sexuality and Its Discontents: Meanings, Myths and Modern Sexualities, Routledge and Kegan Paul, 1985, 1993（スペイン語訳）

Sexuality, Ellis Horwood/Tavistock, 1986（初版）, 1996（日本語版）, 1998（スペイン語訳）, 2003（Routledge, 改訂版）, 2009（改訂三版）, 2014（フランス語訳）, 2023（第五版）

Against Nature: Essays on History, Sexuality and Identity, Rivers Oram Press, 1991

Invented Moralities: Sexual Values in an Age of Uncertainty, UK: Polity Press, US: Columbia University Press, 1995

Making Sexual History, Polity Press, 2000, 2001（中国語版）

The World We Have Won, Routlege, 2007, 2015（日本語版）

The Languages of Sexuality, Routledge, 2011

Between Worlds : a Queer Boy from the Valleys, Parthian, 2021

共著・編著としても、

Socialism and the New Life（Sheila Rowbotham との共著）, Pluto Press, 1977

Between the Acts: Lives of Homosexual Men 1885-1967（Kevin Porter との共著）, Routledge, 1990, 1998（Rivers Oram Press, 新序文つき）

The Lesser Evil and the Greater Good: the Theory and Politics of Social Diversity, Jeffrey Weeks（編）, Rivers Oram Press, 1994.

Same Sex Intimacies: Families of Choice and Other Life Experiments（Brian Heaphy, Catherine Donovan との共著）, Routledge, 2001

Sexual Cultures: Communities, Values and Intimacy,（Janet Holland と共編）Macmillan, 1996

Sexualities and Society: a Reader,（Janet Holland, Matthew Waites と共編）, Polity, 2003

などがある。本書は、ウィークスが齢七十代を迎えて書いた総括的な書ということになる。

二　本書について

本書は『セクシュアリティの歴史』と名づけられているが、その題名から、性的欲望や性的指向についての歴史記述を想像する人がいるかもしれない。しかし題名とは裏腹に、本書では、セクシュアリティの歴史について書いたり、語ったりする実践の成立と変容とが主題となっている。ウィークスは序文で、「私が執筆人生を通して、セクシュアリティに対する諸観念や、セクシュアリティという観念そのものが十九世紀末にいかに登場し、社会・政治思想を形成したかに興味を持ち続けてきたとしても、特段驚くにはあたらない」と述べている（二一頁）。その意味で本書は、ウィークスの歴史社会学の集大成であると同時に、別の観点からみると方法的な書物でもある。とりわけ本書におけるHistoryという言葉は、人々が歴史について語るという「歴史実践」という意味と、アカデミアにおける専門領域としての「歴史学」という二重の意味を有している。本書ではときに歴史（学）という表記を採用したが、本書はつねにこの二重性を意識しながら書かれている。

本書の構成については、イントロダクション二九頁に、本人による、簡にして要を得た要約がふされているので、屋上屋を架すことは控えたい。ただウィークスの著書に三十年以上触れてきた監訳者（赤川）からすると、本書前半の第1章「性の歴史を組み立てる」から第4章「ジェンダー、セクシュアリティ、権力」までは、フェミニズムの影響を受けながら、ロンドンのゲイ解放運動の前線に立ちつつ、研究者人生の前半を歴史家として、後半を社会学者として過ごしたウィークスらしい記述に満ちている。特に十九世紀以降、セクシュアリティについて語る言語（言説）の重心が、宗教から科学（セクソロジー）に移行したのち、二十世紀後半の社会構築主義に基づいてセクシュアリティに関するカテゴリーや概念が「歴史的に発明された」点を強調しているのは、ウィークスの面目躍如である。もっともセクシュアリティに単一の歴史があると信じることは難しくなったとしても、ウィークスは歴史を書き、語ることの努力と倫理を忘れていない。その立場は、「私たちにできる最善のことは、過去を性の歴史実践の一側面として承認することなのである。それは現在に至る諸原因を探ったり、現代の信念や先入見をやみくもに過去に押し込んだりすることではなく、他の人生や他の価値観と、時間や場所を超えて接触するためにできる限り努力することである」（五二―五三頁）という表現に現れている。本質主義を批判する社会構築主義者としてスタートしたウィークスが、歴史社会学者としてたどり着いた境地が見て取れる。

本書の後半、第5章「性の歴史の主流化」から第7章「記憶、コミュニティ、声」までは、ウィークスがセクシュアリティの歴史社会学者として地歩を築いた二十一世紀以降、セクシュアリティの世界に生じた変化――主流化、グローバル化、声や記憶のアーカイヴ化――を、現在のウィークスがどうみているかが主題となっている。主流化とは、現代世界の歴史形成においてセクシュアリティが中心的な役割を果たすことが認識されるようになったことを意味する。また、ここまで近代西洋中心に論じられてきたセクシュアリティの歴史が、グローバリゼーションに伴い、中国、アフリカ、インド、イスラム世界などグローバル・サウスと、植民地化などの国家横断的な関係を結んでいることが論じられる。そのうえで、人間の目標の多様性を認めつつ、差異や分断に向き合う、ケン・プラマーの「批判的ヒューマニズム」に共感を示している。さらに第7章では、女性、LGBTQの当事者が自分たちの声と語りをアーカイヴ化することによって、新たな記憶のコミュニティが形成されつつあることが論じられる。セクシュアリティについて語る言説の場所が、宗教から科学、科学からコミュニティへと変化していくさまが活写されている。

ウィークスの歴史社会学者としての理論的・政治的立場は、性に関する悲観主義でもなければ楽観主義でもない。他方、アイデンティティの固定性や普遍性を強調する絶対主義でも、逆にセクシュアリティの可変性を強調する相対主義（ポスト構造主義）でもない。ひとことで言えば、バランスの取れた立場であるように思われる。ゲイ解放戦線から生まれでたキャリアの当初は、マルクス主義の正統からやや外れた左派だったように思われるが、現在では、人間の多様性を承認する共同体主義者に近づいているように思われる。ウィークスの主著『セクシュアリティ』の結語では、「セクシュアリティという観念に与えられた意味の負担を軽減する」ことの重要性を強調していた。その目標を維持しながら、セクシュアリティ研究の盟友であり、『21世紀を生きるための社会学の教科書』（赤川学監訳、ちくま学芸文庫、二〇二一年）を書いたケン・プラマーを意識しながら、「最善の性の歴史は、私たちが過去を見る方法を書き換えてきた。（中略）（世界とは）多様性と複数の価値観があり、絶え間なく変化する世界である。世界は常にそういうものだったのかもしれない。いまや私たちはその世界について語ることができる」と結んでいる（本書二四九頁）。

本書の翻訳については、ちくま学芸文庫編集部の守屋佳奈子さんからお声掛けいただいた。監訳者の赤川は、一九九〇年代に『セクシュアリティ』の翻訳に参加し、二〇一〇年代には、ウィークスの自伝的要素のある『われら勝ち得し世界』の監訳を務めたことがあった。筆者にとってウィークスは、ミシェル・フーコー、ケン・プラマーと並んで、私淑する学問的師匠の一人であり、なんの迷いもなく、そのお申し出を受け入れた。その後、幸運なことに次世代のセクシュアリティの社会学を担う方々に各章の翻訳を分担していただくことができた。具体的には武内今日子氏に第3・4章、服部恵典氏に第5・6章、藤本篤二郎氏に第7章ならびに邦訳文献の調査を行っていただいた。すべての草稿が整った段階で、守屋さんと監訳者が各章に目を通し、修正案を提示して、フィードバックを繰り返した。出版に向けては訳語や文体の統一、訳注の作成、文献リスト・索引の作成などを協働で行った。本書が完成に至ったのは、間違いなく、このプロジェクトに参加してくださった若き俊英、ならびに守屋さんのご尽力のおかげである。改めて謝意を表したい。

本書が多くの読者に読まれることを願ってやまない。

二〇二四（令和六）年五月

赤川　学

ヒューマニズムとポスト・ヒューマニズムについては以下を参照。

José Esteban Muñoz, 'Dossier: Theo-rizing Queer Inhumanisms', *GLQ: A Journal of Lesbian and Gay Studies* 114 (5), 2015, pp. 1273–86.

第7章　記憶、コミュニティ、声

ポストコロニアルの文脈における歴史についての議論は以下を参照。

Michel-Rolph Trouillot, *Silencing the Past: Power and the Production of History*, Boston: Beacon Press, 2015.

クィア・アーカイヴについては以下の特集を参照。

the special edition of *Radical History Review* (120), Fall 2014, edited by Daniel Marshall, Kevin P. Murphy, and Zeb Tortorici.

専門的なアーカイヴの例として以下を見よ。

Robert B. Ridinger, 'Things Visible and Invisible: The Leather Archives and Museum', *Journal of Homosexuality* 43 (1), 2002, pp. 1–9.

Aaron H. Devor, *The Transgender Archives: Foundations for the Future*, Victoria, BC: University of Victoria Libraries, 2014.

ライフ・ヒストリーについては以下を参照のこと。

Ken Plummer, *Documents of Life 2: An Invitation to a Critical Humanism*, London: Sage, 2000.

Joseph A. Massad, *Islam in Liberalism*, Chicago and London: University of Chicago Press, 2015.

ラテンアメリカは以下を参照。

Roger Lancaster, *Life is Hard: Machismo, Danger, and the Intimacy of Power in Nicaragua*, Berkeley and Los Angeles: University of California Press, 1992.
Joseph Carrier, *De Los Otros: Intimacy and Homosexuality among Mexican Men*, New York: Columbia University Press, 1995.
Richard Parker, *Beneath the Equator: Cultures of Desire, Male Homosexuality, and Emerging Gay Communities in Brazil*, London: Routledge, 1998.
Noelle M. Stout, *After Love: Queer Intimacy and Erotic Economies in Post-Soviet Cuba*, Durham, NC: Duke University Press, 2014.

ヨーロッパのセクシュアリティの再構築とクィア化については以下を参照。

Lisa Downing and Robert Gillett (eds.), *Queer in Europe*, Farnham: Ashgate, 2011.
Phillip M. Ayoub and David Paternotte (eds.), *LGBT Activism and the Making of Europe: A Rainbow Europe?*, Basingstoke: Palgrave Macmillan, 2014.
Robert Kulpa and Joanna Mizielińska (eds.), *De-Centring Western Sexualities: Central and Eastern European Perspectives*, Farnham: Ashgate, 2011.

ヨーロッパ最大の国、ロシアの独特な歴史については以下を参照。

Igor S. Kon, *The Sexual Revolution in Russia: From the Age of the Czars to Today*, New York, Free Press, 1995.
Laurie Essig, *Queer in Russia: A Story of Sex, Self, and the Other*, Durham, NC: Duke University Press, 1999.

人権については以下を参照。

Sonia Corrêa, Rosalind Petchesky and Richard Parker, *Sexuality, Health and Human Rights*, London and New York: Routledge, 2008.

LGBTQの人権については *Contemporary Politics* 15 (1), 2001の特集を参照。

Press, 2014.

中国については以下を参照。

Harriet Evans, *Women and Sexuality in China: Female Sexuality and Gender since 1949*, NewYork で96年に出たあと London で97年にも出たと言います。
Harriet Evans and Julia C. Strauss (eds.), *Gender in Flux: Agency and its Limits in Contemporary China*, Cambridge: Cambridge University Press, 2011.
Elaine Jeffreys with Haiqing Yu, *Sex in China*, Cambridge: Polity, 2015.

トラヴィス・S. K. コンは、香港と中国における同性間の慣習についてよく調査した研究を提供している。

Travis S. K. Kong, *Chinese Male Homosexualities: Memba, Tongzhi and Golden Boy*, London: Routledge, 2011.

もうひとつの中国支配の島国については以下で分析されている。

Audrey Yue and Jun Zubillaga-Pow (eds.), *Queer Singapore: Illiberal Citizenship and Mediated Cultures*, Hong Kong: Hong Kong University Press, 2012.

インドについては以下を参照。

Mrinalini Sinha, *Colonial Masculinity: The 'Manly Englishman' and the 'Effeminate Bengali' in the late Nineteenth Century*, Manchester and New York: Manchester University Press, 1995.
Mrinalini Sinha, *Specters of Mother India: The Global Restructuring of an Empire*, Durham, NC: Duke University Press, 2006.
Gerard Sullivan and Peter A. Jackson (eds.), 'Gay and Lesbian Asia: Culture, Identity, Community', special issue of *Journal of Homosexuality* 40 (3/4), 2001.

フィリピンについては以下を参照。

Mark Johnson, *Beauty and Power: Transgendering and Cultural Transformations in the Southern Philippines*, Oxford and New York: Berg, 1997.

ジョセフ・A. マサドは以下でイスラム教の分析を続けている。

and Rights, London and New York: Routledge, 2010.

生殖に関するトランスナショナルな傾向についての議論は以下を参照。

Rosalind Petchesky and Karen Judd (eds.), *Negotiating Reproductive Rights: Women's Perspectives Across Countries and Cultures*, London: Zed Books, 1998.

Carole H. Browner and Carolyn F. Sargent (eds.), *Reproduction, Globalization, and the State: New Theoretical and Ethnographic Perspectives*, Durham, NC and London: Duke University Press, 2011.

Michi Knecht, Maren Klitz, and Stefan Bech (eds.), *Reproductive Technologies as Global Form: Ethnographies of Knowledges, Practices, and Transnational Encounters*, Chicago: University of Chicago Press, 2012.

Amy Lind (ed.), *Development, Sexual Rights and Global Governance*, London: Routledge, 2010.

グローバルな同性愛と国際的なLGBTQ運動の台頭については以下を参照。

Barry D. Adam, Jan Willem Duyvendak and André Krouwel (eds.), *The Global Emergence of Gay and Lesbian Politics: National Imprints of a Worldwide Movement*, Philadelphia: Temple University Press, 1998.

Manon Tremblay, David Paternotte and Carol Johnson (eds.), *The Lesbian and Gay Movement and the State: Comparative Insights into a Transformed Relationship*, Farnham: Ashgate, 2011.

アフリカの性の歴史については以下を参照。

Marc Epprecht, *Sexuality and Social Justice in Africa: Rethinking Homophobia and Forging Resistance*, London and New York: Zed Books, 2013.

S. N. Nyeck and Marc Epprecht (eds.), *Sexual Diversity in Africa: Politics, Theory, Citizenship*, Montreal: McGill-Queen's University Press, 2013.

Ruth Morgan and Saskia E. Wieringa (eds.), *Tommy Boys, Lesbian Men and Ancestral Wives: Female Same-Sex Practices in Africa*, Auckland Park, SA: Jacana Media, 2005.

Saheed Aderinto, *When Sex Threatened the State: Illicit Sexuality, Nationalism, and Politics in Colonial Nigeria, 1900–1958*, Champaign: University of Illinois

Jeffrey Weeks, 'The Sexual Citizen', *Theory, Culture and Society* 15 (3–4), 1998, pp. 35–52.

この概念に対する批判的説明については以下を参照。

David Bell and Jon Binnie, *The Sexual Citizen: Queer Politics and Beyond*, Cambridge: Polity, 2000.

Lauren Berlant, *The Queen of America Goes to Washington City: Essays on Sex and Citizenship*, Durham, NC: Duke University Press, 1997.

Shane Phelan, *Sexual Strangers: Gays, Lesbians, and Dilemmas of Citizenship*, Philadelphia: Temple University Press, 2001.

第6章　性の歴史のグローバル化

トランスナショナル・ターンについては、*American Historical Review* 114 (5), 2009の American Historical Association Forum で議論されている。Margot Canaday, 'Thinking Sex in the Transnational Turn', pp. 1250–7を参照のこと。アメリカ、アフリカ、アジア、ヨーロッパ、中東、ラテンアメリカについても寄稿されている。

ピーター・N. スターンズは以下で簡潔な世界史を提供している。

Peter N. Stearns, *Sexuality in World History*, London and New York: Routledge, 2009.

それ以前の先駆的な本として、

Vern L. Bullough, *Sexual Variance in Society and History*, Chicago: University of Chicago Press, 1976.

アンガス・マクラーレンの本も有益だが、主に西洋に焦点を当てている。

Angus McLaren, *Twentieth-Century Sexuality: A History*, Oxford: Wiley-Blackwell, 1999.

また以下も参照のこと。

Peter Aggleton and Richard Parker (eds.), *Routledge Handbook of Sexuality, Health*

Judith Stacey, *Unhitched: Love, Marriage, and Family Values from West Hollywood to Western China*, New York: New York University Press, 2011.

「家族としての友人」については以下を参照。

Kath Weston, *Families We Choose: Lesbians, Gays, Kinship*, New York: Columbia University Press, 1991.

Peter M. Nardi, *Gay Men's Friendships: Invincible Communities*, Chicago: University of Chicago Press, 1999.

Jeffrey Weeks, Brian Heaphy, and Catherine Donovan, *Same Sex Intimacies: Families of Choice and other Life Experiments*, London: Routledge, 2001.

親密性については以下を参照。

Steven Seidman, *Romantic Longings: Love in America, 1830–1980*, New York: Routledge, 1991.

Steven Seidman, *Embattled Eros: Sexual Politics and Ethics in Contemporary America*, New York: Routledge, 1992.

イギリスにおける親密性については以下でいくらかカバーされている。

Marcus Collins, *Modern Love: An Intimate History of Men and Women in Twentieth-Century Britain*, London: Atlantic Books, 2003.

性についての、あるいは親密性の市民権に関する発展中の議論は、包摂と排除、帰属と周縁性を再考するための鍵となっている。ケン・プラマーは、以下の研究で大きく貢献している。

Ken Plummer, *Telling Sexual Stories: Power, Change and Social Worlds*, London and New York: Routledge, 1994.〔ケン・プラマー『セクシュアル・ストーリーの時代——語りのポリティクス』桜井厚・好井裕明・小林多寿子訳、1998年、新曜社〕

Ken Plummer, *Intimate Citizenship: Private Decisions and Public Dialogue*, Seattle: University of Washington Press, 2003.

拙著の貢献については以下を参照。

Cristina Johnston, 'The PACS and (Post-)Queer Citizenship in Contemporary Republican France', *Sexualities* 11 (6), December 2008, pp. 688–705.
【イギリス】
Nicola Barker and Daniel Monk (eds.), *From Civil Partnerships to Same-Sex Marriage: Interdisciplinary Reflections*, London: Routledge, 2015.
【オランダ】
Kees Waaldijk, 'Small Change: How the Road to Same-Sex Marriage Got Paved in the Netherlands', in Robert Wintermute and Mads Andenaes (eds.), *Legal Recognition of Same-Sex Partnerships: A Study of National, European and International Law*, Oxford: Hart, 2001, pp. 437–64.
【南ヨーロッパ】
Ana Cristina Santos, *Social Movements and Sexual Citizenship in Southern Europe*, London: Palgrave Macmillan, 2013.
【アメリカ】
George Chauncey, *Why Marriage?: The History Shaping Today's Debate Over Gay Equality*, New York: Basic Books, 2005.〔ジョージ・チョーンシー『同性婚――ゲイの権利をめぐるアメリカ現代史』上杉富之・村上隆則訳、2006年、明石書店〕
Michael J. Klarman, *From the Closet to the Altar: Courts, Backlash, and the Struggle for Same-Sex Marriage*, Oxford: Oxford University Press, 2013.
Amy L. Brandzel, 'Queering Citizenship? Same-Sex Marriage and the State', *GLQ: A Journal of Lesbian and Gay Studies* 11 (2), 2005, pp. 171–204.
Priya Kandaswamy, 'State Austerity and the Racial Politics of Same-Sex Marriage in the United States', *Sexualities* 11 (6), December 2008, pp. 706–25.

同性カップルによる子育てについては以下を参照。
Karen Griffin and Linda Mulholland (eds.), *Lesbian Mothers in Europe*, London: Cassell, 1997.
Gillian E. Hanscombe and Jackie Forster, *Rocking the Cradle: Lesbian Mothers: A Challenge in Family Living*, London: Sheba Feminist Press, 1983.
Ellen Lewin, *Lesbian Mothers: Accounts of Gender in American Culture*, Ithaca, NY: Cornell University Press, 1993.

tics of Medical Disaster, Oxford: Oxford University Press, 1999.

デニス・アルトマンは、この伝染病に対する草の根の対応が類いまれであったことを強調した先駆者である。彼の概観は以下を参照。

Dennis Altman, *The End of the Homosexual?*, St. Lucia, Queensland: University of Queensland Press, 2013.

英国の草の根の対応については拙著の関連章を参照されたい。

Jeffrey Weeks, *Making Sexual History*, Cambridge: Polity, 2000.

さまざまなローカル、ナショナルなアクティヴィズムについては以下を参照。

Michael P. Brown, *RePlacing Citizenship: AIDS Activism and Radical Democracy*, New York: Guilford Press, 1997.（ブリティッシュコロンビア州バンクーバーでの研究に基づく）

Jennifer Power, *Movement, Knowledge, Emotion: Gay Activism and HIV/AIDS in Australia*, Canberra: ANU Press, 2011.

Deborah B. Gould, *Moving Politics: Emotion and ACT UP's Fight against AIDS*, Chicago: Chicago University Press, 2009.

Daniel Defert, *Une vie Politique*, Paris: Éditions de Seuil, 2014.

同性婚については、ケリー・コルマンが現代の政策的背景を詳細に論じている。

Kelly Kollman, *The Same-Sex Unions Revolution in Western Democracies: Inter- national Norms and Domestic Policy Change*, Manchester: Manchester University Press, 2013.

【スカンジナヴィア】

Jens Rydström, *Odd Couples: A History of Gay Marriage in Scandinavia*, Amsterdam: Aksant, 2011.

【フランス】

Eric Fassin, 'Same Sex, Different Politics: "Gay Marriage" Debates in France and the United States', *Public Culture* 13 (2), 2001, pp. 215–32.

性革命を含むドイツの性の歴史に挑戦的に焦点をあてたものが下記に収められている。

Scott Spector, Helmut Puff, and Dagmar Herzog (eds.), *After the History of Sexuality: German Genealogies with and beyond Foucault*, New York: Berghahn Books, 2012.

特に、マッシモ・ペリネッリの章を参照。

Massimo Perinelli, 'Longing Lust, Violence, Liberation: Discourses on Sexuality on the Radical Left in West Germany, 1967–1972'.

ダグマー・ヘルツォークは、アメリカ新右翼が性革命から学んだ教訓を以下で探っている。

Dagmar Herzog, Sex in Crisis: The New Sexual Revolution and the Future of American Politics, New York: Basic Books, 2008.

アメリカの原理主義者の視点に関する先駆的な研究については以下を参照。

Didi Herman, *The Antigay Agenda: Orthodox Vision and the Christian Right*, Chicago: University of Chicago Press, 1997.

Angelia Wilson, *Below the Belt: Sexuality and Politics in the Rural South*, New York: Continuum, 1999.

エイズ流行に関する多角的な歴史が以下の本で明らかにされている。

Elizabeth Fee and Daniel M. Fox (eds.), *AIDS: The Burdens of History*, Berkeley: University of California Press, 1988.

Elizabeth Fee and Daniel M. Fox (eds.), *AIDS: The Making of a Chronic Disease*, Berkeley: University of California Press, 1992.

Virginia Berridge and Philip Strong (eds.), *AIDS and Contemporary History*, Cambridge: Cambridge University Press, 1993.

エイズが社会政策に与えた示唆は以下で議論されている。

David L. Kirp and Ronald Bayer (eds.), *AIDS in the Industrialized Democracies: Passions, Politics and Policies*, New Brunswick: Rutgers University Press, 1992.

Eric A. Feldman and Ronald Bayer (eds.), *Blood Feuds: AIDS, Blood, and the Poli-*

モラル・パニックについては、
Gilbert Herdt (ed.), *Moral Panics, Sex Panics: Fear and the Fight over Sexual Rights*, New York: New York University Press, 2009.

宗教の役割については、
Lucy Delap and Sue Morgan (eds.), *Men, Masculinities and Religious Change in Twentieth-Century Britain*, London and Abingdon: Routledge, 2013.
Heather White, *Reforming Sodom: Protestants and the Rise of Gay Rights*, Chapel Hill: University of North Carolina Press, 2015.
Neil J. Young, *We Gather Together: The Religious Right and the Problem of Interfaith Politics*, New York: Oxford University Press, 2015.

20世紀の性の近代性が両義的であることについては、
Dagmar Herzog (ed.), *Sexuality and German Fascism*, New York: Berghahn Books, 2004.
Dagmar Herzog, *Sex after Fascism: Memory and Morality in Twentieth-Century Germany*, Princeton, NJ: Princeton University Press, 2005.

男性の性革命について考察した鋭敏なフェミニストの自伝については以下を参照。
Sheila Rowbotham, *Promise of a Dream: Remembering the Sixties*, London and New York: Verso, 2001.
Lynne Segal, *Making Trouble: Life and Politics*, London: Serpent's Tail, 2007.
Cas Wouters, *Sex and Manners: Female Emancipation in the West, 1890–2000*, London: Sage, 2004.

性革命についての英国の視点については以下を参照。
Jeffrey Weeks, *The World We Have Won: The Remaking of Erotic and Intimate Life*, London and New York: Routledge, 2007.〔ジェフリー・ウィークス『われら勝ち得し世界――セクシュアリティの歴史と親密性の倫理』赤川学監訳、2015年、弘文堂〕

Transformation of Culture: The Longue Durée', pp. 418–36も含まれている。

ドイツの性秩序の形成に関する古典として以下を参照。

Isabel V. Hull, *Sexuality, State, and Civil Society in Germany, 1700–1815*, Ithaca, NY: Cornell University Press, 1996.

19世紀の様相を解剖したものとして影響力があるものは以下を参照。

Peter Gay, *The Bourgeois Experience: Victoria to Freud. Vol. 1: Education of the Senses*〔ピーター・ゲイ『官能教育』全2分冊、篠崎実・鈴木実佳・原田大介訳、1999年、みすず書房〕. *Vol. 2: The Tender Passion*, New York: Oxford University Press, 1984, 1986.

子どもや子どもの性への態度については以下を参照。

Philip Jenkins, *Moral Panic: Changing Concepts of the Child Molester in Modern America*, New Haven: Yale University Press, 1998.

Louise A. Jackson, *Child Sexual Abuse in Victorian England*, London: Routledge, 2000.

R. Danielle Egan and Gail Hawkes, *Theorizing the Sexual Child in Modernity*, New York: Palgrave Macmillan, 2010.

Hawkes and Egan, 'Sex, Popular Beliefs and Culture: Discourses on the Sexual Child', in Chiara Beccalossi and Ivan Crozier (eds.), *A Cultural History of Sexuality in the Age of Empire*, London: Bloomsbury, 2014, pp. 123–44.

Stephen Angelides, 'Feminism, Child Sexual Abuse, and the Erasure of Child Sexuality', *GLQ: A Journal of Lesbian and Gay Studies* 10 (2), 2004, pp. 141–77.

Stephen Angelides, 'Historicizing Affect, Psychoanalyzing History: Pedophilia and the Discourse of Child Sexuality', *Journal of Homosexuality* 46 (1–2), 2003, pp. 79–109.

Linda Gordon, 'The Politics of Child Sex Abuse: Notes from American History', *Feminist Review* 28, 1988, pp. 56–64.

James R. Kincaid, *Erotic Innocence: The Culture of Child Molesting*, Durham, NC: Duke University Press, 1998.

Esteban Muñoz (eds.), *Social Text* 84–5, 23 (3–4), Fall–Winter 2005, pp. 85–100.

固有の分野としての男性性の歴史については以下を参照のこと。

Michael Roper and John Tosh (eds.), *Manful Assertions: Masculinities in Britain since 1800*, London: Routledge, 1991.

Michael S. Kimmel, *The History of Men: Essays on the History of American and British Masculinities*, Albany: State University of New York Press, 2005.

Michael S. Kimmel, *Manhood in America: A Cultural History*, 3rd edition, Oxford: Oxford University Press, 2012.

J. A. Mangan and James Walvin (eds.), *Manliness and Morality: Middle-Class Masculinity in Britain and America 1800–1940*, Manchester: Manchester University Press, 1987.

Angus McLaren, *The Trials of Masculinity: Policing Sexual Boundaries, 1830–1930*, Chicago: University of Chicago Press, 1997.

Angus McLaren, *Impotence: A Cultural History*, Chicago: University of Chicago Press, 2007.〔アンガス・マクラレン『性的不能の文化史——“男らしさ”を求めた男たちの悲喜劇』山本規雄訳、2016年、作品社〕

George L. Mosse, *The Image of Man: The Creation of Modern Masculinity*, Oxford: Oxford University Press, 1996.〔ジョージ・L・モッセ『男のイメージ——男らしさの創造と近代社会』細谷実・小玉亮子・海妻径子訳、2024年、中公文庫〕

第5章　性の歴史の主流化

この期間のヨーロッパのセクシュアリティを概観するには以下を参照。

Anna Clark, *Desire: A History of European Sexuality*, London and New York: Routledge, 2008.

Dagmar Herzog, *Sexuality in Europe: A Twentieth-Century History*, Cambridge: Cambridge University Press, 2011.

トマス・ラカーの重要な仕事についてのシンポジウムが、*Sexualities* 12, August 2009に収録されており、ラカー自身のエッセイ、‘Sexuality and the

144〕は、著者によるさまざまな注釈や修正とともに、*Deviations: A Gayle Rubin Reader*, Durham, NC: Duke University Press, 2011において再出版されている。

ルービンの論考「性を考える」の影響については、ルービン自身によるものを含むさまざまな寄稿が *GLQ: A Journal of Lesbian and Gay Studies* 17 (1), 2011の特集号に掲載されている。

「文化的転回」については以下を参照。

Geoff Eley, *A Crooked Line: From Cultural History to the History of Society*, Ann Arbor: University of Michigan Press, 2005.

セクシュアリティに関連する交差性理論の困難に関する広範な議論については以下を参照のこと。

Yvette Taylor, Sally Hines and Mark Casey (eds.), *Theorizing Intersectionality and Sexuality*, London: Palgrave, 2010.

Jennifer C. Nash, 'Re-Thinking Intersectionality', *Feminist Review* 89, 2008, pp. 1–15.

『セクシュアリティの歴史雑誌』から抜粋された重要な論集として以下がある。

John Fout and Maura Shaw Tantillo (eds.), *American Sexual Politics: Sex, Gender, and Race since the Civil War*, Chicago: Chicago University Press, 1993.

黒人フェミニストの参加については以下に収録された論考を参照のこと。

Janet Price and Margrit Shildrick (eds.), *Feminist Theory and the Body: A Reader*, New York and London: Routledge, 1999.

批判的にクィアなアフリカ系アメリカ人の視座については以下を参照。

Roderick A. Ferguson, *Aberrations in Black: Toward a Queer of Color Critique*, Minneapolis: University of Minnesota Press, 2004.

Roderick A. Ferguson, 'Of Our Normative Strivings: African American Studies and the Histories of Sexuality', in David L. Eng, Judith Halberstam, and José

以下では、都市と性生活に関する彼女の分析を20世紀に拡張している。

Judith R. Walkowitz, *Nights Out: Life in Cosmopolitan London*, New Haven: Yale University Press, 2012.

フェミニズムと社会純潔に関する他の著作としては以下がある。

【イギリス】

Edward J. Bristow, *Vice and Vigilance: Purity Movements in Britain Since 1700*, Dublin: Gill and Macmillan, 1977.

【アメリカ】

David J. Pivar, *Purity Crusade: Sexual Morality and Social Control, 1868–1900*, Westport, CN: Greenwood Press, 1973.

David J. Pivar, *Purity and Hygiene: Women, Prostitution and the "American Plan", 1900–1930*, Westport, CN: Greenwood, 2002.

歴史におけるジェンダーというカテゴリーの発達については以下を参照のこと。

Joan W. Scott, *Gender and the Politics of History*, New York: Columbia University Press, 1988.〔ジョーン・W・スコット『30周年版 ジェンダーと歴史学』荻野美穂訳、2022年、平凡社ライブラリー〕

Laura Lee Downs, *Writing Gender History*, 2nd edition, London: Bloomsbury, 2010.

Sonya O. Rose, *What is Gender History?*, Cambridge: Polity, 2010.

Judith Butler and Elizabeth Weed (eds.), *The Question of Gender: Joan W. Scott's Critical Feminism*, Bloomington: Indiana University Press, 2011.

ゲイル・S・ルービンによる2本の決定的な論考である、

Gayle S. Rubin, 'The Traffic in Women: Notes on the "Political Economy" of Sex', Monthly Review Press, 1975.〔「女たちによる交通――性の「政治経済学」についてのノート」長原豊訳、『現代思想』28(2): pp.118-59〕

Gayle S. Rubin, 'Thinking Sex: Notes for a Radical Theory of the Politics of Sexuality' 掲載誌、1984〔「性を考える――セクシュアリティの政治に関するラディカルな理論のための覚書」河口和也訳、『現代思想』25 (6):pp.94-

革命的フェミニズムに関するイギリスの批評については以下を参照のこと。

Lynne Segal, *Is the Future Female?: Troubled Thoughts on Contemporary Feminism*, London: Virago, 1987.〔リン・シーガル『未来は女のものか』織田元子訳、1989年、勁草書房〕

Lynne Segal and Mary McIntosh (eds.), *Sex Exposed: Sexuality and the Pornography Debates*, London: Virago, 1987.

マーサ・ヴィシヌスによって編まれた2冊の古典として以下があり、これらはフェミニストの歴史の最初の10年を締めくくっている。

Martha Vicinus, *Suffer and be Still: Women in the Victorian Age*, London: Methuen, 1972.

Martha Vicinus, *A Widening Sphere: Changing Roles of Victorian Women*, London: Methuen, 1977.

これらには、後に古典的となる論文がまとめられている。アメリカにおけるリプロダクティブ・ライツをめぐる闘いに関する主要なテキストは以下の通り。

James C. Mohr, *Abortion in America: The Origin and Evolution of National Policy, 1800–1900*, New York: Oxford University Press, 1978.

James Reed, *From Private Vice to Public Virtue: The Birth Control Movement and American Society since 1830*, New York: Basic Books, 1978.

イギリスに関する同様の研究には以下がある。

Angus McLaren, *Birth Control in Nineteenth-Century England: A Social and Intellectual History*, London: Croom Helm, 1978.

Angus McLaren, *Reproductive Rituals: The Perception of Fertility in England from the 16th to the 19th Century*, London and New York: Methuen, 1984.〔アンガス・マクラレン『性の儀礼——近世イギリスの産の風景』荻野美穂訳、1989年、人文書院〕

Kate Fisher, *Birth Control, Sex, and Marriage in Britain 1918–1960*, Oxford: Oxford University Press, 2006.

第4章　ジェンダー、セクシュアリティ、権力

主要なラディカル・フェミニストの著作には以下がある。

Robin Morgan (ed.), *Sisterhood is Powerful: An Anthology of Writings from the Women's Liberation Movement*, New York: Random House, 1970.

Mary Daly, *Gyn/Ecology: The Metaethics of Radical Feminism*, London: Women's Press, 1979 (first published 1978).

Kathleen Barry, *Female Sexual Slavery*, Englewood Cliffs, NJ: Prentice Hall, 1979.〔キャスリン・バリー『性の植民地――女の性は奪われている』田中和子訳、1984年、時事通信社〕

Laura Lederer (ed.), *Take Back the Night: Women on Pornography*, New York: William Morrow, 1980.

アンドレア・ドウォーキンは歴史家ではないが、一部の歴史家に強い影響を与えた。

Andrea Dworkin, *Pornography: Men Possessing Women*, London: Women's Press, 1981.〔アンドレア・ドウォーキン『ポルノグラフィ――女を所有する男たち』寺沢みづほ訳、1991年、青土社〕

Andrea Dworkin, *Intercourse*, New York: Free Press, 1987.〔『新版 インターコース――性的行為の政治学』寺沢みづほ訳、1998年、青土社〕

シーラ・ジェフリーズは以下の一連の研究において、男性の権力に関する根本的で革命的な解釈を展開している。

Sheila Jeffreys, *Anticlimax: A Feminist Perspectives on the Sexual Revolution*, London: Women's Press, 1990.

Sheila Jeffreys, *Unpacking Queer Politics: A Lesbian Feminist Perspective*, Cambridge: Polity, 2003.

Sheila Jeffreys, *Gender Hurts: A Feminist Analysis of the Politics of Transgenderism*, London: Routledge: 2014.

異なるフェミニストの観点からの暴力の研究には以下がある。

Linda Gordon, *Heroes of their Own Lives: The Politics and History of Family Violence, Boston, 1880–1960*, New York and London: Virago, 1988.

クィア史の影響については以下を参照。

Social Text 84–5, 23 (3–4), Fall/Winter 2005, edited by David L. Eng, Judith Halberstam, and José Esteban Muñozの特集、特に序文（pp. 1–17）'What's Queer about Queer Studies Now?'.

Brian Lewis (ed.), *British Queer History: New Approaches and Perspectives*, Manchester: Manchester University Press, 2013.

Journal of British Studies 51 (3), July 2012内の同テーマの特集

Donald E. Hall and Annamarie Jagose (eds.), *The Routledge Queer Studies Reader*, New York and London: Routledge, 2012の記事

歴史におけるジェンダーの曖昧さやトランスジェンダーについては以下を参照のこと。

Esther Newton, *Mother Camp: Female Impersonators in America*, Chicago: University of Chicago Press, 1979.

Julia Epstein and Kristina Straub (eds.), *Body Guards: The Cultural Politics of Gender Ambiguity*, New York and London: Routledge, 1991.

Susan Stryker, *Transgender History*, Berkeley: Seal Press, 2008.

倒錯や非規範的なセクシュアリティの出現の歴史については、概して以下を参照のこと。

Julie Peakman, *The Pleasure's All Mine: A History of Perverse Sex*, London: Reaktion Books, 2013.

Julie Peakman (ed.), *Sexual Perversions, 1670–1890*, Basingstoke: Palgrave Macmillan, 2009.

Vernon A. Rosario, *The Erotic Imagination: French Histories of Perversity*, Oxford: Oxford University Press, 1997.

サド・マゾヒズムについては以下を見よ。

Alison M. Moore, *Sexual Myths of Modernity: Sadism, Masochism, and Historical Teleology*, Lanham: Lexington, 2015.

【カナダ】
Gary Kinsman, *Regulation of Desire: Homo and Hetero Sexualities*, Montreal: Black Rose, 1996.
【イギリス】
Matt Cook (ed.) with Robert Mills, Randolph Trumbach, and H. G. Cocks, *A Gay History of Britain: Love and Sex Between Men since the Middle Ages*, Oxford and Westport, CN: Greenwood, 2007.
Rebecca Jennings, *A Lesbian History of Britain: Love and Sex between Women since 1500*, Oxford and Westport, CN: Greenwood, 2007.

イギリスにおける19世紀の転換の重要性については以下を参照。
Charles Upchurch, *Before Wilde: Sex between Men in Britain's Age of Reform*, Berkeley, Los Angeles and London: University of California Press, 2009.
Sean Brady, *Masculinity and Male Homosexuality in Britain, 1861–1913*, Basingstoke and New York: Palgrave Macmillan, 2005.

ストーンウォール以前の同性愛政治に関する重要な修正主義的説明については以下を参照のこと。
Julian Jackson, *Living in Arcadia: Homosexuality, Politics, and Morality in France from the Liberation to AIDS*, Chicago: University of Chicago Press, 2009.
Marc Stein, *Rethinking the Gay and Lesbian Movement*, New York: Routledge, 2012.

都市の影響については以下を参照のこと。
David Higgs (ed.), *Queer Sites: Gay Urban Histories since 1600*, New York and London: Routledge, 1999.
Matt Cook and Jennifer V. Evans, *Queer Cities, Queer Cultures: Europe since 1945*, London: Bloomsbury, 2014.
Chad Heap, *Homosexuality in the City: A Century of Research at the University of Chicago*, Chicago: University of Chicago Press, 2000.
Frank Mort, *Capital Affairs: London and the Making of the Permissive Society*, London: Yale University Press, 2010.

ity in Ancient Greece, London: Phoenix, 2007.
Craig A. Williams, *Roman Homosexuality*, 2nd edition, Oxford: Oxford University Press, 2010.
David H. J. Larmour, Paul Allen Miller, and Charles Platter (eds.), *Rethinking Sexuality: Foucault and Classical Antiquity*, Princeton, NJ: Princeton University Press, 1997.

中世の諸概念については以下を見よ。

Robert Mills, *Seeing Sodomy in the Middle Ages*, Chicago: University of Chicago Press, 2015.

国や運動の歴史については以下を参照のこと。

【アメリカ】

Michael Bronski, *A Queer History of the United States,* Boston: Beacon Press, 2011.〔マイケル・ブロンスキー『クィアなアメリカ史――再解釈のアメリカ史2』兼子歩・坂下史子・髙内悠貴・土屋和代訳、2023年、勁草書房〕
Lillian Faderman, *The Gay Revolution: The Story of the Struggle*, New York: Simon and Schuster, 2015.

【スカンジナヴィア】

Jan Löfström (ed.), *Scandinavian Homosexualities: Essays on Gay and Lesbian Studies*, New York: Harrington Park Press, 1998.

【フランス】

Jeffrey Merrick and Michael Sibalis (eds.), *Homosexuality in French History and Culture*, New York: Harrington Park Press, 2001.

【オーストラリア】

Robert Reynolds, *From Camp to Queer: Remaking the Australian Homosexual*, Melbourne: University of Melbourne Press, 1998.
Graham Willett, *Living Out Loud: A History of Gay and Lesbian Activism in Australia*, Melbourne: Allen and Unwin, 2000.

【ニュージーランド】

Chris Brickell, *Mates and Lovers: A History of Gay New Zealand*, Auckland: Godwit for Random House, 2008.

versity Press, 2006.
Robert Aldrich (ed.), *Gay Life and Culture: A World History*, London: Thames and Hudson, 2006.〔ロバート・オールドリッチ編『同性愛の歴史』田中英史・田口孝夫訳、2009年、東洋書林〕
Leila J. Rupp, *Sapphistries: A Global History of Love between Women*, New York: New York University Press, 2008.

主な編著については以下を参照。

Martin Bauml Duberman, Martha Vicinus, and George Chauncey (eds.), *Hidden from History: Reclaiming the Gay and Lesbian Past*, New York: New American Library, 1989.
Henry Abelove, Michèle Aina Barale and David M. Halperin (eds.), *The Lesbian and Gay Studies Reader*, New York: Routledge, 1993.

教育学を念頭に置いた最近の概説については以下を参照。

Leila J. Rupp and Susan K. Freeman (eds.), *Understanding and Teaching U.S Lesbian, Gay, Bisexual, and Transgender History*, Madison: University of Wisconsin Press, 2014.

同性愛の主要な理論家の研究については以下を参照。

Elena Mancini, *Magnus Hirschfeld and the Quest for Sexual Freedom: A History of the First International Sexual Freedom Movement*, New York: Palgrave Macmillan, 2010.
Ivan Crozier (ed.), *Sexual Inversion: A Critical Edition (1897)*, by John Addington Symonds and Havelock Ellis, London: Palgrave Macmillan, 2008.
Hubert Kennedy, *Ulrichs: The Life and Works of Karl Heinrich Ulrichs, Pioneer of the Modern Gay Movement*, Boston: Alyson, 1988.

古典的世界における同性愛に関する議論については以下を参照。

John Winkler, *The Constraints of Desire: The Anthropology of Sex and Gender in Ancient Greece*, London: Routledge, 1990.
James Davidson, *The Greeks and Greek Love: A Radical Reappraisal of Homosexual-*

特にアメリカにおけるセックス調査の科学的野望と、より複雑な現実のもつれを解きほぐした他の著作は以下の通りである。

Anne Fausto Sterling, *Sexing the Body: Gender Politics and the Construction of Sexuality*, New York: Basic Books, 2000.

Roger N. Lancaster, *The Trouble with Nature: Sex in Science and Popular Culture*, Berkeley: University of California Press, 2003.

Janice M. Irvine, *Disorders of Desire: Sexuality and Gender in Modern American Sexology*, 1st edition 1990, revised edition Philadelphia: Temple University Press, 2005.

Lisa Downing, Iain Morland, and Nikki Sullivan, *Fuckology: Critical Essays on John Money's Diagnostic Concepts*, Chicago: University of Chicago Press, 2014.

構築主義者（およびポスト構築主義者）の議論の概要については以下を参照のこと。

Joseph Bristow, *Sexuality*, 2nd edition, Kindle version, New York and London: Routledge, 2010.

Steven Seidman, *The Social Construction of Sexuality*, 2nd edition, New York: W. W. Norton, 2009.

Jeffrey Weeks, *Sexuality*, 3rd edition, Abingdon and New York: Routledge, 2009.

Stevi Jackson and Sue Scott, *Theorizing Sexuality*, Maidenhead: Open University Press, 2010.

「性問題」が継続して発明され医療化されている最近の2つの例については以下を参照のこと。

Barry Reay, Nina Attwood, and Claire Gooder, *Sex Addiction: A Critical History*, Cambridge: Polity, 2015.

Thea Cacchioni, *Big Pharma, Women, and the Labour of Love*, Toronto: University of Toronto Press, 2015.

第3章　同性関係の歴史を問い直し、クィア化する

同性愛の包括的な歴史については以下を参照のこと。

Louis Crompton, *Homosexuality and Civilization*, Cambridge, MA: Harvard Uni-

と。

Robert Deam Tobin, *Peripheral Desires: The German Discovery of Sex,* Philadelphia: University of Pennsylvania Press, 2015.

セクソロジーの歴史学、つまりセクソロジーを啓蒙的な科学として評価し、ある程度受け入れているものとしては以下がある。

Paul Robinson, *The Modernization of Sex: Havelock Ellis, Alfred Kinsey, William Masters and Virginia Johnson*, London: Paul Elek, 1976.

Vern L. Bullough, *Science in the Bedroom: A History of Sex Research*, New York: Basic Books, 1994.

ブーローは1970年代、性の歴史の不在をいち早く嘆いた一人である。彼自身の貢献は以下の通りである。

Vern L. Bullough, *Sex, Society and History*, New York: Watson Publishing International, 1976.

Vern L. Bullough and Bonnie Bullough, *Sin, Sickness, and Sanity: A History of Sexual Attitudes*, New York: New American Library, 1977.

セクソロジーの前身については以下を参照のこと。

Roy Porter and Mikuláš Teich (eds.), *Sexual Knowledge, Sexual Science: The History of Attitudes to Sexuality*, Cambridge: Cambridge University Press, 1994.

Roy Porter and Lesley Hall, *The Facts of Life: The Creation of Sexual Knowledge in Britain, 1650–1950*, London: Yale University Press, 1995.

性知識の構築と歴史的解釈との関連については以下を参照のこと。

Kate Fisher and Rebecca Langlands (eds.), *Sex, Knowledge, and Receptions of the Past*, Oxford: Oxford University Press, 2015.

アメリカについては以下を参照のこと。

Helen Lefkowitz Horowitz, *Rereading Sex: Battles over Sexual Knowledge and Suppression in Nineteenth-Century America*, New York: Knopf, 2002.

Berg, 2011 (hardback) and London: Bloomsbury, 2014 (paperback).
各巻は、下記文献のどこかに引用されている。
Stephen Garton, *Histories of Sexuality: Antiquity to Sexual Revolution*, London and New York: Routledge, 2004.
新たな性の歴史における重要な問題やテーマについて、十分な情報と知性を備えたガイドである。

Robert A. Nye (ed.), *Sexuality*, Oxford and New York; Oxford University Press, 1999.
古典と現代の主要な著者による包括的な論文集であり、洞察に満ちた「序論：セクシュアリティの歴史化」(3–15頁) を付している。

もう一つの重要な編集コレクションに以下がある。
Kim M. Phillips and Barry Reay (eds.), *Sexualities in History: A Reader*, New York: Routledge, 2002.

性に関する概念の歴史化については以下を見よ。
Arnold I. Davidson, *The Emergence of Sexuality: Historical Epistemology and the Formation of Concepts*, Cambridge, MA: Harvard University Press, 2001.

世代と時間性については以下を参照。
Elizabeth Freeman, *Time Binds: Queer Temporalities, Queer Histories*, Durham, NC: Duke University Press, 2010.

私自身の視点については以下を参照されたい。
Jeffrey Weeks, *Making Sexual History*, Cambridge: Polity, 2000.
Jeffrey Weeks, *The Languages of Sexuality*, Abingdon, London and New York: Routledge, 2011.

第2章　性の歴史の発明

現在、セクソロジーとセクソロジストの役割を解明する学問が盛んである。19世紀から20世紀初頭にかけての性観念の出現については以下を参照のこ

さらなる読書案内

この読書案内は、各章の注と併用して使うべきである。重要な論点や引用に言及する際には、正確な参考文献を示すために注を使用する。不必要な重複を避けるため、この章では主として注以外の著作物に重点を置いている。適宜、古典的な文献にも言及したが、性の歴史に関する論争とセクシュアリティの歴史そのものを映し出す最近の学問に主眼を置いている。

第1章　性の歴史を組み立てる

性の歴史の展開とその意味については、以下の文献が素晴らしい概説を提供している。

H. G. Cocks and Matt Houlbrook (eds.), *The Modern History of Sexuality*, Basingstoke: Palgrave Macmillan, 2005.

また、以下の論文も参照。

H. G. Cocks, 'Approaches to the History of Sexuality since 1780'.

Katherine Crawford, 'The Good, the Bad, and the Textual: Approaches to the Study of the Body and Sexuality, 1500–1750'.

いずれも Sarah Toulalan and Kate Fisher (eds.), *The Routledge History of Sex and the Body: 1500 to the Present*, London: Routledge, 2013, pp. 38–54, 23–37所収。

また、実質的な姉妹編である以下も参照のこと。こちらは史料編纂の問題も論じている。

Kate Fisher and Sarah Toulalan (eds.), *Bodies, Sex and Desire from the Renaissance to the Present*, Basingstoke: Palgrave Macmillan, 2011.

さらに以下も参照。

Julie Peakman (ed.), *A Cultural History of Sexuality*, in six volumes, London:

Ramírez (eds.), *Bodies of Evidence*, pp. 23–40, 2012; Carrie Hamilton, *Sexual Revolution in Cuba: Passion, Politics, and Memory*, Chapel Hill: University of North Carolina Press, 2012. エリザベス・ドーアによる序文「Cuban Voices」(vii–xii 頁) は、このプロジェクトが直面した困難を要約している。

A. Yep, Karen E. Lovaas and John P. Elia (eds.), 'Queer Theory and Communication: From Disciplinary Queers to Queering the Discipline', special issue of *Journal of Homosexuality* 45 (2/3/4), 2003, pp. 361–4 at p. 364.

(13) Ann Cvetkovich, *An Archive of Feelings: Trauma, Sexuality, and Lesbian Public Culture*, Durham, NC: Duke University Press, 2003.

(14) Daniel Marshall, Kevin P. Murphy, and Zeb Tortorici, 'Editors' Introduction: Queering Archives: Historical Unravelings', *Radical History Review* (120), Fall 2014, pp. 1–11 at pp. 1–2.

(15) Alison Flood, 'Women's Library Campaign Gathers Steam', *Guardian* 11, April 2012.

(16) Willett, 'Making an Exhibition'.

(17) 例えば、Matt Houlbrookによるゲイとレズビアンの資料ガイドは、国立アーカイヴでオンライン公開されている。http:// www.nationalarchives.gov.uk/help-with-your-research/research-guides/gay-lesbian-history

(18) Thompson, *Voice of the Past*, p. 25.〔前掲『記憶から歴史へ』〕

(19) Ken Plummer, *Telling Sexual Stories: Power, Change and Social Worlds*, London: Routledge, 1995, p. 5.〔前掲『セクシュアル・ストーリーの時代』〕

(20) Radstone, *Sexual Politics of Time*.

(21) Cvetkovich, *Archive of Feelings*, ch. 4.

(22) 特にJacques Derrida, *Archive Fever: A Freudian Impression-Religion and Postmodernism*, Chicago: Chicago University Press, 1996.〔ジャック・デリダ『アーカイヴの病——フロイトの印象』福本修訳、2010年、法政大学出版局〕

(23) Mike Savage, *Identities and Social Change in Britain since 1940: The Politics of Method*, Oxford: Oxford University Press, 2010, p. 186.

(24) Thompson, *Voice of the Past*, pp. 8, 15–16, 113–14.〔前掲『記憶から歴史へ』〕

(25) Esther Newton, *Cherry Grove, Fire Island: Sixty Years in America's First Gay and Lesbian Town*, Boston: Beacon Books, 1993; Elizabeth L. Kennedy and Madeline D. Davis, *Boots of Leather, Slippers of Gold: The History of a Lesbian Community*, New York: Routledge, 1993.

(26) Carrie Hamilton, 'Sex, "Silence", and Audiotape', in Boyd and Roque

(2) Raphael Samuel, *Theatres of Memory: Past and Present in Contemporary Culture*, revised edition (first published 1994), London and New York: Verso, 2012.

(3) Bill Schwarz, 'Foreword', in Samuel, *Theatres of Memory*, pp. vii–xix. Susannah Radstone, *The Sexual Politics of Time: Confession, Nostalgia, Memory*, London and New York: Routledge, 2007における議論も参照のこと。

(4) Laura Lee Downs, *Writing Gender History*, 2nd edition, London: Bloomsbury, 2010, p. 31.

(5) Graham Willett, 'Making an Exhibition of Ourselves: GLQ History as Public History', *La Trobe Journal* 87, May 2011, pp. 4–18 at p. 4.

(6) Allan Bérubé, *Coming Out Under Fire: The History of Gay Men and Women in World War II,* New York: Free Press, 1990. また John D'Emilio and Estelle Freedman, 'Introduction', in Allan Bérubé, *My Desire for History: Essays in Gay, Community and Labor History*, edited by D'Emilio and Freedman, Chapel Hill, NC: University of North Carolina, 2011, pp. 1–40; Nan Alamilla Boyd and Horacio N. Roque Ramirez (eds.), *Bodies of Evidence: The Practices of Queer Oral History,* Oxford and New York: York University Press, 2012, introduction, pp. 1–22も参照のこと。

(7) Joan Nestle, 'The Will to Remember: The Lesbian Herstory Archives of New York', *Journal of Homosexuality* 34 (3/4), 1998, pp. 225–35 at p. 228, and *A Restricted Country*, Berkeley: Cleiss Press, 2003.

(8) Nestle, 'Will to Remember', p. 229.

(9) Paul Thompson, *The Voice of the Past: Oral History,* 3rd edition, Oxford: Oxford University Press, 2000, p. 4.〔ポール・トンプソン『記憶から歴史へ——オーラル・ヒストリーの世界』酒井順子訳、2002年、青木書店〕

(10) Michel Foucault, *Archaeology of Knowledge*, London: Tavistock, 1978.〔ミシェル・フーコー『知の考古学』慎改康之訳、2012年、河出文庫〕

(11) Nan Alamilla Boyd, 'History as Social Change: Queer Archives and Oral History Projects', in Leila J. Rupp and Susan K. Freeman (eds.), *Understanding and Teaching U.S. Lesbian, Gay, Bisexual, and Transgender History*, Madison: University of Wisconsin Press, 2014, pp. 311–19.

(12) Judith Halberstam, 'Reflections on Queer Studies in Pedagogy', in Gust

politan Sexualities, pp. 90–4.

(47) Rosalind Pollock Petchesky and Karen Judd, *Negotiating Reproductive Rights: Women's Perspectives Across Countries and Cultures,* London: Zed Books, 1998.

(48) Kerry Kollman and Matthew Waites, 'The Global Politics of Lesbian, Gay, Bisexual and Transgender Human Rights: An Introduction', in 'The Global Politics of LGBT Human Rights', special issue of *Contemporary Politics* 15 (1), 2009, pp. 1–17.

(49) Joke Swiebel, 'Lesbian, Gay, Bisexual and Transgender Human Rights: The Search for an International Strategy', *Contemporary Politics* 15 (1), 2009, pp. 19–35.

(50) Petchesky, 'Sexual Rights'.

(51) Corinne Lennox and Matthew Waites, 'Human Rights and Gender Identity in the Commonwealth: From History and Law to Developing Activism and Transnational Dialogue', in Lennox and Waites (eds.), *Human Rights,* pp. 1–59 at p. 44.

(52) Bourke, *What it Means to be Human*, p. 159.

(53) Dean, *Critical and Effective Histories*, p. 136.

(54) Rosi Braidotti, *Transpositions: On Nomadic Ethics*, Cambridge: Polity, 2006, p. 15. また、*The Posthuman,* Cambridge: Polity, 2013 を見よ。

(55) Frida Beckman (ed.), *Deleuze and Sex*, Edinburgh: Edinburgh University Press, 2011を見よ。

(56) Plummer, *Cosmopolitan Sexualities*, p. 100.

(57) Tom Boellstorff, *Coming of Age in Second Life: An Anthropologist Explores the Virtually Human*, Princeton, NJ and London: Princeton University Press, 2008.

(58) Carol Gilligan, *Joining the Opposition*, Cambridge: Polity, 2013, p. 167.

第7章　記憶、コミュニティ、声

(1) Peter Scott-Presland, *Amiable Warriors: A History of the Campaign for Homosexual Equality and its Times.* Vol. 1: *A Space to Breathe 1954–1973,* London: Paradise Press, 2015, pp. xv, xix.

P. A. Jackson, 'Desiring Constructs: Transforming Sex/Gender Orders in Twentieth Century Thailand', pp. 1–27.

(38) Sean Patrick Larvie, 'Queerness and the Specter of Brazilian National Ruin', *GLO: A Journal of Gay and Lesbian Studies* 5 (4), 1999, pp. 527–57 at p. 528.

(39) Meredith L. Weiss and Michael J. Bosia (eds.), *Global Homophobia: States, Movements, and the Politics of Oppression*, Urbana: University of Illinois Press, 2013. 特に女性については以下を参照のこと。Evelyn Blackwood and Saskia E. Wieringa (eds.), *Female Desires: Same-Sex Relations and Transgender Practices across Cultures,* New York: Columbia University Press, 1999; Leila J. Rupp, *Sapphistries: A Global History of Love between Women*, New York: New York University Press, 2009.

(40) Katarzyna Korycki and Abouzar Nasirzadeh, 'Homophobia as a Tool of Statecraft: Iran and its Queers', in Weiss and Bosia, *Global Homophobia*, ch. 8.

(41) Kapya J. Kaoma, 'The Marriage of Convenience: The U.S. Christian Right, African Christianity, and Postcolonial Politics of Sexual Identity', in Weiss and Bosia, *Global Homophobia*, ch. 2.

(42) Tom Boellstorff, *The Gay Archipelago: Sexuality and Nation in Indonesia*, Princeton, NJ: Princeton University Press, 2005.

(43) Epprecht, *Hungochani*.

(44) この論点は以下で指摘されている。Leila J. Rupp, 'Outing the Past: US Queer History in Global Perspective', in Leila J. Rupp and Susan K. Freeman (eds.), *Understanding and Teaching U.S. Lesbian, Gay, Bisexual and Transgender History*, Madison: University of Wisconsin Press, 2014, pp. 17–30.

(45) Lynn Hunt, Inventing Human Rights: A History, New York: W. W. Norton, 2007, p. 20〔リン・ハント『人権を創造する』松浦義弘訳、2011年、岩波書店〕; Joanna Bourke, *What it Means to Be Human: Reflections from 1791 to the Present*, London: Virago, 2011, pp. 135–7.

(46) Rosalind P. Petchesky, 'Sexual Rights: Inventing a Concept, Mapping an International Practice', in Richard Parker, R. M. Barbosa, and Peter Aggleton (eds.), *Framing the Sexual Subject: The Politics of Gender, Sexuality and Power*, Berkeley: University of California Press, 2000, pp. 81–103; Plummer, *Cosmo-*

(26)　Massad, *Desiring Arabs*. 私は利害関係を宣言しておく。なぜなら私もイスラムの態度について不用意な発言をした欧米の著者の一人だからである。

(27)　Jasbir K. Puar, *Terrorist Assemblages: Homonationalism in Queer Times*, Durham, NC: Duke University Press, 2007, p. xi. また Jinthana Haritaworn, *The Biopolitics of Mixing: Thai Multiracialities and Haunted Ascendencies*, Farnham: Ashgate, 2012 も見よ。

(28)　Khaled El-Rouayheb, *Before Homosexuality in the Arab-Islamic World, 1500–1800*, Chicago: University of Chicago Press, 2005.

(29)　Abdelwahab Bouhdiba, *Sexuality in Islam*, London: Routledge and Kegan Paul, 1985.

(30)　Dror Ze'evi, *Producing Desire: Changing Sexual Discourse in the Ottoman Middle East, 1500–1900*, Berkeley: University of California Press, 2006. また Jarrod Hayes, *Queer Nation: Marginal Sexualities in the Maghreb*, Chicago: University of Chicago Press, 2000 も見よ。

(31)　例えば、Pardis Mahdavi, *Passionate Uprisings: Iran's Sexual Revolution*, Stanford: Stanford University Press, 2009; Shereen El Feki, *Sex and the Citadel: Intimate Life in a Changing Arab World*, London: Chatto and Windus, 2013.

(32)　Dan Healey, *Homosexual Desire in Revolutionary Russia: The Regulation of Sexual and Gender Dissent*, Chicago: University of Chicago Press, 2001.

(33)　Mann, *Gender and Sexuality*.〔前掲『性からよむ中国史』〕

(34)　Carrie Hamilton, *Sexual Revolution in Cuba: Passion, Politics, and Memory*, Chapel Hill: University of North Carolina Press, 2012; Noelle M. Stout, *After Love: Queer Intimacy and Erotic Economies in Post-Soviet Cuba*, Durham, NC: Duke University Press, 2014.

(35)　Ian Lumsden, *Machos, Maricones and Gays: Cuba and Homosexuality*, Philadelphia: Temple University Press, 1996 を見よ。

(36)　Peter L. Stearns, *Sexuality in World History*, London: Routledge, 2009, ch. 7; S. Friihstiick, *Colonizing Sex: Sexology and Social Control in Modern Japan*, Berkeley: University of California Press, 2003.

(37)　Peter A. Jackson and N. M. Cook (eds.), *Genders and Sexualities in Modern Thailand*, Chiang Mai: Silkworm Books, 1999, とりわけ N. M. Cook and

(16) Mitchell Dean, *Critical and Effective Histories: Foucault's Methods and Historical Sociology*, London and New York: Routledge, 1994, p. 95.

(17) Burtonと彼の影響についての議論は以下の書で見られる。Marc Epprecht, *Heterosexual Africa?*, Athens, OH: ohio Univercity Press, 2008 また、*Hungochani: The History of a Dissident Sexuality in Southern Africa*, 2nd edition, Montreal: McGill-Queens University Press, 2013; Joseph A. Massad, *Desiring Arabs*, Chicago: University of Chicago Press, 2007.

(18) 詳細な批判的説明は、Hoad, *African Intimacies,* ch. 5を見よ。

(19) Rudi C. Bleys, *The Geography of Perversion: Male-to-Male Sexual Behaviour outside the West and the Ethnographic Imagination, 1750–1918*, London: Cassell, 1996.

(20) Goran Therborn, *Between Sex and Power,* London: Routledge, 2004; Plummer, *Cosmopolitan Sexualities,* p. 147.

(21) Peter A. Jackson, 'Pre-Gay, Post-Queer: Thai Perspectives on Proliferating Gender/Sex Diversity in Asia', in Gerard Sullivan and Peter A. Jackson (eds.), 'Gay and Lesbian Asia: Culture, Identity, Community', special issue of *Journal of Homosexuality* 40 (3/4), 2000, pp. 1–26 at p. 4.

(22) Tom Boellstorff, 'Some Notes on the Frontiers of Sexuality and Globalization', in Aggleton et al., *Understanding Global Sexualities*, pp. 171–85 at p. 176.

(23) Anne McClintock, *Imperial Leather: Race, Gender and Sexuality in the Colonial Contest*, New York: Routledge, 1995.

(24) Mrinalini Sinha, *Colonial Masculinity: The 'Manly Englishman' and the 'Effeminate Bengali' in the late Nineteenth Century*, Manchester: Manchester University Press, 1995, and *Specters of Mother India: The Global Restructuring of an Empire*, Durham, NC: Duke University Press, 2006; Mann, *Gender and Sexuality*.〔前掲『性からよむ中国史』〕

(25) Corinne Lennox and Matthew Waites (eds.), *Human Rights, Sexual Orientation and Gender Identity in the Commonwealth*, London: Institute of Commonwealth Studies and Human Rights Consortium, 2012, available online at http://commonwealth.sas.ac.uk/publications/house-publications/lgbt-rights-commonwealth

Binnie, *The Globalization of Sexuality*, London: Sage, 2004.

(6) Ken Plummer, *Cosmopolitan Sexualities*, Cambridge: Polity, 2015, p. 4.

(7) Saskia Wieringa and Horacio Sivori (eds.), *The Sexual History of the Global South: Sexual Politics in Africa, Asia, and Latin America*, London: Zed Books, 2013.

(8) Susan L. Mann, *Gender and Sexuality in Modern Chinese History*, Cambridge: Cambridge University Press, 2011.〔スーザン・マン『性からよむ中国史——男女隔離・纏足・同性愛』小浜正子・リンダ・グローブ監訳、秋山洋子ほか訳、2015年、平凡社〕

(9) S. N. Nyeck and Marc Epprecht (eds.), *Sexual Diversity in Africa: Politics, Theory and Citizenship*, Montreal: McGill-Queen's University Press, 2013; Neville Hoad, *African Intimacies: Race, Homosexuality, and Globalization*, Minneapolis: University of Minnesota Press, 2007; Sylvia Tamale (ed.), *African Sexualities: A Reader*, Cape Town: Pambauka Press, 2011.

(10) Anjali Arondekar, *For the Record: On Sexuality and the Colonial Archive in India*, Durham, NC: Duke University Press, 2009. 以下も見よ。Ann Laura Stoler, *Along the Archival Grain: Epistemic Anxieties and Colonial Common Sense*, Princeton, NJ: Princeton University Press, 2010.

(11) 例えば、Arnaldo Cruz-Malavé and Martin F. Manalansan IV (eds.), *Queer Globalizations: Citizenship and the Afterlife of Colonialism*, New York: New York University Press, 2002への寄稿者など。

(12) Marc Epprecht, *Heterosexual Africa?: The History of an Idea from the Age of Explorations to the Age of AIDS*, Athens: Ohio University Press; Scottsville, SA: University of KwaZulu-Natal, 2008, ch. 1.

(13) Mann, *Gender and Sexuality*, introduction.〔前掲『性からよむ中国史』〕

(14) Epprecht, 'Transnationalim', pp. 186–7. 異なる性文化間の対話、特に性科学との関連については以下を見よ。Heike Bauer (ed.), *Sexology and Translation: Cultural and Scientific Encounters across the Modern World*, Philadelphia: Temple University Press, 2015.

(15) Ann Laura Stoler, *Race and the Education of Desire: Foucault's History of Sexuality and the Colonial Order of Things*, Durham, NC: Duke University Press, 2012 を見よ。

London: Routledge, 1995〔ケン・プラマー『セクシュアル・ストーリーの時代——語りのポリティクス』桜井厚・好井裕明・小林多寿子訳、1998年、新曜社〕. また、*Intimate Citizenship: Private Decisions and Public Dialogue*, Seattle: University of Washington Press, 2003.

(57) Lisa Duggan, *The Twilight of Equality?: Neoliberalism, Cultural Politics and the Attack on Democracy*, Boston: Beacon Press, 2012; Suzanna Danuta Walters, *The Tolerance Trap: How God, Genes, and Good Intentions are Sabotaging Gay Equality*, New York: New York University Press, 2014; Jasbir K. Puar, *Terrorist Assemblages: Homonationalism in Queer Times*, Durham, NC: Duke University Press, 2007.

(58) Gert Hekma, 'Introduction', in Hekma, *Cultural History*, pp. 1–26.

(59) Brian Heaphy, Carol Smart and Anna Einarsdottir, *Same Sex Marriages: New Generations, New Relationships*, London: Palgrave Macmillan, 2012.

第6章　性の歴史のグローバル化

(1) Marc Epprecht, 'Transnationalism in Sexuality Studies: An "Africanist" Perspective', in Peter Aggleton, Paul Boyce, Henrietta L. Moore and Richard Parker (eds.), *Understanding Global Sexualities: New Frontiers*, London: Routledge, 2012, pp. 186–202 at p. 193.

(2) Elizabeth A. Povinelli and George Chauncey, 'Thinking Sexuality Transnationally', *GLQ: A Journal of Lesbian and Gay Studies* 5(4), 1999, pp. 439–50. Dennis Altman, *Global Sex*, Chicago: Chicago University Press, 2000.〔デニス・アルトマン『グローバル・セックス』河口和也・風間孝・岡島克樹訳、2005年、岩波書店〕

(3) D. Held, A. McGrew, D. Goldblatt and J. Perraton, 'Rethinking Globalization', in D. Held and A. McGrew (eds.), *The Global Transformations Reader*, Cambridge: Polity, 2000, pp. 54–60 at pp. 54–5.

(4) Jeffrey Weeks, *The World We Have Won: The Remaking of Erotic and Intimate Life*, London and New York: Routledge, 2007, pp. 206–8〔前掲『われら勝ち得し世界』〕からの引用。

(5) 批判的な分析としては以下を見よ。Rosemary Hennessy, *Profit and Pleasure: Sexual Identities in Late Capitalism*, New York: Routledge, 2000; Jon

1981–1994, Oxford: Oxford University Press, 1996を参照のこと。
(46) Steven Epstein, *Impure Science: AIDS, Activism, and the Politics of Knowledge*, Berkeley: University of California Press, 1996, p. 17.
(47) George Chauncey, *Why Marriage?: The History Shaping Today's Debate over Gay Equality*, New York: Basic Books, 2004.〔ジョージ・チョーンシー『同性婚――ゲイの権利をめぐるアメリカ現代史』上杉富之・村上隆則訳、2006年、明石書店〕
(48) Jens Rydström, *Odd Couples: A History of Gay Marriage in Scandinavia*, Amsterdam: Aksant, 2011.
(49) Jeffrey Weeks, 'Liberalism by Stealth?: The Civil Partnership Act and the New Equalities Agenda in Perspective', in Nicola Barker and Daniel Monk (eds.), *From Civil Partnerships to Same-Sex Marriage: Interdisciplinary Reflections*, London: New York: Routledge, 2015, pp. 29–44.
(50) Daniel Winunwe Rivers, *Radical Relations: Lesbian Mothers, Gay Fathers, and Their Children in the United States since World War II*, Chapel Hill, NC: University of North Carolina Press, 2013.
(51) John Boswell, *Same-Sex Unions in Premodern Europe*, New York: Villard Books, 1994.
(52) Alan Bray, *The Friend*, Chicago and London: University of Chicago Press, 2003, p. 240. Anne Listerについては第3章を見よ。
(53) Helmut Puff, 'After the History of (Male) Homosexuality', in Spector et al., *After the History of Sexuality*, ch. 1; Valerie Traub, 'Friendship's Loss: Alan Bray's Making of History', in Jody Greene (ed.). 'The Work of Friendship: In Memoriam Alan Bray', *special issue of GLQ: A Journal of Lesbian and Gay Studies*, 10 (3), 2004, pp. 339–65.
(54) Deborah Cohen, *Family Secrets: Living with Shame from the Victorians to the Present Day*, London: Viking, 2013; Matt Cook, *Queer Domesticities: Homosexuality and Home Life in Twentieth-Century London*, Basingstoke: Palgrave Macmillan, 2014.
(55) Alan Frank, Patricia Ticinato Clough and Steven Seidman (eds.), *Intimacies: A New World of Relational Life*, New York: Routledge, 2013, p. 2.
(56) Ken Plummer, *Telling Sexual Stories: Power, Change and Social Worlds*,

〔前掲『モダニティと自己アイデンティティ』〕. また、*The Transformation of Intimacy: Sexuality, Love and Eroticism in Modern Societies*, Cambridge: Polity, 1992.〔『親密性の変容——近代社会におけるセクシュアリティ、愛情、エロティシズム』松尾精文・松川昭子訳、1995年、而立書房〕

(39) Paula A. Treichler, 'AIDS, Homophobia, and Biomedical Discourse: An Epidemic of Signification', *October* 43, Winter 1987, pp. 31–70; Elizabeth Fee and Daniel Fox (eds.), *AIDS: The Burdens of History*, Berkeley: University of California Press, 1988.

(40) Jeffrey Weeks, 'AIDS and the Regulation of Sexuality', in Virginia Berridge and Philip Strong (eds.), *AIDS and Contemporary History*, Cambridge: Cambridge University Press, 1993, pp. 17–36. これは Jeffrey Weeks, *Making Sexual History*, Cambridge: Polity, 2000にも収録されている。

(41) Martin P. Levine, 'The Implications of Constructionist Theory for Social Research on the AIDS Epidemic amongst Gay Men', in Gilbert Herdt and Shirley Lindenbaum (eds.), *The Time of AIDS: Social Analysis, Theory, and Method*, London: Sage, 1992, pp. 185–98. Robert A. Padgug, 'Gay Villain, Gay Hero: Homosexuality and the Social Construction of AIDS', in Kathy Peiss and Christina Simmons (eds.), *Passion and Power: Sexuality in History*, Philadelphia: Temple University Press, 1989, pp. 293–310も見よ .

(42) Alain Giami, 'Sex, Medicine and Disease', in Gert Hekma (ed.), *A Cultural History of Sexuality in the Modern Age*, London: Bloomsbury, 2014, pp. 127–48.

(43) Allan M. Brandt, *No Magic Bullet: A Social History of Venereal Disease in the United States since 1880,* New York: Oxford University Press, 1987, p. 5; Frank Mort, *Dangerous Sexualities: Medico-Moral Politics in England since 1830,* London and New York: Routledge and Kegan Paul, 1987, p. 2; Ronald Bayer, *Private Acts, Social Consequences: AIDS and the Politics of Public Health*, New York: Free Press, 1989.

(44) Dennis Altman, *Power and Community: Organizational and Cultural Responses to AIDS*, London: Taylor and Francis, 1994. 英国の草の根の反応については、Weeks, *Making Sexual History* を参照のこと。

(45) 英国については、Virginia Berridge, *AIDS in the UK: The Making of Policy,*

eth-Century America, Princeton, NJ: Princeton University Press, 2009; Jennifer Terry, *An American Obsession: Science, Medicine, and the Place of Homosexuality in Modern Society*, Chicago: University of Chicago Press, 2009. 反共産主義と性的保守主義との結びつきの初期の兆候については、Erica Ryan, *Red War on the Family: Sex, Gender and Americanism in the First Red Scare*, Philadelphia: Temple University Press, 2014を参照のこと。

(30) Heike Bauer and Matt Cook (eds.), *Queer 1950s: Rethinking Sexuality in the Postwar Years*, London: Palgrave Macmillan, 2012.

(31) Jeffrey Weeks, *The World We Have Won: The Remaking of Erotic and Intimate Life*, London and New York: Routledge, 2007, chs. 3 and 4.〔前掲『われら勝ち得し世界』〕

(32) Gert Hekma and Alain Giami (eds.), *Sexual Revolutions*, London: Palgrave Macmillan, 2014.

(33) Gertrude Himmelfarb, *The De-Moralization of Society: From Victorian Values to Modern Values*, London: Institute of Economic Affairs, 1995. Daniel Bell, *The Cultural Contradictions of Capitalism*, New York: Basic Books, 1996〔ダニエル・ベル『資本主義の文化的矛盾』(上・中・下) 林雄二郎訳、1976–7年、講談社学術文庫〕; Francis Fukuyama, *The Great Disruption: Human Nature and the Reconstitution of Social Order*, London: Profile Books, 1999.〔フランシス・フクヤマ『「大崩壊」の時代——人間の本質と社会秩序の再構築』(上・下) 鈴木主税訳、2000年、早川書房〕

(34) Dagmar Herzog, 'Postscript: Tomorrow Sex will be Good Again', in Scott Spector, Helmut Puff and Dagmar Herzog (eds.), *After the History of Sexuality: German Genealogies*, New York: Berghahn Books, 2012, pp. 282–6.

(35) Arthur Marwick, *The Sixties: Cultural Revolution in Britain, France, Italy, and the United States, c.1958–c.1974*, Oxford: Oxford University Press, 1998, p. 15.

(36) Himmelfarb, *De-Moralization*, pp. 217–18.

(37) Jeffrey Escoffier, 'Pornography, Perversity and the Sexual Revolution', in Hekma and Giami, *Sexual Revolutions*, pp. 203–18; Wouters, *Informalization*, p. 9.

(38) Anthony Giddens, *Modernity and Self-Identity*, Cambridge: Polity, 1991

University of Chicago Press, 2008; H. G. Cocks, *Classified: The Secret History of the Personal Column*, London: Random House, 2009などを見よ。

(22) Cas Wouters, *Informalization: Manners and Emotion since 1890*, London: Sage, 2007.

(23) Doan, *Disturbing Practices*, ch. 4.

(24) Christina Simmons, *Making Marriage Modern: Women's Sexuality from the Progressive Era to World War II,* Oxford: Oxford University Press, 2009; Alison Mackinnon, *Love and Freedom: Professional Women and the Reshaping of Personal Life*, Cambridge: Cambridge University Press, 1997; Kevin White, *Sexual Liberation as Sexual Licence?: The American Revolt against Victorianism*, Chicago: Ivan R. Dee, 2000; Marcus Collins, *Modern Love: An Intimate History of Men and Women in Twentieth-Century Britain*, London: Atlantic Books, 2003; Lisa Z. Sigel, *Making Modern Love: Sexual Narratives and Identities in Inter-War Britain*, Philadelphia: Temple University Press, 2012.

(25) Simon Szreter, *Fertility, Class and Gender in Britain, 1860–1940*, Cambridge: Cambridge University Press, 1996, p. 573; Simon Szreter and Kate Fisher, *Sex before the Sexual Revolution: Intimate Life in England 1918–1963*, Cambridge: Cambridge University Press, 2010.

(26) Cook, Long Sexual Revolution; Lucy Bland, *Modern Women on Trial: Sexual Transgression in the Age of the Flapper*, Manchester: Manchester University Press, 2013; Alana Harris and Timothy Jones (eds.), *Love and Romance in Britain, 1918–1970,* London: Palgrave Macmillan, 2014.

(27) Dagmar Herzog, *Sexuality in Europe: A Twentieth-Century History*, Cambridge: Cambridge University Press, 2011, p. 45. Herzogの著作は、*Contemporary European History* 22 (2), May 2013におけるフォーラムの主題であり、以下の寄稿者からなる。Jeffrey Weeks, 'Pleasure and Duty' (pp. 277–82); Franz X. Eder, 'The Politics of Discourse' (pp. 283–8); Dan Healey, 'Sex and Socialism' (pp. 289–93); Victoria Harris, 'Histories of "Sex", Histories of "Sexuality" ' (pp. 295–301); and a response from Dagmar Herzog, 'What Incredible Yearnings Human Beings Have' (pp. 303–17).

(28) Herzog, *Sexuality in Europe*, p. 85.

(29) Margot Canaday, *The Straight State: Sexuality and Citizenship in Twenti-*

(13) Karen Harvey, 'The Century of Sex? Gender, Bodies, and Sexuality', *Historical Journal* 45 (4), 2002, pp. 899–916; Jennifer Jordan, '"That ere with Age, his strength Is utterly decay'd": Understanding the Male Body in Early Modern Manhood', in Kate Fisher and Sarah Toulalan (eds.), *Bodies, Sex and Desire from the Renaissance to the Present*, Basingstoke: Palgrave Macmillan, 2011, pp. 27–48.

(14) Randolph Trumbach, *Sex and the Gender Revolution.* Vol. 1: *Heterosexuality and the Third Gender in Enlightenment London*, Chicago and London: University of Chicago Press, 1998, p. 322; Shani De'Cruze, 'Sex Violence since 1750', in Toulalan and Fisher, *Sex and the Body*, pp. 444–59; Tim Hitchcock, *English Sexualities, 1700–1800*, Basingstoke: Macmillan, 1997; Anna Clark, *Women's Silence, Men's Violence: Sexual Assaults in England*, London: Pandora, 1987.

(15) Anna Clark, *Desire: A History of European Sexuality*, New York and London: Routledge, 2008, p. 2.

(16) Louis-Georges Tin, *The Invention of Heterosexual Culture*, Boston, MA: MIT Press, 2012.

(17) Jonathan Ned Katz, *The Invention of Heterosexuality*, New York: NAL/Dutton, 1995.

(18) David M. Halperin, *Saint Foucault: Towards a Gay Hagiography*, Oxford: Oxford University Press, 1996, p. 44.〔前掲『聖フーコー』〕

(19) Phillips and Reay, *Sex before Sexuality*, pp. 40–59.

(20) John R. Gillis, *For Better, For Worse: British Marriages, 1600 to the Present*, Oxford: Oxford University Press, 1985; Nancy F. Cott, *Public Vows: A History of Marriage and the Nation*, Cambridge, MA: Harvard University Press, 2002; Sharon Marcus, *Between Women: Friendship, Desire and Marriage in Victorian England*, Princeton, NJ: Princeton University Press, 2007.

(21) 例えば、Lynda Nead, *Victorian Babylon: People, Streets and Images in Nineteenth-Century London*, New Haven: Yale University Press, 2005; Lisa Z. Sigel, *Governing Pleasure: Pornography and Social Change in England, 1815–1914*, New Brunswick, NJ: Rutgers University Press, 2002; Chad Heap, *Slumming: Sexual and Racial Encounters in American Nightlife 1885–1940*, Chicago:

don: Palgrave Macmillan, 2012. 以下も見よ。Thomas Laqueur, 'Sexuality and the Transformation of Culture: The Longue Durée', *Sexualities* 12, August 2009, pp. 418–36.

(5) Kim M. Phillips and Barry Reay, *Sex before Sexuality: A Premodern History*, Cambridge: Polity, 2011, p. 13.

(6) Jeffrey Weeks, *Sexuality*, 3rd edition, London: Routledge, 2010, p. 3.〔1986年刊行の初版からの邦訳に、ジェフリー・ウィークス『セクシュアリティ』上野千鶴子監訳、1996年、河出書房新社〕

(7) Phillips と Reay の *Sex before Sexuality* は、これらの論争を簡潔かつ十分に論証したサーベイを提供している。

(8) Faramerz Dabhoiwala, *The Origins of Sex: A History of the First Sexual Revolution,* London: Allen Lane, 2012.

(9) Weeks, *Sex, Politics and Society*, 3rd edition, ch. 2.

(10) Thomas W. Laqueur, 'Sexual Desire and the Market Economy during the Industrial Revolution', in Domna C. Stanton (ed.), *Discourses of Sexuality: From Aristotle to AIDS,* Ann Arbor: University of Michigan Press, 1992, pp. 185–215 at p. 186. Henry Abelove, 'Some Speculations on the History of "Sexual Intercourse" during the "Long Eighteenth Century"', in Andrew Parker, Mary Russo, Doris Summer and Patricia Yaeger (eds.), *Nationalisms and Sexualities*, New York: Routledge, 1992, pp. 335–42 at p. 337も見よ。

(11) Thomas Laqueur, *Making Sex: Body and Gender from the Greeks to Freud*, Cambridge, MA: Harvard University Press, 1990.〔前掲『セックスの発明』〕Lagueur, *Solitary Sex: A Cultural History of Masturbation*, London: Zone Books, 2003. Hera Cook, *The Long Sexual Revolution: English Women, Sex, and Contraception 1800–1975*, Oxford: Oxford University Press, 2004, p. 13 と比較せよ。この書においてCookは、男性が妊娠による経済的影響から解放されたことが、自慰行為や同性愛を含む男性の欲望を制御できないことへの社会的恐怖の主な理由であった可能性が高いことを示唆している。

(12) 彼の成熟した見解を明確に要約したものとしては、Randolph Trumbach, 'From Age to Gender, c.1500–1750: From the Adolescent Male to the Adult Effeminate Body', in Sarah Toulalan and Kate Fisher (eds.), *Sex and the Body: 1500 to the Present*, London: Routledge, 2013, pp. 123–41を参照のこと。

Mosse, *The Image of Man: The Creation of Modern Masculinity*, Oxford and New York: Oxford University Press, 1996〔ジョージ・L・モッセ『男のイメージ――男らしさの創造と近代社会』細谷実・小玉亮子・海妻径子訳、2024年、中公文庫〕; また、*Nationalism and Sexuality: Respectability and Abnormal Sexuality in Modern Europe*, New York: Howard Fertig, 1997.〔『ナショナリズムとセクシュアリティ――市民道徳とナチズム』佐藤卓己・佐藤八寿子訳、2023年、ちくま学芸文庫〕

(45) Tosh, *Manliness and Masculinities*, p. 7.

(46) John Tosh, *A Man's Place: Masculinity in the Middle-Class Home in Victorian England*, New Haven and London: Yale University Press, 1999.

(47) Lesley A. Hall, *Hidden Anxieties: Male Sexuality, 1900–1950*, Cambridge: Polity, 1991; Simon Szreter and Kate Fisher, *Sex before the Sexual Revolution: Intimate Life in England 1918–1963*, Cambridge: Cambridge University Press, 2010. 第一次世界大戦後のドイツについてより劇的に描くものとしては、Klaus Theweleit, *Male Fantasies: Women, Floods, Bodies, History*. Vol. 1, Cambridge: Polity, 1987を見よ。

(48) Tosh, *Manliness and Masculinities*, p. 8.

第5章　性の歴史の主流化

(1) David M. Halperin, "The Normalization of Queer Theory', in Gust A. Yep, Karen E. Lovaas, and John P. Elia (eds.), 'Queer Theory and Communication: From Disciplining Queers to Queering the Discipline', special issue of *Journal of Homosexuality* 45 (2/3/4), 2003, pp. 339–43; Laura Doan, *Disturbing Practices: History, Sexuality and Women's Experience of Modern War*, Chicago: University of Chicago Press, 2013.

(2) Jeffrey Weeks, *Sex, Politics and Society: The Regulation of Sexuality from 1800*, 1st edition, Harlow: Longman, 1981; 3rd edition, London: Routledge, 2012.

(3) John D'Emilio and Estelle B. Freedman, *Intimate Matters: A History of Sexuality in America*, 1st edition, New York: Harper & Row, 1988; 2nd edition, Chicago: University of Chicago Press, 1997.

(4) Lesley A. Hall, *Sex, Gender and Social Change in Britain from 1880*, Lon-

(38) Ann Laura Stoler, *Race and the Education of Desire: Foucault's History of Sexuality and the Colonial Order of Things*, Durham, NC: Duke University Press, 2012. また、*Carnal Knowledge and Imperial Power: Race and the Intimate in Colonial Rule*, 2nd edition, Berkeley: University of California Press, 2010.〔アン・ローラ・ストーラー『肉体の知識と帝国の権力――人種と植民地支配における親密なるもの』永渕康之・水谷智・吉田信訳、2010年、以文社〕

(39) Louise Jackson, 'Sex, Religion and the Law: The Regulation of Sexual Behaviours, 1820–1920'; Raeline Frances, 'Prostitution: The Age of Empire' を見よ。いずれもそれぞれ Chiara Beccalossi and Ivan Crozier (eds.), *A Cultural History of Sexuality in the Age of Empire*, London: Bloomsbury, 2014, pp. 83–100, 145–70. Philippa Levine, *Gender and Empire*, Oxford: Oxford University Press, 2004, and *Prostitution, Race and Politics: Policing Venereal Disease in the British Empire*, London: Routledge, 2014.

(40) Sean Brady, 'Homosexuality: European and Colonial Encounters', in Beccalossi and Crozier (eds.), *Cultural History*, pp. 43–62; Robert Aldrich, *Colonialism* and Homosexuality, London: Routledge, 2008; Siobhan B. Somerville, 'Scientific Racism and the Invention of the Homosexual Body', in Lucy Bland and Laura Doan (eds.), *Sexology in Culture: Labelling Bodies and Desires and Sexuality Uncensored: The Documents of Sexual Science*, Cambridge: Polity, 1998, and *Queering the Color Line: Race and the Invention of Homosexuality in American Culture*, Durham, NC: Duke University Press, 2000.

(41) Leonore Davidoff, 'Class and Gender in Victorian England', in Newton et al., *Sex and Class*, pp. 17–71 at p. 44.

(42) John Tosh, *Manliness and Masculinities in Nineteenth-Century Britain: Essays on Gender, Family and Empire*, Harlow: Pearson, 2005, p. 1; Michael S. Kimmel, *The History of Men: Essays on the History of American and British Masculinities*, Albany: State University of New York, 2005, p. 3.

(43) Raewyn Connell, *Masculinities,* Cambridge: Polity, 2005.〔前掲『マスキュリニティーズ』〕

(44) Raewyn Connell, 'The Big Picture: Masculinities in Recent World History', *Theory and Society* 22 (5), October 1993, pp. 597–623; George L.

要な論文を発表する以前から広く使われていた。Kimberlé W. Crenshaw, 'De-marginalizing the Intersection of Race and Class: A Black Feminist Critique of Antidiscrimination Doctrine, Feminist Theory and Anti-racist Politics', *University of Chicago Legal Forum 1989*, pp. 139–67.

(30) Jacqueline Jones, *Labor of Love, Labor of Sorrow: Black Women, Work and the Family from Slavery to the Present*, New York: Basic Books, 1985.〔ジャクリーン・ジョーンズ『愛と哀——アメリカ黒人女性労働史』風呂本惇子・高見恭子・寺山佳代子訳、1997年、學藝書林〕

(31) Gwyn Campbell and Elizabeth Elbourne (eds.), *Sex, Power, and Slavery*, Athens: Ohio University Press, 2014, introduction.

(32) Abdul R. JanMohamed, 'Sexuality on/of the Racial Border: Foucault, Wright, and the Articulation of "Racialized Sexuality"', in Stanton, *Discourses of Sexuality*, 1995, pp. 94–116 at p. 97.

(33) Evelynn M. Hammonds, "Towards a Genealogy of Black Female Sexuality: The Problematic Silence', in Janet Price and Margaret Shildrick (eds.), *Feminist Theory and the Body: A Reader*, New York and London: Routledge, 1997, pp. 249–59.

(34) Lisa Duggan, *Sapphic Slashers: Sex, Violence and American Modernity*, Durham, NC: Duke University Press, 2000; Julian B. Carter, *The Heart of Whiteness: Normal Sexuality and Race in America, 1880–1940*, Durham, NC: Duke University Press, 2007.

(35) Gail Bederman, *Manliness and Civilization: A Cultural History of Gender and Race in the US, 1880–1917*, Chicago: University of Chicago Press, 1995.

(36) Rickie Solinger, *Wake up Little Susie: Single Pregnancy and Race before Roe v. Wade*, New York: Routledge, 1992.

(37) Steven Selden, *Inheriting Shame: The Story of Eugenics and Racism in America*, New York: Teachers College Press, 1999; Jessie M. Rodrique, 'The Black Community and the Birth Control Movement', in Kathy Peiss and Christina Simmons (eds.), *Passion and Power: Sexuality in History*, Philadelphia: Temple University Press, 1989, pp. 138–56; Rennie Simson, 'The Afro-American Female: The Historical Context of the Construction of Sexual Identity', in Snitow et al., *Powers of Desire*, pp. 243–9 at p. 247.

(21) In Joan W. Scott, *Gender and the Politics of History*, New York: Columbia University Press, 1988.〔ジョーン・E・スコット『ジェンダーと歴史学』荻野美穂訳、1999年 = [1992] 2004年［増補新版］、平凡社〕

(22) Gayle Rubin, 'The Traffic in Women: Notes on the "Political Economy" of Sex', in Rayner R. Reitter (ed.), *Towards an Anthropology of Women*, New York: Monthly Review Press, 1974, pp. 157–210 at p. 165.

(23) Raewyn Connell, *Gender*, 2nd edition, Cambridge: Polity, 2009.〔レイウィン・コンネル『ジェンダー学の最前線』多賀太監訳、2008年、世界思想社〕以下も見よ。Connell, *Gender and Power: Society, the Person and Sexual Politics*, Cambridge: Polity, 2013〔原著1992年版からの翻訳に、ロバート・W・コンネル『ジェンダーと権力——セクシュアリティの社会学』森重雄・菊地栄治・加藤隆雄・越智康詞訳、1993年、三交社〕

(24) Laqueur, *Making Sex*.〔前掲『セックスの発明』〕古典的な見解とギリシア以来の「近代的な」見方が共存していたことを示唆し、時代認識に疑問を呈している歴史家もいる。Katharine Park and Robert A. Nye, 'Destiny is Anatomy', *New Republic* 204, 18 February 1991, pp. 53–7を見よ。第5章でのさらなる議論も参照のこと。

(25) Gayle Rubin, "Thinking Sex: Notes for a Radical Theory of the Politics of Sexuality', in Vance, *Pleasure and Danger*, pp. 267–319 at p. 275.

(26) Anna Marie Jagose and Don Kulick, 'Introduction', and David Valentine, 'The Categories Themselves'.「Thinking Sex/ Thinking Gender」シンポジウムへの寄稿は以下に所収。*GLO: A Journal of Lesbian and Gay Studies* 10 (2), 2004, pp. 211–12 and 215–20.

(27) Vance, *Pleasure and Danger*, pp. 16–17.

(28) John D'Emilio and Estelle B. Freedman, *Intimate Matters: A History of Sexuality in America*, 1st edition, New York: Harper & Row, 1988; 2nd edition, Chicago: University of Chicago Press, 1997, ch. 5.

(29) Combahee River Collective, 'A Black Feminist Statement', in G. T. Hull, P. B. Scott, and B. Smith (eds.), *All the Women are White, All the Blacks are Men, But Some of Us are Brave*, New York: Feminist Press, 1982, pp. 13–22 at p. 14. インターセクショナリティという概念は、しばしばCrenshawが提唱したものとされているが、この短い論考が示すように、Crenshawが重

(15) Rosalind P. Petchesky, *Abortion and Woman's Choice: The State, Sexuality, and Reproductive Freedom,* New York: Longman, 1984. Studies on the UK include Angus McLaren, *Birth Control in Nineteenth-Century England: A Social and Intellectual History*, London: Croom Helm, 1978.

(16) Judith R. Walkowitz, *Prostitution and Victorian Society: Women, Class and the State*, Cambridge: Cambridge University Press, 1980, p. 9.〔ジュディス・R・ウォーコウィッツ『売春とヴィクトリア朝——女性，階級，国家』永富友海訳、2009年、上智大学出版〕

(17) Judith R. Walkowitz, 'Male Vice and Female Virtue: Feminism and the Politics of Prostitution in Nineteenth-Century Britain', in Snitow et al., *Powers of Desire,* pp. 43–61; Walkowitz, *City,* pp. 10, 243. Lucy Bland, *Banishing the Beast: Feminism, Sex and Morality*, 2nd edition, London: I. B. Tauris, 2002 も見よ。

(18) Domna C. Stanton, 'Introduction: The Subject of Sexuality', in *Discourses of Sexuality*, pp. 1–46 at p. 17. 以下も参照。 Hester Eistenstein and Alice Jardine (eds.), *The Future of Difference,* New York: Columbia University Press, 1980.

(19) Catherine Gallagher and Thomas Laqueur (eds.), *The Making of the Modern Body: Sexuality and Society in the Nineteenth Century*, published first as a special issue of *the journal Representations* 14, Spring 1986; また、Berkeley: University of California Press, 1987. Thomas Laqueur, *Making Sex: Body and Gender from the Greeks to Freud*, Cambridge, MA: Harvard University Press, 1990.〔トマス・ラカー『セックスの発明——性差の観念史と解剖学のアポリア』高井宏子・細谷等訳、1998年、工作舎〕

(20) Juliet Mitchell, *Psychoanalysis and Feminism*, London: Allen Lane, 1974.〔ジュリエット・ミッチェル『精神分析と女の解放』上田昊訳、1977年、合同出版〕Sally Alexander and Barbara Taylor (eds.), *History and Psyche: Culture, Psychoanalysis, and the Past*, Basingstoke: Palgrave Macmillan, 2012; Michael Roper, 'Slipping out of View: Subjectivity and Emotion in Gender History', *History Workshop Journal* 52, Spring 2005, pp. 57–72; Joy Damousi and Robert Reynolds (eds.), *History on the Couch: Essays in History and Psychoanalysis*, Carlton, Victoria: Melbourne University Press, 2003.

Danger and Pleasure in Nineteenth-Century Feminist Sexual Thought', in Vance, *Pleasure and Danger*, pp. 31–49.

(6) Susan Brownmiller, *Against our Will: Men, Women and Rape* (originally 1978), New York: Open Road, 2013.〔S・ブラウンミラー『レイプ・踏みにじられた意思』幾島幸子訳、2000年、勁草書房〕

(7) Alice Echols, 'The New Feminism of Yin and Yang', in Snitow et al., *Powers of Desire*, pp. 62–81; and 'The Yang of the Id: Feminist Sexual Politics 1968–83', in Vance, *Pleasure and Danger*, pp. 50–72. この論文の参考文献は、Morgan, Barry and Daly にある。

(8) Catharine A. MacKinnon, 'Does Sexuality have a History?', in Domna C. Stanton (ed.), *Discourses of Sexuality: From Aristotle to AIDS*, Ann Arbor: University of Michigan Press, 1992, pp. 117–36 at pp. 125, 117. また以下も見よ。Catharine A. MacKinnon, *Feminism Unmodified: Discourses on Life and Law,* Cambridge, MA: Harvard University Press, 1987.

(9) Sheila Jeffreys, *The Spinster and Her Enemies: Feminism and Sexuality 1880–1930*, London: Pandora, 1985. 詳しい参考文献は「さらなる読書案内」を見よ。

(10) Bourke, *Rape*, p. 6; Janie L. Leatherman, *Sexual Violence and Armed Conflict*, Cambridge: Polity, 2011; Estelle B. Freedman, *Redefining Rape: Sexual Violence in the Era of Suffrage and Segregation*, Cambridge, MA: Harvard University Press, 2013; Bourke, *Rape*, p. viii.

(11) Judith R. Walkowitz, *City of Dreadful Delight: Narratives of Sexual Danger in Late-Victorian London*, London: Virago, 1992, p. 245.

(12) Judith L. Newton, Mary P. Ryan and Judith R. Walkowitz (eds.), *Sex and Class in Women's History*, London: Routledge, 1983 と Kegan Paul, 1983, editor's introduction, p. 3: 'A theory of gender and of male domination is central to the study of capitalism itself' を見よ。

(13) Walkowitz, *City*, p. 243.

(14) Linda Gordon, *Woman's Body, Woman's Right: Birth Control in America,* Harmondsworth: Penguin, 1977. この本は、*The Moral Property of Women: A History of Birth Control Politics in America*, Urbana and Chicago: University of Chicago Press, 2007として改訂新版で再版された。

(43) Doan, *Disturbing Practices*, ch. 1. Doan, *Fashioning Sapphism* も見よ。

(44) Brian Lewis (ed.), *British Queer History: New Approaches and Perspectives*, Manchester and New York: Manchester University Press, 2013, p. 4.

(45) David M. Halperin, *How to Do the History of Homosexuality*, Chicago: University of Chicago Press, 2002. David M. Halperin, *How to Be Gay*, Cambridge, MA: Harvard University Press, 2012 も見よ。

(46) Valerie Traub, *The Renaissance of Lesbianism in Early Modern England*, Cambridge: Cambridge University Press, 2002.

(47) Dinshaw, *Getting Medieval*. 彼女の以下の著作も参照のこと。*How Soon is Now? Medieval Texts, Amateur Readers, and the Queerness of Time*, Durham, NC: Duke University Press, 2012.

(48) Louise Fradenberg and Carla Freccaro (eds.), *Premodern Sexualities*, New York: Routledge, 1996, 序文

第4章　ジェンダー、セクシュアリティ、権力

(1) Lisa Duggan and Nan D. Hunter, *Sex Wars: Sexual Dissent and Political Culture*, New York: Routledge, 1995. Janice M. Irvine, *Talk about Sex: The Battles over Sex Education in the United States,* Berkeley: University of California Press, 2004 も見よ。

(2) Andrea Dworkin and Catharine MacKinnon, *Pornography and Civil Rights: A New Day for Women's Equality*, Minneapolis, MN: Organizing Against Pornography, 1988.〔キャサリン・マッキノン、アンドレア・ドウォーキン『ポルノグラフィと性差別』中里見博・森田成也訳、2002年、青木書店〕

(3) Joanna Bourke, *Rape: A History from 1860 to the Present*, London: Virago, 2008, p. 435.

(4) Carole S. Vance (ed.), *Pleasure and Danger: Exploring Female Sexuality*, London: Routledge and Kegan Paul, 1984; Ann Snitow, Christine Stansell, and Sharon Thompson (eds.), *Powers of Desire: The Politics of Sexuality*, New York: Monthly Review Press, 1983, published in the UK under the title *Desire: The Politics of Sexuality*, London: Virago, 1984.

(5) Ellen DuBois and Linda Gordon, 'Seeking Ecstasy on the Battlefield:

New York: Routledge, 1992, p. 17.

(33) Susan Stryker, *Transgender History*, Berkeley: Seal Press, 2008.

(34) Michel Foucault, *Herculine Barbin: Being the Recently Discovered Memoirs of a Nineteenth-Century French Hermaphrodite*, New York: Pantheon Books, 1980.

(35) たとえば、Joanne Meyerowitz, *How Sex Changed: A History of Transsexuality in the United States*, Cambridge, MA: Harvard University Press, 2004; Judith Halberstam, *Female Masculinity*, Durham, NC: Duke University Press, 1998; Alison Oram, *Her Husband Was a Woman!: Women's Gender-Crossing in Modern British Popular Culture*, London: Routledge, 2007などを見よ。

(36) Gayle Rubin, 'Thinking Sex: Notes for a Radical Theory of the Politics of Sexuality', in Carole S. Vance (ed.), *Pleasure and Danger: Exploring Female Sexuality*, London: Routledge and Kegan Paul, 1984, pp. 267–319を見よ。より詳細な参考文献については、「さらなる読書案内」を見よ。

(37) José Esteban Muñoz, *Cruising Utopias: The Then and There of Queer Futurity*, New York: New York University Press, 2009, p. 1; Heather Love, *Feeling Backward: Loss and the Politics of Queer History*, Cambridge, MA: Harvard University Press, 2007, p. 3.

(38) Biddy Martin, *Femininity Played Straight: The Significance of Being Lesbian*, New York and London: Routledge, 1996; Muñoz, *Cruising Utopias*, p. 42.

(39) David Halperin and Valerie Traub (eds.), *Gay Shame*, Chicago: University of Chicago Press, 2009.

(40) George Chauncey, 'The Trouble with Shame', in Halperin and Traub, *Gay Shame*, pp. 277–82.

(41) Leo Bersani, *Homos*, Cambridge, MA: Harvard University Press, 1995.〔レオ・ベルサーニ『ホモセクシュアルとは』船倉正憲訳、1996年、法政大学出版局〕Leo Bersani and Adam Phillips, *Intimacies*, Chicago: University of Chicago Press, 2008.〔レオ・ベルサーニ、アダム・フィリップス『親密性』檜垣立哉・宮澤由歌訳、2012年、洛北出版〕Lee Edelman, *No Future: Queer Theory and the Death Drive*, Durham, NC: Duke University Press, 2004.

(42) Henrietta L. Moore, *Still Life: Hopes, Desires and Satisfactions*, Cambridge: Polity, 2011, pp. 168–9.

(24) Matt Cook, *London and the Culture of Homosexuality, 1885–1914*, Cambridge: Cambridge University Press, 2003.

(25) Morris B. Kaplan, *Sodom on the Thames: Sex, Love, and Scandal in Wilde Times*, Ithaca, NY: Cornell University Press, 2005.

(26) Matt Houlbrook, *Queer London: Perils and Pleasures in the Sexual Metropolis, 1918–1957,* Chicago: University of Chicago Press, 2005.

(27) H. G. Cocks, *Nameless Offences: Homosexual Desire in the 19th Century*, London: I. B. Tauris, 2003; Helen Smith, *Masculinity, Class and Same-Sex Desire in Industrial England, 1895–1951*, London: Palgrave Macmillan, 2015; John Howard, *Men Like That: A Southern Queer History,* Chicago: Chicago University Press, 1999; Colin R. Johnson, *Just Queer Folk: Gender and Sexuality in Rural America*, Philadelphia: Temple University Press, 2013.

(28) David M. Halperin, "The Normalization of Queer Theory', in Gust A. Yep, Karen E. Lovaas and John P. Elia (eds.), 'Queer Theory and Communication: From Disciplinary Queers to Queering the Discipline', *special issue of Journal of Homosexuality* 45 (2/3/4), 2003, pp. 339–43 at p. 339.

(29) David M. Halperin, *Saint Foucault: Towards a Gay Hagiography*, Oxford: Oxford University Press, 1996, p. 62.〔デイヴィッド・M・ハルプリン『聖フーコー――ゲイの聖人伝に向けて』村山敏勝訳、1997年、太田出版〕

(30) Eve Kosofsky Sedgwick, *Epistemology of the Closet*, Berkeley: University of California Press 1990〔前掲『クローゼットの認識論　新装版』〕、また Eve Kosofsky Sedgwick, *Between Men: English Literature and Male Homosexual Desire*, New York: Columbia University Press, 1985.〔イヴ・K・セジウィック『男同士の絆――イギリス文学とホモソーシャルな欲望』上原早苗・亀澤美由紀訳、2001年、名古屋大学出版会〕二元論と異性愛規範については、Michael Warner, *The Trouble with Normal: Sex, Politics and the Ethics of Queer Life*, Cambridge, MA: Harvard University Press, 1999と、Jonathan Dollimore, *Sexual Dissidence: Augustine to Wilde, Freud to Foucault,* Oxford: Oxford University Press, 1991を見よ。

(31) Judith Butler, *Gender Trouble: Feminism and the Subversion of Identity*, New York: Routledge, 1990, p. ix.〔前掲『ジェンダー・トラブル　新装版』〕

(32) Marjorie Garber, *Vested Interests: Cross-Dressing and Cultural Anxiety*,

sance Florence, New York and Oxford: Oxford University Press, 1996; Alan Bray, *Homosexuality in Renaissance England*, London: Gay Men's Press, 1983〔アラン・ブレイ『新版　同性愛の社会史——イギリス・ルネサンス』田口孝夫・山本雅男訳、2013年、彩流社〕; Kent Gerard and Gert Hekma (eds.), *The Pursuit of Sodomy: Male Homosexuality in Renaissance and Enlightenment Europe,* New York: Harrington Park Press, 1989; Randolph Trumbach, *Sex and the Gender Revolution.* Vol. 1: *Heterosexuality and the Third Gender in Enlightenment London*, Chicago: University of Chicago Press, 1998; Kenneth Borris and G. S. Rousseau (eds.), *The Sciences of Homosexuality in Early Modern Europe*, London and New York: Routledge, 2008.

(19) Edward Stein (ed.), *Forms of Desire: Sexual Orientation and the Social Constructionist Controversy*, New York: Routledge, 1992において示されている議論を見よ。

(20) Carolyn Dinshaw, *Getting Medieval: Sexualities and Communities, Pre- and Postmodern*, Durham, NC, and London: Duke University Press, 1999, introduction.

(21) Michel Foucault, *The History of Sexuality.* Vol. 2: *The Use of Pleasure*, London: Viking, 1985〔ミシェル・フーコー『性の歴史 II——快楽の活用』田村俶訳、1986年、新潮社〕; *The History of Sexuality. Vol. 3: The Care of the Self*, London: Viking, 1985〔『性の歴史 III——自己への配慮』田村俶訳、1987年、新潮社〕; 以下も参照のこと。Peter Brown, *The Body and Society: Men, Women, and Sexual Renunciation in Early Christianity*, New York: Columbia University Press, 1988; Bernadette Brooten, *Love Between Women: Early Christian Responses to Female Homoeroticism*, Chicago: University of Chicago Press, 1996.

(22) Lewis Mumford, quoted in Ken Plummer, *Cosmopolitan Sexualities: Hope and the Humanist Imagination*, Cambridge: Polity, 2015, p. 62; Henning Bech, *Where Men Meet: Homosexuality and Modernity*, Cambridge: Polity, 1997. Chad Heap, 'The City as a Sexual Laboratory: The Queer Heritage of the Chicago School', *Qualitative Sociology* 26, Winter 2003, pp. 457–87も見よ。

(23) George Chauncey, *Gay New York: Gender, Urban Culture, and the Making of the Gay Male World, 1890–1940*, New York: Basic Books, 1994, p. 3.

史的展望」特集号（1980/1年秋・冬号）が発刊され、同性愛の統一性について不穏な疑問を投げかけるさまざまな論考が掲載された。

（14） Carroll Smith-Rosenberg, "The Female World of Love and Ritual: Relations between Women in Nineteenth Century America', *Signs* 1, Autumn 1975, pp. 1–29, republished in Smith-Rosenberg, *Disorderly Conduct: Visions of Gender in Victorian America*, Oxford and New York: Oxford University Press, 1986; Lillian Faderman, *Surpassing the Love of Men: Romantic Friendship and Love between Women from the Renaissance to the Present*, London: Junction Books, 1980; Blanche Wiesen Cook, 'Female Support Networks and Political Activism: Lillian Wald, Crystal Eastman, Emma Goldman', in Nancy Cott and Elizabeth Pleck (eds.), *A Heritage of Her Own,* New York: Simon and Schuster, 1979, pp. 412–44; Blanche Wiesen Cook, '"Women Alone Stir My Imagination": Lesbianism and the Cultural Tradition', *Signs* 4 (4), 1979, pp. 718–39; Martha Vicinus (ed.), *Lesbian Subjects: A Feminist Studies Reader*, Bloomington and Indianapolis: Indiana University Press, 1996; Martha Vicinus, *Intimate Friends: Women who Loved Women, 1778–1928*, Chicago and London: Chicago University Press, 2004; Helena Whitbread (ed.), *The Secret Diaries of Miss Anne Lister*, London: Virago, 2010; Lorna Doan, *Fashioning Sapphism: The Origins of a Modern English Lesbian Culture*, New York and Chichester: Columbia University Press, 2001.

（15） Weeks, *Coming Out*, pp. 3–4; Randolph Trumbach, 'London's Sodomites: Homosexual Behavior and Western Culture in the 18th Century', *Journal of Social History* 11 (1), Fall 1977, pp. 1–33を見よ。マッキントッシュの研究の評価については、Jeffrey Weeks, 'Mary McIntosh and the "Homosexual Role" ', in *Making Sexual History*, Cambridge: Polity, 2000, pp. 53–74を参照。

（16） Didier Eribon, *Returning to Reims, Los Angeles: Semiotext*(e), 2013.〔ディディエ・エリボン『ランスへの帰郷』塚原史訳、2020年、みすず書房〕

（17） Michel Foucault, *The History of Sexuality. Vol. 1: An Introduction*, London: Penguin, 1979, p. 43.〔前掲『性の歴史 I——知への意志』〕

（18） Guido Ruggiero, *The Boundaries of Eros: Sex Crime and Sexuality in Renaissance Venice*, Oxford and New York: Oxford University Press, 1985; Michael Rocke, *Forbidden Friendships: Homosexuality and Male Culture in Renais-*

introduction.

(6) Chiara Beccalossi, *Female Sexual Inversion: Same-Sex Desires in Italian and British Sexology, c.1870–1920*, London: Palgrave Macmillan, 2012を見よ。

(7) John Boswell, *Christianity, Social Tolerance, and Homosexuality: Gay People in Western Europe from the Beginning of the Christian Era to the Fourteenth Century*, Chicago: University of Chicago Press, 1980.〔ジョン・ボズウェル『キリスト教と同性愛——1〜14世紀西欧のゲイ・ピープル』大越愛子・下田立行訳、1990年、国文社〕

(8) 最初の主要なアンソロジーとして以下のものがある。Martin Duberman, Martha B. Vicinus and George Chauncey (eds.), *Hidden from History: Reclaiming the Gay and Lesbian Past,* New York: NAL Library, 1989.

(9) Jonathan Ned Katz, *Gay American History: Lesbians and Gay Men in the USA*, New York: Thomas Crowell, 1976, and *Gay/Lesbian Almanac*, New York: Harper & Row, 1983.

(10) Katz, *Gay American History,* pp. 1–2. 回復のひとつの側面は、ほとんど忘れ去られた過去のテキストを意識に文字通りよみがえらせることである。Katzは、1970年代半ばにニューヨークのArno Press社から出版された全集'*Homosexuality: Lesbians and Gay Men in Society, History and Literature*'の監修者であった。この全集は、19世紀から20世紀初頭にかけてのさまざまな書籍やパンフレットを再版したもので、活気ある文化の存在や先駆的な改革活動を豊富に記録した当時のオリジナルな研究も含まれている。

(11) Allan Bérubé, *My Desire for History: Essays in Gay, Community and Labor History*, edited with an introduction by John D'Emilio and Estelle Freedman, Chapel Hill, NC: University of North Carolina, 2011を見よ。

(12) James D. Steakley, *The Homosexual Emancipation Movement in Germany,* New York: Arno Press, 1975; Jeffrey Weeks, *Coming Out: Homosexual Politics in Britain from the Nineteenth Century to the Present*, London: Quartet, 1977; Toby Marotta, *The Politics of Homosexuality*, Boston: Houghton Mifflin, 1981; John D'Emilio, *Sexual Politics, Sexual Communities: The Making of a Homosexual Minority in the United States*, Chicago: Univers of Chicago Press, 1983.

(13) Ken Plummer (ed.), *The Making of the Modern Homosexual*, London: Hutchinson, 1981. ほぼ同時期に、*Journal of Homosexuality*の「同性愛の歴

(29) Mary McIntosh, 'The Homosexual Role', *Social Problems* 16 (2), Fall 1968, pp. 182–92.

(30) 筆者による、*Coming Out: Homosexual Politics in Britain from the Nineteenth Century to the Present,* London: Quartet, 1977を見よ。

(31) Michel Foucault, *The History of Sexuality.* Vol. 1: *An Introduction*, London: Allen Lane, 1979.〔前掲『性の歴史 I――知への意志』〕

(32) Carole S. Vance, 'Social Construction Theory: Problems in the History of Sexuality', in Dennis Altman et al., *Homosexuality, Which Homosexuality?*, Amsterdam: Schorer and London: GMP, 1989, pp. 13–34.

(33) Eve Kosofsky Sedgwick, *Epistemology of the Closet*, Berkeley: University of California Press, 1990〔前掲『クローゼットの認識論　新装版』〕; Judith Butler, *Gender Trouble: Feminism and the Subversion of Identity*, New York: Routledge, 1990.〔ジュディス・バトラー『ジェンダー・トラブル――フェミニズムとアイデンティティの攪乱　新装版』竹村和子訳、2018年、青土社〕

(34) Franz X. Eder, Lesley Hall and Gert Hekma (eds.), *Sexual Cultures in Europe: National Histories, and Sexual Cultures in Europe: Themes in Sexuality*, Manchester: Manchester University Press, 1999.

第3章　同性関係の歴史を問い直し、クィア化する

(1) Xavier Mayne (本名 Edward Prime-Stevenson), *The Intersexes: A History of Similisexualism as a Problem in Social Life* (originally 1907), New York: Arno Press, 1988; Didier Eribon, *Insult and the Making of the Gay Self*, Durham, NC: Duke University Press, 2004, part 1.

(2) Christopher Nealon, *Foundlings: Lesbian and Gay Historical Emotion before Stonewall,* Durham, NC: Duke University Press, 2001.

(3) A. L. Rowse, *Homosexuals in History: A Study of Ambivalence in Society,* Literature and the Arts, London, Heinemann, 1977を見よ。

(4) Chris Waters, 'The Homosexual as a Social Being in Britain, 1945–1968', *Journal of British Studies* 51 (3), July 2012, pp. 685–710.

(5) Laura Doan, *Disturbing Practices: History, Sexuality and Women's Experience of Modern War*, Chicago and London: University of Chicago Press, 2013,

(20) Lawrence Stone, *The Family, Sex and Marriage in England 1500–1800*, London: Weidenfeld and Nicolson, 1977, p. 666.〔ローレンス・ストーン『家族・性・結婚の社会史——1500年–1800年のイギリス』北本正章訳、1991年、勁草書房〕

(21) Edward Shorter, *The Making of the Modern Family, London: Fontana*, 1977.〔エドワード・ショーター『近代家族の形成』田中俊宏・岩橋誠一・見崎恵子・作道潤訳、1987年、昭和堂〕

(22) Peter Laslett, *The World We Have Lost*, London: Methuen, 1965.〔ピーター・ラスレット『われら失いし世界——近代イギリス社会史』川北稔・指昭博・山本正訳、1986年、三嶺書房〕家族の再構成とそれに関連する人口統計学的文献については、Simon Szreter, *Fertility, Class and Gender in Britain, 1860–1940*, Cambridge: Cambridge University Press, 1996; Hera Cook, *The Long Sexual Revolution: English Women, Sex, and Contraception 1800–1975*, Oxford: Oxford University Press, 2004において論じられている。

(23) E. P. Thompson, *The Making of the English Working Class*, Harmondsworth: Penguin, 1967.〔エドワード・P・トムスン『イングランド労働者階級の形成』市橋秀夫・芳賀健一訳、2003年、青弓社〕

(24) Robert A. Padgug, 'Sexual Matters: On Conceptualizing Sexuality in History', *Radical History Review* 20, Spring/Summer 1979, pp. 3–23 at p. 5.

(25) John H. Gagnon and William Simon, *Sexual Conduct: The Social Sources of Human Sexuality*, London: Hutchinson, 1974.

(26) Peter L. Berger and Thomas Luckman, *The Social Construction of Reality: A Treatise in the Sociology of Knowledge*, Harmondsworth: Penguin, 1991〔ピーター・バーガー＋トーマス・ルックマン『現実の社会的構成——知識社会学論考』山口節郎訳、2003年、新曜社〕を参照のこと。Chris Brickellは'A Symbolic Interactionist History of Sexuality?', *Rethinking History* 10 (3), 2010, pp. 415–32において、歴史的な仕事に対するこれらのアプローチの意味について明確な概観を提供している。

(27) Ken Plummer, *Sexual Stigma: An Interactionist Account*, London: Routledge and Kegan Paul, 1975.

(28) John Boswell, 'Revolutions, Universals and Sexual Categories', *Salmagundi* 59 (9), Fall 1982/Winter 1983, pp. 89–113.

magne, 2 vols., London: Longmans, Green, 1869; Keith Thomas, "The Double Standard', *Journal of the History of Ideas* 20 (2), April 1959, pp. 195–216.

(12) Iwan Bloch, *The Sexual Life of Our Time in its Relation to Modern Civilization* (first published in German 1906), New York: Allied Books, 1908.

(13) アイヴァン・クロージャーが編集したHavelock Ellis and John Addington Symonds, *Sexual Inversion* (1897), London：Palgrave, 2008の原典版を見よ。

(14) Edvard Westermarck, *The Origin and Development of the Moral Idea*, 2 vols., London: Macmillan, 1908; David M. Halperin, *One Hundred Years of Homosexuality, and Other Essays on Greek Love*, London: Routledge, 1990.〔デイヴィッド・M.ハルプリン『同性愛の百年間——ギリシア的愛について』石塚浩司訳、1995年、法政大学出版局〕

(15) Hans Licht, *Sexual Life in Ancient Greece*, London: G. Routledge, 1931；Kenneth Dover, *Greek Homosexuality*, New York: Random House, 1980.〔K. J.ドーヴァー『新版　古代ギリシアの同性愛』中務哲郎・下田立行訳、2007年、青土社〕

(16) Max Hodann, *History of Modern Morals*, London: William Heinemann, 1937; Lesley A. Hall, *The Life and Times of Stella Browne: Feminist and Free Spirit*, London: I. B. Tauris, 2011.

(17) たとえば、*Bernstein on Homosexuality*, Belfast: Athol Books, 1977や、Jeffrey Weeks, *Sex, Politics and Society: The Regulation of Sexuality since 1800*, 3rd edition, London: Routledge, 2012, pp. 214–20におけるそのテーマについての筆者の議論を見よ。同性愛をマルクス主義的に読もうとする最近の最も持続的な試みは、Peter Drucker, *Warped: Gay Normality and Queer Anti-Capitalism*, Leiden: Brill, 2015に見られる。

(18) Gordon Rattray Taylor, *Sex in History*, London: Thames and Hudson, 1953, p. 13.〔G・R・テイラー『歴史におけるエロス　改訂版』岸田秀訳、1996年、河出書房新社〕

(19) Steven Marcus, *The Other Victorians: A Study of Sexuality and Pornography in Mid-Nineteenth-Century England*, London: Weidenfeld and Nicolson, 1967.〔スティーヴン・マーカス『もう一つのヴィクトリア時代——性と享楽の英国裏面史』金塚貞文訳、1990年、中央公論社〕

Farnham: Ashgate, 2015, pp. 339–56.

（23） Judith/Jack Halberstam, *In a Queer Time and Place: Transgender Bodies, Subcultural Lives*, New York: New York University Press, 2005.

第2章 性の歴史の発明

（1） Sigmund Freud, *Introductory Lectures on Sexuality*. Vol. 1, Pelican Freud Library, Harmondsworth: Pelican Books, 1975, p. 41.

（2） Arnold I. Davidson, *The Emergence of Sexuality: Historical Epistemology and the Formation of Concepts*, Cambridge, MA: Harvard University Press, 2001, p. 141.

（3） 同性愛と倒錯という概念の出現について詳しくは、Judit Takacs, 'The Double Life of Kertbeny', in Gert Hekma (ed.), *Past and Present of Radical Sexual Politics*, Amsterdam: UvA — Mosse Foundation, 2004, pp. 26–40; Herbert Kennedy, *Ulrichs: The Life and Works of Karl Heinrich Ulrichs, Pioneer of the Modern Gay Movement,* Boston: Alyson, 1988を見よ。

（4） Jeffrey Weeks, *Sexuality and its Discontents: Meanings, Myths and Modern Sexualities*, London: Routledge and Kegan Paul, 1985, pp. 64–72における議論を見よ。

（5） Thomas W. Laqueur, *Solitary Sex: A Cultural History of Masturbation*, London: Zone Books, 2003.

（6） 優れた研究に、Harry Oosterhuis, *Stepchildren of Nature: Krafft-Ebing, Psychiatry and the Making of Sexual Identity*, Chicago: University of Chicago Press, 2000がある。

（7） 性科学に関しては、Lucy Bland and Laura Doan (eds.), *Sexology in Culture: Labelling Bodies and Desires and Sexuality Uncensored: The Documents of Sexual Science*, Cambridge: Polity, 1998を見よ。

（8） Davidson, *Emergence*, p. 63に引用されている。

（9） Oosterhuis, *Stepchildren of Nature*は、それを明確に示している。

（10） 性科学以前の性についての議論を要約したものは、Chiara Beccalossi and Ivan Crozier (eds.), *A Cultural History of Sexuality in the Age of Empire*, London: Bloomsbury, 2014, pp. 6–7に見られる。

（11） W. E. H. Lecky, *A History of European Morals from Augustus to Charle-*

of Human Sexuality, London: Hutchinson, 1974; Ken Plummer, *Sexual Stigma: An Interactionist Account*, London: Routledge and Kegan Paul, 1975.

(14) Jeffrey Weeks, *Sex, Politics and Society: The Regulation of Sexuality since 1800*, 1st edition, Harlow: Longman, 1981, ch. 1と、*Making Sexual History*, Cambridge: Polity, 2000, pp. 86–105を見よ。

(15) Henrietta L. Moore, *Still Life: Hopes, Desires and Satisfactions*, Cambridge: Polity, 2011, p. 158.

(16) Heather Love, *Feeling Backward: Loss and the Politics of Queer History*, Cambridge, MA: Harvard University Press, 2007, p. 12. これらのテーマについてのさらなる議論のためには、Margaret Wetherell, *Affect and Emotion: A New Social Science Understanding*, London: Sage, 2012; W. Reddy, *The Navigation of Feelings: A Framework for the History of Emotions*, Cambridge: Cambridge University Press, 2001を見よ。

(17) Eve Kosofsky Sedgwick, *Touching Feeling: Affect, Pedagogy, Performativity*, Durham, NC: Duke University Press, 2003, p. 97.〔イヴ・コソフスキー・セジウィック『タッチング・フィーリング——情動・教育学・パフォーマティヴィティ』岸まどか訳、2022年、小鳥遊書房〕

(18) Ken Plummer, 'Generational Sexualities: Subterranean Traditions and the Hauntings of the Sexual World: Some Preliminary Research', *Social Interactions* 33 (2), 2010, pp. 163–91.

(19) Chris Waters, 'Distance and Desire in the New British Queer History', *GLQ: A Journal of Gay and Lesbian Studies 14* (1), 2008, pp. 139–55では、筆者とMatt Houlbrookとの間でなされたラジオでの議論を例に引いて、そのような「世代の衝突」について論じられている。

(20) Arnold I. Davidson, *The Emergence of Sexuality: Historical Epistemology and the Formation of Concepts*, Cambridge, MA: Harvard University Press, 2001, p. 53.

(21) Mitchell Dean, *Critical and Effective Histories: Foucault's Methods and Historical Sociology*, London and New York: Routledge, 1994, p. 14.

(22) Ken Plummer, 'Afterword: Liberating Generational Continuities and Change in the Radical Queer Western Era', in David Paternotte and Manon Tremblay (eds.), *The Ashgate Research Companion to Lesbian and Gay Activism*,

(3) 性のアーカイヴについてはAnn Cvetkovich, *An Archive of Feelings: Trauma, Sexuality, and Lesbian Public Culture*, Durham, NC: Duke University Press, 2003と、第7章におけるさらなる議論を見よ。

(4) James Procter, *Stuart Hall*, London: Routledge, 2004, p. 54.〔ジェームス・プロクター『スチュアート・ホール』小笠原博毅訳、2006年、青土社〕

(5) これらの作品のあらゆる文献情報は、第2章ならびに「さらなる読書案内」に記載されている。

(6) Eve Kosofsky Sedgwick, *Epistemology of the Closet*, Berkeley: University of California Press, 1990〔イヴ・コゾフスキー・セジウィック『クローゼットの認識論　新装版』外岡尚美訳、2018年、青土社〕; Adrienne Rich, 'Compulsory Heterosexuality and Lesbian Existence', *Signs* 5 (A), 1980, pp. 631–66.〔アドリエンヌ・リッチ「強制的異性愛とレズビアン存在」『血、パン、詩。――アドリエンヌ・リッチ女性論　1979–1985』大島かおり訳、1989年、晶文社〕さらなる議論のためには3章と4章を見よ。

(7) Carol S. Vance (ed.), *Pleasure and Danger: Exploring Female Sexuality*, New York: Routledge and Kegan Paul, 1984.

(8) Elizabeth Grosz, *Volatile Bodies: Towards a Corporeal Feminism*, Bloomington: Indiana University Press, 1994.

(9) Donna Haraway, *Simians, Cyborgs, and Women: The Reinvention of Nature*, London: Free Association Books, 1991.〔ダナ・ハラウェイ『新装版　猿と女とサイボーグ――自然の再発明』高橋さきの訳、2017年、青土社〕

(10) Alison Kafer, *Feminist, Queer, Crip*, Bloomington: Indiana University Press, 2013.

(11) Anthony Giddens, *Modernity and Self-Identity: Self and Society in the Late Modern Age*, Cambridge: Polity, 1991.〔アンソニー・ギデンズ『モダニティと自己アイデンティティ――後期近代における自己と社会』秋吉美都・安藤太郎・筒井淳也訳、2021年、ちくま学芸文庫〕

(12) Raewyn Connell, *Masculinities,* 2nd edition, Cambridge: Polity, 2005, p. 64.〔レイウィン・コンネル『マスキュリニティーズ――男性性の社会科学』伊藤公雄訳、2022年、新曜社〕

(13) John H. Gagnon and William Simon, *Sexual Conduct: The Social Sources*

原注

イントロダクション

(1) Vern L. Bullough, 'Sex in History: A Virgin Field', in *Sex, Society and History*, New York: Science History Publications, 1976, pp. 1–16と比較せよ。

(2) これは、Jeffrey Weeks, *The World We Have Won: The Remaking of Erotic and Intimate Life*, London and New York: Routledge, 2007, pp. 4–7〔ジェフリー・ウィークス『われら勝ち得し世界――セクシュアリティの歴史と親密性の倫理』赤川学監訳、2015年、弘文堂〕において最初に輪郭が描かれ、Jeffrey Weeks, 'What's History Got To Do With It? Researching Sexual Histories', in Jennifer Mason and Angela Dale (eds.), *Understanding Social Research: Thinking Creatively about Method*, Los Angeles, London and New Delhi: Sage, 2011, pp. 181–94においてその後用いられた枠組みをあてはめたものである。

(3) Michel Foucault, *The History of Sexuality. Vol. 1: An Introduction*, London: Penguin, 1979.〔ミシェル・フーコー『性の歴史 I――知への意志』渡辺守章訳、1986年、新潮社〕

(4) Cas Wouters, *Informalization: Manners and Emotions since 1890*, London: Sage, 2007.

(5) Lisa Duggan, *The Twilight of Equality?: Neoliberalism, Cultural Politics, and the Attack on Democracy*, Boston: Beacon Press, 2003.

第1章　性の歴史を組み立てる

(1) Jeffrey Weeks, *Invented Moralities: Sexual Values in an Age of Uncertainty*, Cambridge: Polity, 1995における「必要なフィクション」としてのアイデンティティという筆者の説明と、Scott Bravmann, *Queer Fictions of the Past: History, Culture, and Difference*, Cambridge: Cambridge University Press, 1997を見よ。

(2) たとえばLaura Doan, *Disturbing Practices: History, Sexuality, and Women's Experience of Modern War*, Chicago: University of Chicago Press, 2013を見よ。

ラ行

ワ行

マ行

ナ行

ハ行

サ行

タ行

カ行

人名索引

ア行

ワ行

マ行

ヤ行

ラ行

ナ行

ハ行

タ行

サ行

カ行

事項索引

A~Z

ア行

監訳者略歴
赤川 学（あかがわ・まなぶ）
1967年生まれ。東京大学大学院人文社会系研究科教授。専門は社会問題の社会学、セクシュアリティ研究、猫社会学。著書に『性への自由／性からの自由』、『セクシュアリティの歴史社会学』、『少子化問題の社会学』など、監訳書にジェフリー・ウィークス『われら勝ち得し世界』、ケン・プラマー『21世紀を生きるための社会学の教科書』などがある。

訳者略歴
武内 今日子（たけうち・きょうこ）
1993年生まれ。関西学院大学社会学部助教。東京大学大学院人文社会系研究科博士号（社会学）取得。主著に「未規定な性のカテゴリーによる自己定位――Xジェンダーをめぐる語りから」（『社会学評論』72巻4号）などがある。

服部 恵典（はっとり・けいすけ）
1993年生まれ。東京大学高大接続研究開発センター助教。東京大学大学院人文社会系研究科博士号（社会学）取得。主著に「ポルノグラフィを「再意味づけ」する実践の可能性と限界――アダルトビデオを「女性向け」に編集する動画サイトとその視聴者」（『社会学評論』73巻2号）などがある。

藤本 篤二郎（ふじもと・あつじろう）
1994年生まれ。東京大学大学院人文社会系研究科社会学研究室博士課程。主著に「現代日本の性的節制言説における『スピリチュアル』なものの表れ方」（『宗教と社会』30号）などがある。

本書は、ちくま学芸文庫のために訳しおろしたものである。

コミュニティ
ジグムント・バウマン
奥井智之訳
グローバル化し個別化する世界のなかで、コミュニティはいかなる様相を呈しているか。安全をとるか、自由をとるか。代表的社会学者が根源から問う。

近代とホロコースト〔完全版〕
ジグムント・バウマン
森田典正訳
近代文明はホロコーストの必要条件であった――。社会学の視点から、ホロコーストを現代社会の本質に深く根ざしたものとして捉えたバウマンの主著。

フーコー文学講義
ミシェル・フーコー
柵瀬宏平訳
シェイクスピア、サド、アルトー、レリス……。フーコーが文学と取り結んでいた複雑で、批判的で、戦略的な関係とは何か。未発表の記録、本邦初訳。

ウンコな議論
ハリー・G・フランクファート
山形浩生訳／解説
ごまかし、でまかせ、いいのがれ。なぜ世の中、こんなものがみちるのか。道徳哲学の泰斗がその正体とカラクリを解く。爆笑必至の訳者解説を付す。

21世紀を生きるための社会学の教科書
ケン・プラマー
赤川学監訳
パンデミック、経済格差、気候変動など現代世界が直面する諸課題を視野に収めつつ社会学の新しい知見を解説。社会学の可能性を論じた最良の入門書。

世界リスク社会論
ウルリッヒ・ベック
島村賢一訳
迫りくるリスクは我々から何を奪い、何をもたらすのか。『危険社会』の著者が、近代社会の根本原理をくつがえすリスクの本質と可能性に迫る。

読み書き能力の効用
リチャード・ホガート
香内三郎訳
労働者階級が新聞雑誌・通俗小説を読むことで文化に何が起こったか。規格化された娯楽商品に浸食される社会を描く大衆文化論の古典。（佐藤卓己）

民主主義の革命
エルネスト・ラクラウ／シャンタル・ムフ
西永亮／千葉眞訳
グラムシ、デリダらの思想を摂取し、根源的で複数的なデモクラシーへ向けて、新たなヘゲモニー概念を提示した、ポスト・マルクス主義の代表作。

鏡の背面
コンラート・ローレンツ
谷口茂訳
人間の認識システムはどのように進化してきたのか、そしてその特徴とは。ノーベル賞受賞の動物行動学者が試みた抱括的知識による壮大な総合人間哲学。

聖なる天蓋
ピーター・L・バーガー
薗田稔 訳
全ての社会は自らを究極的に審級する象徴の体系、「聖なる天蓋」をもつ。宗教について理論・歴史の両面から新たな理解をもたらした古典的名著。

人知原理論
ジョージ・バークリー
宮武昭 訳
「物質」なるものなど存在しない――。バークリーの思想的核心が、平明このうえない訳文と懇切丁寧な注釈により明らかとなる。主著、待望の新訳。

ポストモダニティの条件
デヴィッド・ハーヴェイ
吉原直樹監訳
和泉浩／大塚彩美訳
モダンとポストモダンを分かつものは何か。近代世界の諸事象を探査し、その核心を『時間と空間の圧縮』に見いだしたハーヴェイの主著。改訳決定版。

ビギナーズ 倫理学
デイヴ・ロビンソン文
クリス・ギャラット画
鬼澤忍 訳
正義とは何か？ なぜ善良な人間であるべきか？ 倫理学の重要論点を見事に整理した、道徳的カオスの中を生き抜くためのビジュアル・ブック。

宗教の哲学
ジョン・ヒック
間瀬啓允／稲垣久和訳
古今東西の宗教の多様性と普遍性は、究極的実在に対する様々に異なるアプローチであり応答である。「宗教的多元主義」の立場から行う哲学的考察。

自我論集
ジークムント・フロイト
竹田青嗣編
中山元 訳
フロイト心理学の中心、「自我」理論の展開をたどる新編・新訳のアンソロジー。「快感原則の彼岸」「自我とエス」など八本の主要論文を収録。

明かしえぬ共同体
モーリス・ブランショ
西谷修 訳
G・バタイユが孤独な内的体験のうちに失うという形で見出した〈共同体〉。そして、M・デュラスが描いた奇妙な男女の不可能な愛の〈共同体〉。

フーコー・コレクション
（全6巻＋ガイドブック）
ミシェル・フーコー
小林康夫／石田英敬／松浦寿輝編
20世紀最大の思想家フーコーの活動を網羅した『ミシェル・フーコー思考集成』。その多岐にわたる思考のエッセンスをテーマ別に集約する。

フーコー・コレクション1
狂気・理性
ミシェル・フーコー
小林康夫／石田英敬／松浦寿輝編
第1巻は、西欧の理性がいかに狂気を切りわけてきたかという最初期の問題系をテーマとする諸論考。〝心理学者〟としての顔に迫る。（小林康夫）

ちくま学芸文庫

セクシュアリティの歴史《れきし》

二〇二四年七月十日　第一刷発行

著　者　ジェフリー・ウィークス
監訳者　赤川学（あかがわ・まなぶ）
訳　者　武内今日子（たけうち・きょうこ）・服部恵典（はっとり・けいすけ）・藤本篤二郎（ふじもと・あつじろう）

発行者　喜入冬子
発行所　株式会社　筑摩書房
東京都台東区蔵前二―五―三　〒一一一―八七五五
電話番号　〇三―五六八七―二六〇一（代表）

装幀者　安野光雅
印刷所　中央精版印刷株式会社
製本所　中央精版印刷株式会社

ISBN978-4-480-51246-8 C0130